우리들의
랜선
독서수업

우리들의 랜선 독서 수업

특별한 온라인 수업을 만들어가는 물꼬방 교사 6인의 기록

초판 1쇄 인쇄 2021년 6월 7일
초판 1쇄 발행 2021년 6월 15일

지은이　김병섭 김애연 김영희 송동철 이민수 최지혜
펴낸이　이영선
책임편집　김선정

편집　이일규 김선정 김문정 김종훈 이민재 김영아 김연수 이현정 차소영
디자인　김회량 이보아
독자본부　김일신 김진규 정혜영 박정래 손미경 김동욱

펴낸곳 서해문집 | 출판등록 1989년 3월 16일(제406-2005-000047호)
주소 경기도 파주시 광인사길 217(파주출판도시)
전화 (031)955-7470 | 팩스 (031)955-7469
홈페이지 www.booksea.co.kr | 이메일 shmj21@hanmail.net

ISBN　979-11-90893-67-1　03370

우리들의 랜선 독서수업

특별한
온라인 수업을
만들어가는

물꼬방 교사
6인의 기록

김병섭
김애연
김영희
송동철
이민수
최지혜
지음

서해문집

이향규
《후아유》 저자

교육에 대한, 깊고 근본적인 질문

이 책은 코로나 팬데믹 재난을 맞아 느닷없이 온라인으로 수업을 해야 했던 선생님들의 처절한 생존기이자 유쾌하고 감동적인 학습록이다. 2020년 사상 초유의 온라인 개학을 맞은 학교 안에서 도대체 무슨 일이 일어났는지, 교사들은 이 난국을 어떻게 헤쳐 나갔는지, 이 거대한 실험이 우리의 교육에 대해 알게 해준 것은 무엇인지에 대해서, 오직 그 한복판에 있었던 사람들만이 해줄 수 있는 생생한 이야기를 들려준다. 국어 선생님들의 글 솜씨는 가히 놀라워서 읽는 이를 고스란히 교육 현장으로 데려가고, 교사의 마음속을 여행하게 한다.

일단 온라인 수업 방법이 궁금한 사람들에게 도움이 된다.

구글 클래스룸, 카카오톡 오픈채팅, 패들릿 등을 활용해서 문법, 소설, 시, 토론 수업을 어떻게 했는지 알 수 있다. 구체적이고 유용한 팁들도 많다. 그것만으로도 좋은 책이다. 그러나 이 책의 진짜 중요한 가치는, 그러한 수업을 하게 되기까지 선생님들의 고민과 학생들을 귀하게 여기는 마음이 고스란히 담겨 있다는 것이다. 그 점에서 이 책은 방법론 책이 아니라 교육학 혹은 인문학 책이다. 깊고 근본적이다.

지금까지 익숙했던 방식의 교육을 할 수 없게 되자 교사들에게 근본적인 질문이 솟아났다. 교육이란 대체 무엇인가? 학교는 어떤 일을 하는 곳인가? 교사의 역할은 무엇인가? 학생들은 어떤 상황에서 배우는가? 무엇이 가르칠 만한 가치가 있는 것인가? 시중에 나온 교육 관련 책이 대부분 현상을 (문제라고) 분석하고 진단하는 데 많은 분량을 할애하면서 정작 무엇을 어떻게 해야 할지에 대해서는 초라한 제안을 하는 데 반해, 이 책은 근본적인 질문을 던질 뿐만 아니라 그에 대해 나름의 답을 들려준다. 어느 하나 허투루 들을 것이 없다. 그런 면에서 최근 몇 년 동안 읽은 책 가운데 가장 훌륭한 교육학 책이다. 현장의 힘이라고 할 수 있겠다.

랜선 독서 수업을 하느라 선생님들이 좌충우돌했던 여정을 따라가다 보면, 그것이 (온라인과 상관없이) '더 좋은 교육'을 위한 일련의 길 찾기 과정이었다는 것을 이해하게 된다. 팬데믹이 종식되어 더 이상 온라인 수업을 할 필요가 없는 상황이 오더라도 이 책이 널리 읽히기를 바라는 것은 그 때문이다. 모든 것을 뒤죽박죽으로 만든 전대미문의 상황을 겪으면서 교육에 대해, 수업에 대해, 학습에 대해 이토록 압축적이고 깊게 한 고민은 학교 교육을 더 좋게 바꾸는 데 훌륭한 거름이 될 수 있을 것이다. 코로나19의 시간은 이후 우리가 어떻게 사느냐에 따라 그 평가가 달라질 수밖에 없다. 물꼬방 선생님들의 수고로 온라인 수업이 재앙이 아니라 훌륭한 독서 수업으로 바뀔 수 있었던 것처럼, 코로나19 이후에 우리가 무엇을 만들어내느냐는 결국 사람의 몫이다. 사실 이건 선택의 문제가 아니다. 우리 모두 배워야 '산다.'

덧붙여 책을 읽으면서 내가 한 번도 경험해보지 못했던 문학 수업을 한 모금이라도 맛본 것은 뜻하지 않은 수확이었다. 중고등학교 때 이런 국어 선생님들을 만났다면 시와 소설을 지금보다 훨씬 귀하게 여겼을 것이다.

이것은 결국, '연결'에 관한 이야기

대학 시절, 교육학 교재에서 '블렌디드 러닝'이라는 개념을 처음 접했을 때는 '22세기에나 하겠지' 생각했다. "수고해, 100년 뒤의 후배들!" 혼잣말하며 책장을 넘겼던 기억이 난다. 22세기까지는 아니더라도 일단 내가 학교에서 아이들을 만나는 동안에는 절대 경험하지 않을 일이라 여겼다. 하지만 이게 뭐람. 코로나19로 인해 갑작스레 소환된 미래 때문에, 다음 세기 교사들을 향해 건투를 빌던 내가 10여 년 후 화상 회의 프로그램으로 아이들을 만나는 사이버 교사가 될 줄이야.

공교육의 모든 현장에서 원격 수업이 시작된 2020년, 다양한 온라인 도구의 사용법을 익히며 수업 구상을 하느라 허덕

이던 중 의문이 생겼다.

"이게 정말 우리가 하고 싶은 거야?"

바쁘다, 힘들다, 어렵다, 막막하다의 문제가 아니었다. 수업의 본질에 대한 물음이었다. 누구도 예상치 못한 일들, 존재의 스러짐이 매일같이 벌어지는 재난 상황에서 공교육 교사가 온라인 도구로 해야 하는 일이 고작 '교과 지식'을 '효율적으로' 가르치는 일이라고?

초기에는 '일단' 수업을 하는 게 중요했으므로 도구 사용법에 관심이 쏠렸다. 하지만 지금은 아니다. 교사-학생의 만남이 비대면으로 이뤄지더라도 '그럼에도 불구하고' 추구해야 하는 공교육의 방향성을 고민해야 할 때가 됐다. 아니, '그럼에도 불구하고'가 아니라, '그렇기 때문에'로 정정하겠다. 유례없는 전염병 창궐의 상황은 그간 유예해왔던 질문들에 대한 답을 고민하는 계기가 되기도 했다. 우리도 교육 분야에서 미뤄두었던 고민을 시작해야 하지 않나. 이 재난을 "천국으로 들어가는 뒷문"[1]으로 활용해야 하지 않을까.

　스마트 기기 활용 수업이 보편화되며 전 학급에 무선 인터넷망을 설치하는 학교가 많아졌다. 우리 학교도 올해 설비를 갖췄는데, 동료 교사 한 분이 "지필평가를 볼 때 부정행위 여지가 커지진 않을까요?"라며 염려했다. 그럴 수 있겠다 싶어 미간을 찌푸리며 고개를 끄덕였다. 또 다른 동료와는 출제의 고충을 두고 대화하다가, "수능 문제 내는 사람들은 정말 부담스럽겠어요. 하지만 요즘은 기술도 그렇고 사회도 그렇고, 너무 빨리 바뀌어서 고정된 지식이 없잖아요. 문항에 이의를 품는다면 정보를 검색해서 얼마든지 근거도 마련할 수 있고, 문제 제기도 즉각 할 수 있잖아요. 몇 십 년 전처럼 '이거 하나만 답이다'라고 말할 수 있는 문항을 만드는 게 애초에 불가능한 것 아닐까요? 우리는 불가능한 일을 어떻게든 해보려고 애먼 힘을 쏟고 있는 거고?"라는 이야기를 했다(그리고 함께 힘이 빠졌다).

　이 책을 읽으시는 분들이라면 다들 막연히 품어온 의문일 테다. "우리 교육의 방향성과 방식은 옳은가?" 눈앞의 사안들만 해결하며 꾸역꾸역 이뤄진 수업과 평가의 방법에 대해 '바로 지금' 본질적인 질문을 던져야 한다. 다름 아닌 공교육 교사인 우리가. '2021년 하반기에는 전면 등교가 시작된다는데, 원격 수업을 소재로 삼은 책을 지금 내는 것이 의미가 있는가?'라는 질문을 스스로에게 해보지 않은 것도 아니다. 하지만 그럼에도 불구하고 이렇게 일곱 개의 수업 사례를 실어 출간하는 이유는, 이것이 "시대의 기후를 만드는"[2] 하나의 노력이 되길 바라기 때문이다.

코로나 시대에 우리는, 각자의 교실에서 각기 다른 소재와 방법들로 '연결'을 논했다. 교실 수업에서는 볼 수 없었던 질문들이 온라인에서 폭발적으로 쏟아지게 만들며 앎과 학생을 연결 짓거나(김병섭), 전면 원격 등교 상황에서 줌으로 만나 아침 운동을 하고 점심시간에 집밥을 만들어 먹으며 서로 간의 거리를 좁히고(송동철), 개인의 슬픔이나 사회적 이슈를 주제로 한 시를 읽고 쓰며 친구, 나아가 타인의 아픔에 공명했다(김애연, 최지혜). 아무렇지도 않게 착취돼온 지구와 생명체들 앞에서 '인간이므로' 해야 할 바를 고민했으며(김영희), 스스로를 디지털 시대의 퇴출 1순위라 칭하던 '컴맹' 선생님은 동료와 힘을 합쳐 교사-교사, 교사-학생, 학생-학생이 서로를 돕게 만드는 멋진 수업을 이뤄냈다(이민수).

헬스장에 갔다가 20대 청년들의 대화를 우연히 들었다. 일터에서의 고충을 토로하는 이에게 친구는 "그런데 어딜 가든 거지같아"라고 위로하듯 답했다. 어디를 가건, 무엇을 하건 기댓값이 '거지같음'인 세대 앞에서 우리가 힘주어 말해야 할 바는 무엇일까. 나는 그것이 다름 아닌 '연결감'이 되어야 한다고 생각한다. '거지같은' 상황이 지뢰처럼 널려 있는 세상에서 '인간다운' 삶을 추구하는 방법은, 바닥에 코를 박고 그나마 거지같지 않은 지점을 찾아 살금살금 발 딛는 것이 아니라, "모두를 믿으며 함께 연결의 방법을 찾아가는"[3] 일이 되어야 한다. 나는 이것이, 바로 지금 공교육 현장에서 강조되어야 할 가르침이라 믿는다.

이런 주장이 너무 동화 같다고 여기는 분들도 있을 테다. "정신 차려, 각박한 현실 속에서!" 하지만 그분들에게 "옳음의 방향성, 그것을 추구하는 법을 학교가 알려주지 않으면 누가 알려주죠?"라는 질문을 돌려드리고 싶다. 공교육이 맡아야 할 바는 '전제 자체가 비뚤어진' 평가의 결과로 아이들을 줄 세우는 일이 아니라, 그들에게 '살아가고 싶은' 사회의 모습을 그리고 그것을 실현하기 위한 방법을 스스로 모색하게 하는 일이 되어야 하기 때문이다. 냉소하지 않고 앞을 바라보는 우리의 한 걸음, 한 걸음이 변화로 이어지리라 믿는다. 실패하면 어때, 청년들이 느끼기에 이미 세상은 어딜 가든 거지같다는 데. 더 나빠지게 할 수는 없다.

코로나19를 재난으로만 기억하지 않게 하는 노력이 필요하다. 굳이 지금 이 책을 내는 이유도 그래서다. 이런 상황에서도 우리는 '연결'을 이야기할 수 있으니까. 이런 상황이기 때문에 더더욱 필요하니까. 이 책을 읽은 동료들이 "아, 우리가 이런 것을 할 수 있구나!"라는 마음을 가지셨으면 좋겠다. '나'라는 한 명의 교사가 본인이 생각하는 것보다 더 대단하고 멋진 일을 할 수 있는 존재라는 것을 스스로 느낄 수 있다면 좋겠다. 어깨를 조금 더 펴고, 허리에 힘을 주어 수업하는 일에 도움이 되길 바라는 마음으로 글을 쓰고 모았다.

그간 교육을 향해 우리가 가져온 '어떻게 가르치지?'라는 고민을, '무엇을 가르치지?'라는 조금 더 열린 고민으로 전환하는 계기가 되기를. 학생을, 교사를, 사회를, 지구를, 우주를, 그리고 낱낱의 작지만 소중한 개체들을 어떻게 연결시킬 것인지 고민하는 수업이 좀 더 많은 교실에서 이뤄진다면.

와, 상상해보는 것만으로도 "멋지다!"라는 탄성이 나온다. 동료님들, 우리는 시대의 기후를 만드는 사람들이에요. 그럴 수 있어요.

서문을 쓰다가 한껏 신이 난
저자 대표 김영희

김병섭
인천영종고등학교

프롤로그

이 많은
질문들은

그동안
어디에 숨어
있었을까?

온라인 수업에서 발견한
새로운 '배움'의 가능성

그래도 교실은 살아 있다

온라인 수업에 댓글방을 만들어 질문 만들기를 진행했다. 학생들에게 무조건 질문을 한 개 이상씩 댓글로 쓰게 했다. 질문이 도저히 없으면, 질문이 없다고 쓰게 했다. 최대한 부담을 가볍게 하되, 반드시 학생마다 댓글 하나는 쓰도록 했다. 그랬더니 재밌는 일이 벌어졌다. 질문이 엄청나게 쏟아진 것이다. 385명의 학생이 참여하여 371개의 댓글이 달렸고, 100여 개의 질문이 있었으며, 꼼꼼한 질문이 50여 개, 그중 상당한 수준의 질문이 30여 개 있었다. 당연한 결과인가? 아니, 당연하지 않다. 오프라인 수업에서 이런 많은 질문은 단 한 번도 만나지 못했으니까. 대체 어떻게 된 일일까?

나보고 어쩌라고!

짜증이 났다. 학기를 시작하기 전에 공들였던 수업 계획은 이미 폐기된 지 오래였다. 2020년 2월, 1학년 담임선생님들과 애써 만든 계획이었다.

먼저 기대했던 것은 3월 2일 개학 첫날의 수업이었다. 일곱 시간 동안 진행하는 1학년 오리엔테이션 수업. 두 시간은 질문 카드를 활용해서 학급별로 모둠 대화를 해야지. 간식도 듬뿍 주고, 우리 학교는 거친(?) 학생들이 많으니까, 상처가 많은 학생들이 적지 않으니까, 이 학생들이 우리 학교에서 관계를 잘 가꾸는 데 도움이 되는 수업을 만들어봐야지. 두 시간은 선배들의 학술 대회로 해야지. 2, 3학년 선배들을 섭외해서 1학년 학생들을 위한 20분 강연을 4회 부탁하는 거야. 작년 한 해 여러 교과의 수행평가를 진행하면서, 정말 '우와' 소리가 나올 만큼 멋진 결과물을 만들어낸 학생들을 섭외해서 자신들이 어떤 과정을 거쳐 그런 결과에 이르렀는지, 무엇이 재밌었고 무엇이 힘들었으며 무엇이 남았는지 전하게 해야지. 그 강의를 통해 우리 학교가 어떤 수업을 지향하고 어떤 학생을 소중히 여기며 어떤 실력을 가꾸려고 하는지, 2, 3학년 선배들의 생생한 증언을 통해 1학년 신입생들에게 그런 이야기가 자연스럽게 전해지면 얼마나 좋을까. 두 시간은 또…. 즐거운 상상으로, 두근대는 기대로 만든 수업들이었다. 모든 간식과 문구와 학습지와 카드까지 준비해놓았는데…. 그 모든 수업이 다 날아가 버렸다. 학생들은 학교에 올 수 없었고, 우리는 수업을 할 수 없었다.

그러다 난데없이 온라인 수업을 하라는 명령을 받았다. 당황스럽고 화가 났다. 물론 온라인 수업을 전혀 상상하지 못한 것은 아니었다. 온라인 수업 이야기는 온라인 수업이 전혀 없는 수업을 기획하던 2월에도 벌써 나왔다. 한 해를 설계하는 기획회의에서 우리도 아주 조금은, 그런 말을 했다. 학기 초에 쏟아지는 여러 업무와 작년에 헤쳐 나왔던 여러 문제를 살펴서 하나하나 대응책을 마련하던 때였다. 이건 이렇게 될 것이니까 이렇게 하면 될 거야, 저건 저렇게 될 거니까 저렇게 하면 될 거야, 하나씩 계획을 마무리하면서, 그 힘들다가 후련했던 회의를 마무리하면서 여담을 나눌 때였다. 이거 이러다가 온라인 수업 하는 거 아냐? 어차피 몇 년 지나면 다들 하게 될 거 같은데 미리 공부나 해둬. 어느 부장님이 웃으며 던진 말이었다. 물론 모두 웃었다. 그러나 모두 완전히 웃지는 못했다. 마냥 웃으며 끝내기에는 벌써 전해진 뉴스들이 심상치가 않았다. 왁자한 웃음 뒤에 눌어붙은 옅은 회색빛 그늘. 그래도 설마 했다. 그것이 설마 이렇게 깜깜하게 세상을 장악할 줄은 정말 몰랐다.

2020년 3월, 대부분의 선생님들이 학교에 출근할 수 없었던 4주 동안 나는 출근했다. 물론 다른 부장님들과 함께였다. 하루하루 새로운 상황이 발생할 때마다 모여 지침을 분석하고 대책을 마련했다. '드라이브 스루'로 교과서를 배부하고 교복을 배부했다. 교실과 특별실을 소독하고 방역 지침을 이해하며 학생들의 등교 동선과 급식 동선을 만들었다. 그 일들을 하면서 나는 내내 무언가 부글부글, 마음이 끓어올랐다. 무얼 좀 해결하고 나면 하루 이틀 지나 바로 그것을 다시 바꾸는 일이 반복됐다. 학생들이 학교에 오지 않는 날들이 평온하면서도, 이런 날이 언제까지 이어질지, 그다음에는 또 어떤 일을 겪게 될지 알 수 없던 날들. 그런 날들이 얼마간 지나고 나서야 알았다. 나의 마음에 끓어오르는 것은 불안이었다.

불안했다. 대체 이런 촘촘한 방역 기준들이 정말 실행 가능한 것인지. 이것을 실행하면 우리가 바라던 수업은 정말 가능한 것인지. 아니 그전에, 정말 세상이 어떻게 흘러가는 것인지. 그 방역 지침들을 완벽하게 수행하고 나면 정말 우리는 오늘, 이곳에서 안전할 수 있는 것인지.

궁금했다. 공중파 뉴스와 신문만으로는 내가 바라는 사실을 다 확인할 수 없었다. 나는 더 궁금했다. 아마도 내가 더 불안했기 때문일 것이다. 나는 두 아이의 부모이고 한 사람의 배우자이며 두 노인의 자식이었다. 나는 14학급, 385명 학생들의 선생이었고 열네 명 담임선생님들의 부장이었으며 20여 명 교과 선생님들의 협조자였다. 어디선가 무슨 일이 생기면 나는 어떤 말이든 응답을 해야 할 책임이 있었고, 나는 그 책임을 수행하고 싶었다. 그러려면 먼저 세상이 어떻게 된 것인지 알아야 했다. 대체 뭐가 어떻게 돌아가고 있는 걸까?

나는 유튜브의 세계에 몰입했다. 미숙한 내가 봐도 분명히 언론은 편향되어 있었고, 정부는 조심하고 있었다. 이해한다. 학년부장으로서 안전교육 연수를 받으며 내내 들었던 원칙이 있었다. 재난만큼이나 무서운 것은 패닉이다. 패닉은 그 자체로 재난이다. 그 말을 들을 때마다 나는 14학급, 385명의 학생과 열네 명의 담임선생님을 떠올렸다. 그래, 그렇다. 중요한 얘기다. 명심해야 할 이야기. 지금의 재난은 최소한 국가 단위로 대응해야 할, 정말이지 거대한 재난이다. 재앙이 우리를 휩쓸어가기 전에, 먼저 패닉으로부터 사람들을 구해야 한다. 나 같은 일개 학년부장도 배운 것을 정부 부처의 지도자들이 모를 리 있을까. 정말 그러했는지는 알 수 없으나, 적절한 뉴스 통제가 있으리라고 혼자 짐작했다. 그래서 더 알고 싶었다. 바다 너머 세상이 궁금했다.

유튜브에 접속했다. 구글 번역기를 활용했다. 온갖 나라의 언어로 관련 뉴스를 검색했다. 끔찍했다. 내게 생생한 뉴스를 전해준 것은 다른 나라의 언론이 아니었다. 개인이었다. 전 세계의 많은 이들이 자신이 겪은 재난을 생중계하고 있었다. 그중 스페인의 어느 의사와 간호사가 생각난다. 그들은 자신이 하루에 겪은 일을 노트북 카메라 앞에서 고백하고 있었다. 그들이 무슨 말을 하는지 정확히 이해할 수는 없었다. 유튜브 번역기로는 그들의 언어를 명확히 따라가기가 어려웠다. 하지만 그들의 감정을 따라가기는 어렵지 않았다. 절망과 죄책감과 피로와 공포가 뒤섞인 그들의 표정, 그들의 눈물과 흐느낌은 내게 그대로 전해졌다. 나는 무서웠다.

실패하고 싶어서 시작한 수업

2020년 4월, 모든 교사가 출근했다. 온라인 수업을 해야 했다. 아무도 가보지 않은 길을 가야 하는 일이었다. 여러 선생님들이 불만을 터뜨렸다. 장비도, 프로그램도, 연수도, 어떤 지원도 없이 그냥 하면 된다는 식으로 밀어붙이는 느낌. 현장 교사들을, 함께 문제를 해결할 동료가 아니라 통제해야 할 대상으로 취급하는 느낌. 학교에 관한 여러 정책을 학교 밖 사람들과 똑같이 뉴스로 전해 듣는 것에 마음 상한 동료 교사들이 많았다. 이해한다. 나 역시 그런 느낌을 지울 수 없었으니까.

하지만 나는 감사하는 마음이 더 컸다. 이 어마어마한 재난을 헤쳐가면서, 그래도 이만큼이라도 일상을 지킬 수 있다는 것에 감사했다. 패닉에서 구해낸 사람들이 현실의 불편과 불안에 불만을 터뜨리는 것은 자연스러운 일이다. 그들을 나무랄 일이 아니다. 그것을 수용하면서 문제를 하나하나 해결해야 했다. 교육부의 공문을 가장 먼저 보는 이들 중 하나였던 내게는 방역 지침들 사이로 교육 행정가와 방역 정책가들의 고심이 느껴졌다. 그래, 그럴 수밖에 없겠지. 이 상황에 그나마 온라인으로라도 수업을 진행할 수 있는 것이 어디인가. 온라인 수업을 하고 싶어도 할 수 있는 나라는 거의 없다. 더구나 현재 상황에서 학교 수업은 그냥 수업의 의미만 있는 것은 아닌 듯싶었다. 어떤 방식으로든 우리가 수업을 유지하는 일은, 어떻게든 우리가 일상을 유지하고 있다는 것을 우리 자신에게 확인시키는 일이기도 했다. 이 재난의 시기에 최대한의 평온함을 확보하며 일상을 지키는 것은 중요한 일일 것이다.

우리에게 남은 문제는 이것이었다. 지금 당장 누가, 어떻게, 온라인 수업을 할 것인가?

내가 나섰다. 내가 먼저 온라인 수업 일주일 치를 만들기로 했다. 무슨 영웅이 되고 싶은 마음이 있었다거나 대단한 온라인 수업 경험이 있거나 한 것은 절대 아니었다. 일단은 시간을 벌어보자는 마음이 컸다. 지금 돌아보면 참 어처구니없는 생각이지만, 그때의 나는 아무리 길어봐야 두세 달, 일이 잘 풀리면 2~3주 안에도 학생들을 다시 교실에서 만날 수 있으리란 희망을 품고 있었다. 어차피 잠깐 할 수업, 다른 선생님들이 준비할 시간을 벌어주기 위해 잠시 때우는 수업. 그 정도는 어떻게 되겠지 하는 마음. 간단히 말하면, 실패하고 싶었다. 실패해도 된다고 여겼다. 처음 시도하는 수업이 실패하는 경우란 늘 있는 일이니까. 더구나 지금은 엄청난 혼돈의 시기 아닌가. 아마도 당연히 실패하겠지만, 누가 나의 실패를 비난할까. 어차피 대부분 실패할 일, 내가 먼저 실패하기로 했다. 그렇게 생각하니 후련했다. 우산을 던져버리고 비를 맞기로 나설 때의 그런 후련함.

그런데 이상했다. 실패를 안 했다. 우리 학교의 온라인 수업 플랫폼은 EBS 온라인 클래스로 결정되었다. 이 EBS 온라인 클래스의 가장 큰 장점은 어느 정도 내용이 검증된 EBS 강의 영상을 활용할 수 있다는 것이었다. 그러면 이 플랫폼에 가장 어울리는 단원이 뭘까? 동료 선생님들과 고민을 나눴다. 단번에 답이 나왔다. '문법'이었다. 문법은 지식 중심 교과다. 배워야 할 지식이 체계적으로 정리되어 있는 단원이다. 온라인 수업이든 오프라인 수업이든, 일정한 지식이 그대로 학생에게 전해져야 한다는 목적과 틀은 크게 다르지 않을 듯했다. 내가 해도 똑같이 할 이야기를 영상 속 EBS 선생님이 해주는 것이다. 이 정도면 해볼 만하다고 여겼다.

　온라인 클래스에 국어 수업을 개설했다. 낯선 플랫폼에 낯선 아이콘과 낯선 기능, 전면적인 온라인 수업 시행 초기였기에 당연히 예상되었던 시스템 오류와 서버 다운, 업데이트, 그러한 것들을 이해하면서 온라인 콘텐츠의 저작권과 각종 규정을 이해하고 지키며 실행하는 일은 만만치 않았다. 일단은 최대한 안전하게, 최대한 간단하게 가기로 했다. EBS의 고등학교 1학년 문법 강의 영상을 찾아 올렸다. 간단하고 안전했다. EBS 강의는 자세하고 친절하고 명확했다. 문제는 여기서부터 시작됐다. EBS 강의가 지나치게 자세하고 친절하고 명확한 것이 문제였다. 마치 고등학교 1학년 문법에 대해서는 그 어떤 질문도 나오지 않도록 먼저 완벽하게 설명해버리겠다는 결연한 의지가 느껴질 정도였다.

걱정이 되었다. 입학생 기준으로 우리 학교의 1학년 학생 385명 중 60퍼센트, 그러니까 200여 명의 학생은 중학교 때 내신 등급이 대략 7~9등급이었다. 상위 그룹의 40여 명을 제외하면 우리 학교의 학생들은 전반적으로 학습에 대한 의지나 열정, 수준, 관심과 기대가 낮다. 지역의 특성 때문이었다. 우리 학교 주변에는 국제고, 자사고, 자공고, 전국 단위 모집을 하는 유명한 전문계 고등학교가 있지만, 일반 전문계 고등학교는 대중교통 한 시간 이내의 거리에는 없다. 대신 일반계 고등학교인 우리 학교가 있었다. 이 학교의 학생들에게 그 촘촘한 설명 영상이 얼마나 전해질 수 있을까? 자신이 없었다. 문법 내용을 좀 더 나누어야 할 필요가 있었다. 뭔가 조금이라도 학생들이 참여할 수 있는 활동이 필요하다는 생각이 들었다.

'자음'부터 정리하기로 했다. EBS 온라인 클래스에 자음체계표를 올려놓고 이 표를 설명하는 글을 올렸다. 최대한 간단하게, 최대한 명확하게 하려고 애썼다. 자음을 명확하게 알지 못하고서, 자음체계표에 등장하는 한자 용어들의 뜻을 명확히 알지 못하고서 자음의 변동을 이해한다는 것은 불가능하다. 물론 이해 없이도 시험을 볼 수는 있다. 그냥 외우면 되니까. 그러나 매번 그렇게 하니까, 아마도 초등학교 5학년 때부터 6년째 이 문법을 다시 만나면서도 학생들은 매년 처음 만나는 듯이 되어버린 게 아닐까. 아니다. 이것도 너무 낭만적인 비유다. 상황은 더 심각하다. 무려 6년이나 알고 지냈는데 만나면 다시 처음 만난 것처럼 엄청나게 낯선 사람, 그런 사람을 만날 때의 그 불편함. 오래된 시간만큼 더 지겨워서 더 불편한. 물론 다시 한 번 문법 수업을 지겹게, 이 학생들에게 익숙한 방식대로 진행해도 내게 무슨 큰 문제가 생기지는 않을 것이다. 원래도 지겨웠던 문법 수업에 지겨운 기억을 하나 더 하는 것이 무슨 큰 잘못은 아닐 수 있겠지. 더구나 오늘과 같은 상황에…. 그래, 그럴 수 있다. 그래, 그렇지. 하지만…. 아무리 실패하기로 마음먹은 수업이라지만, 그렇게 되도록 버려두고 싶지 않았다. 어차피 실패하겠지만, 어차피 실패할 테니, 할 수 있는 시도는 해보고 싶었다.

자음체계표에 관한 20개의 퀴즈를 만들었다. 자음을 분류하는 각종 이름과 현상을 이르는 용어를 설명한 강의 후에 그 내용을 묻는 퀴즈였다. 마침 온라인 클래스에 퀴즈를 만드는 기능이 있었다. 오호, EBS가 일 좀 하는구나. 반가워하며 퀴즈를 만드는데, 그런데 이게 좀 이상했다. 온라인 클래스의 단답형 퀴즈 시스템은, 퀴즈의 대답을 정말 단 하나의 오차 없이 정확하게 입력해야만 정답으로 처리하는 것이다. 맞춤법이 살짝 틀리거나, 띄어쓰기가 틀리거나, 점이 하나 있고 없음도 오답으로 처리했다. 가만 생각해보니 그럴 만했다. 이 프로그램이 무슨 인공지능도 아니고, 응답자의 실수도 이해하며 정답의 폭을 넓히기란 불가능할 테지. 그래, 그럴 수 있다. 아니, 그건 그럴 수 있는데… 나는 어쩌지? 간단하고 재밌게, 공부한 것을 확인해보자고 만든 퀴즈인데, 이게 이렇게 엄격하고 정확하게 진행되면 전혀 간단하고 재밌지 않을 것이었다. 선생님, 저는 왜 틀렸나요? 정답을 A라고 적었는데 아닌가요? A가 아니면 뭔가요? 계속 써도 계속 틀렸다고 나와요, 어떻게 된 건가요? 아, 이거 왜 이래…. 학생들의 원망과 질문이 벌써 눈에 훤히 보이는 듯했다. 머리가 아파왔다. 이 원망과 질문을 어떻게 해결하지? 이 원망과 질문을… 원망과 질문이라… 질문?

질문!!

정신이 번쩍 났다. 이 퀴즈를 푸는 학생은 당연히 질문이 생길 것이다. 일단 이 퀴즈를 시작한 학생이라면 반드시, 질문이 생길 것이다. 내가 만든 이 20개 질문에 내가 설정한 정답을 단 하나의 오차 없이 정확하게 적을 학생은 없을 것이기 때문이다. 그러나 그 학생들이 틀렸는가 하면 그렇지 않다. 다만 맞춤법이 살짝 틀리거나 띄어쓰기가 틀리거나 마침표나

쉼표가 하나 있고 없고 하는 정도겠지. 당연히 정답이라고 여겼을 그 학생들의 마음에 원망이 생기지 않을 리 없다. 감정이 움직일 것이다. 이것이 중요하다. 이것이 정말 중요하다. 감정에서부터 질문이 시작하기 때문이다.

질문이 시작되는 자리

꽤 많은 경우에, 논리는 감정에서 시작한다. 감정이 움직이지 않고서 논리적인 생각을 이어간다는 건 대단히 어려운 일이기 때문이다. 논리적인 생각을 한다는 것은 결코 쉽지 않다. 의지를 갖고 힘을 써야 한다. 불편하고 힘든 일이다. 그 불편하고 힘든 일을 하게 만드는 데 감정은 강력한 힘이 된다. 화나고, 속상하고, 즐겁고, 놀랍고, 재미있고, 신기하다는 인상으로 학생들의 감정이 움직이기만 해도, 아니 감정이 말랑말랑해지는 정도가 되기만 해도, 학생들의 '생각'이 시작되는 것이다. 감정이 움직이는 자리에서 생각이 출렁이고, 생각이 출렁이는 자리에서 질문이 시작된다. 이 질문을 잘 이끌면 우리 학생들을 논리에 닿도록 할 수 있을 것이다.

학생들에게 자음체계표에 관한 퀴즈 20문제를 풀게 한 후 댓글로 질문을 쓰도록 했다. 퀴즈에 대한 질문도 좋고 자음체계표에 대한 질문도 좋다, 도저히 질문이 없으면 '질문이 없습니다'라고 쓰도록 했다. 어떤 댓글이든, 반드시 학생마다 댓글 하나는 쓰도록 했다. 물론 가장 많이 만나고 싶은 댓글은 학생들의 질문이었다. 그랬더니 재밌는 일이 벌어졌다. 질문이 엄청나게 쏟아진 것이다. 385명의 학생이 참여하여 371개의 댓글이 달렸고, 100여 개의 질문이 있었으며, 꼼꼼한 질문이 50여 개, 그중 상당한 수준의 질문이 30여 개 있었다. 당연한 결과인가? 아니, 당연하지 않다. 오프라인 수업에서 이런 많은 질문은 단 한 번도 만나지 못했으니까.

나는 질문을 좋아한다. 나는 질문을 사랑한다. 나는 세상을 바꾸는 자는 결국 질문하는 사람이라고 믿는다. 그래서 작년에도 똑같은 고등학교 1학년 문법 수업을 하면서 학생들에게 질문을 요청했다. 매 시간, 수업이 끝나기 5분 전에 질문을 해달라고 요청했다. 허망한 날이 많았다. 질문은 없었다. 아마도 그 시간에 질문이 단 한두 개만 들어왔어도, 나는 올해 학생들이 정말 공부(문법 공부)에 대한 열의가 높구나 하고 여겼을 것이다. 그런데 이렇게 많은 질문이라니….

신이 났다. 학생들의 질문은 대부분 간단하고 기본적인 것이었다. 학생들이 억지로 한 질문을 제외하고도 50여 개의 질문은 정말, 이 퀴즈들을 풀면서 학생들이 스스로 고민한 흔적이 역력한 질문들이었다. 그중 30여 개는 수준이 높았다. 함께 묻고 답하며 정답을 찾아가는 과정을, 다른 학생들과 함께 보았으면 하는 마음이 들었다. 이 질문들을 어떻게 공유할 수 있을까?

강의를 하나 더 개설했다. 처음에는 학생들이 쓴 질문 댓글에 대댓글로 답을 하려고 했다. 그런데 온라인 클래스의 댓글 창은 대댓글 기능이 없었다. 이런… 일해라, EBS!!! 이걸 어떻게 해결할까 고민하다 결론을 내렸다. 이왕 이렇게 된 것, 학생들이 만든 질문을 다 모아서 강의를 하나 만들어보자.

컴퓨터 모니터에 창을 두 개 띄워놓고, 왼쪽 창에서 학생들의 질문 댓글을 복사한 후 그대로 오른쪽 한글 글쓰기 창에 붙여 넣었다. 그렇게 모은 50여 개의 질문에 최선을 다해 답했다. 50여 개의 질문 중 일부는 내용상 겹치기도 했으나 하나하나 있는 힘을 다해 답했다. 결과물이 비슷하다고 해서 이 학생들을 비슷하게 대하고 싶지는 않았다. 이 질문들은 학생 개개인이 수업에 참여하여 나온 결과물이다. 내게는 비슷해 보일지 모르지만, 학생들에게는 한 사람 한 사람의 고민이 깃든 질문이었다. 온라인 수업이라는 이 전대미문의 상황 속에서도, 그것도 문법이라는, 대개의 학생들에게는 거리감이 역력한 이 수업을 만나면서도 이렇게 질문에 참여해준 그 마음에, 어떻게든 고마움을 전하고 싶었다. 질문이 비슷하니 대답도 비슷할 테지만, 그 대답에서나마 이 학생의 이름을 불러주고 싶었다. 너희의 관심과 열의와 호기심이 결국 너희를 성장시킬 것이다. 그 말을 한 사람 한 사람에게 꼭 해주고 싶었다.

물론 멋진 질문도 많았다. 진중하게 문법의 논리를 파고드는 질문, 용어의 정확한 뜻과 활용을 묻는 질문, 정답과 오답의 명확한 기준을 물으며 자신이 문법 용어를 정확히 이해했는지 묻는 질문. 그중에 내게 특별히 더 매력적이었던 것은 반전이 있는 질문이었다. 학생은 별 생각 없이 툭 던진 질문이었으나 충분히 탐구해볼 만한 주제의 물꼬가 되어줄 질문들. 이를테면 이런 것이다.

김○○ 2020. 04. 16. 순음에서 순의 뜻이 뭘까용, 인터넷에 안 나와요ㅠㅠㅠㅠ

너무너무 만나고 싶은 질문이었다. 물론 학생은 툭 던진 질문, 질문을 무조건 하라고 하니 그냥 던진 질문, 심지어 해설 강의에 답이 이미 나와 있는 질문, 인터넷에서 검색하면 당장 답이 나올 질문인데도 정말 모르겠다는 딴청을 부리며 슬쩍 던진 질문이었을지 모른다. 그러나 이 질문은 내가 학생들과 정말 함께하고 싶었던 질문이었다. 우리가 문법을 배우는 여러 이유 중 하나는 언어의 소리와 모양이 갖고 있는 그 천연의 원리와 논리를 통해, 사람에 대한 근본적인 통찰을 얻는 것이라고 나는 믿는다. 내게는 입술소리가 그랬다. 인종과 민족과 국가와 언어가 다르면서도 우리가 인간이기에 근원적으로 닮을 수밖에 없다는 것을 깨닫게 하는 개념. 그것을 이야기할 수 있는 소중한 공부. 즐거운 마음으로 답글을 썼다.

순음에서 '순'은 입술이라는 뜻입니다. 입술소리는 사람이 내기 가장 쉬운 소리예요. 그래서 아기가 가장 먼저 내는 소리이고요. 한국, 중국, 미국, 인도 등 여러 언어권에서 엄마와 밥, 아빠를 가리키는 낱말이 모두 입술소리와 관련 있는 이유도 이 때문입니다. 아기가 내기 가장 쉬운 소리거든요. 실험을 해보면, 학생 여러분이 아~ 하고 소리를 내다가 그냥 입술을 붙였다가 떼었다가 해보세요. 그렇게 아~를 하다가 입술을 붙였다 떼었다 하면 이렇게 소리가 납니다. "아~음~마, 아~음~마" 아기가 이 소리를 내면 곁에 있던 누군가가 이렇게 말하지요. "아, 맘마?! 배고파요 우리 아기? 맘마 줄게요" 혹은 "아, 엄마?! 그래 엄마야. 내가 엄마야 아가야. 어머, 우리 아기가 벌써 엄마를 하네. 여기 이 사람은 아빠란다. 아빠, 아. 빠. 좀 더 세게.

아. 빠. 해봐 아빠아~", 아기는 이 상황에 웃음이나 울음으로 반응하고, 발성기관에 더 힘이 붙고 근육을 더 미세하게 조정할 수 있는 능력이 생기면서 엄마와 맘마, 아빠라는 언어를 구별하고 이해하고 표현하며 익히는 것이지요.

내가 무엇보다 좋았던 것은, 이 질문이 내가 한 질문이 아니라 학생이 한 질문이었다는 것이다. 나는 다만 학생의 질문에 열심히 답했을 뿐이다. 나는 학생의 부름에 답하며 고마웠고, 학생도 나의 답에 고마워했다. 우리는 서로 고마워하고 있었다. 학생과 교사가 서로 고마워하는 상황. 내가 학생들에게 그렇게 보이는 이 상황이 좋았다. 배움이란 결국 서로 고마워하는 이 관계를 배우는 것이 아닐까. 그러다 문득 등골이 서늘했다. 하나의 질문이 마음에 앉았기 때문이다.

이 많은 질문들은 그동안, 다 어디에 있었을까?

나는 작년에도 고등학교 1학년을 가르쳤다. 나는 작년에도 이 문법 단원을 가르쳤다. 같은 문법 단원을 배웠을 작년의 우리 학생들에게는 이 질문이 없었을까? 이 많은 질문은 그동 안, 다 어디에 있었을까? 어디에도 없었을까? 오늘, 온라인 수 업 상황에서 이 질문들은 그냥 갑자기 튀어나온 것일까? 아니 다. 아닐 것이다. 이 많은 질문은 전에도, 그전에도 내내 있었 을 것이다. 다만 세상에 나와 사람들을 만나며 자신의 존재를 증명할 기회가 없었을 뿐. 무엇이 이 질문들을 오늘에야 세상 에 불러왔을까?

온라인 수업이었다. 온라인 수업을 하면서 많은 동료 선생 님과 절실히 느낀 점은, 학생들이 온라인 수업에서 생각보다 발표와 참여가 대단했다는 것이었다. 제시된 활동과 과제에 대한 학생들의 댓글과 보고서와 활동 영상은 횟수도, 수준도 모두 예상보다 높았다. 물론 정상 등교를 했어도 잘했을 학생 들도 있다. 우리가 놀란 것은 정상 등교라면 단 한마디도 하 지 않았을 학생들 때문이었다. 오프라인 수업이었다면, 많은 친구들 앞에서 직접 자신의 의견을 말하고 답을 맞히고 질문 을 하는 상황이었다면 절대 한마디도 하지 않았을 학생들이, 댓글로 자신의 의견을 말하고 답을 맞히고 질문을 했다. 그것 도 아주 많이, 아주 깊게, 아주 진솔하게 했다.

온라인 수업이기에 가능한 일이다. 단언한다. 오프라인 수 업, 대면 수업에서는 불가능한 일이다. 어서 수업이 끝나기를 바란다고 예상되는 30여 명의 학생들이 싸늘하게 자신에게 집중하는 것을 이겨내며, 이후 다른 학생들의 시선이 어떻게 변할지, 자신에 대해 뭐라고 할지 걱정되는 그 중압감을 가볍게 무시하고, 교사의 기대에 부응하는 질문일 것이라는 확신으로, 오로지 자신에게만 몰입하여 꺼지지 않는 호기심의 열기로 기꺼이 질문을 해야 하는 수업. 그런 수업에서는 절대 단 한마디도 하지 않을 학생들이었다.

온라인 수업의 구조에서 학생은 교사와 일대일로 마주했다. 다른 학생의 표정, 몸짓, 말은 화면에 보이지 않았다. 학생이 의지만 있다면, 학생은 배움과 교사에 몰입할 수 있다. 혹은 배움과 질문에 몰입할 수 있다. 더구나 온라인 수업은 학생이 배움에 대한 의지만 분명하다면 훨씬 효율적이었다. 영상 플레이어의 건너뛰기와 1.5배속이 배움의 속도를 더했고, 되감기와 반복이 배움의 효율을 높였다. 질문 하나가 마음에 제대로 자리 잡기만 하면, 학생의 배움은 수업 시간 50분에 끝나지 않았다. 구글과 유튜브가 눈앞에 대기하고 있었다. 질문을 품은 이에게 선택되기를 바라는 끝없는 콘텐츠의 세계가 지금도 확장 중이었다. 학생이 품은 질문이 클수록, 학생이 찾아가는 콘텐츠도 더 크게 확장할 것이다. 그렇게 생각하다 보니 문득 무서워졌다.

우리의 학교에 배움은 정말 있을까? 오늘 내가 배운 것이 너무 재밌고 그 배움을 함께한 친구들이 너무 즐겁고, 이 즐거움을 누리도록 수업을 준비해준 선생님에게 정말 고마워하는 모습이, 오늘 우리의 학교에 있을까? 혹시 그저 배움이라 불리는 공장식 노동만 있는 것은 아닐까? 일정한 시간을 버티며 의무 시간을 채우면 기본 점수를 확보하는 게임. 일정한 지식을 두고 경쟁을 벌여 높은 평가를 받은 학생이 높은 보상을 가져가는 게임. 세상에 배움이 아닌 것은 없고, 이 게임도 세상을 닮아 학생들에게 분명 배움이 되기야 하겠지만, 이러한 공장식 노동이, 이러한 공장식 배움이 다른 배움으로 확장할 영역은 얼마나 될까?

2020년은 감염병의 시대였다. 동시에 비대면의 시대, 온라인의 시대였다. 오프라인의 만남이 급격히 줄고 온라인 만남이 급격히 늘면서 정보의 유통량은 폭발했다. 이전에는 기록될 수 없는 것들이, 이전에는 기록의 기회조차 없던 것들이 엄청난 양과 속도로 기록되기 시작했다. 다른 누가 기록해준 것이 아니었다. 온라인에 접속한 모든 사람이 스스로 기록자가 되었다. 이 정보를 통해 지금도 엄청난 속도로 패턴이 분석되고 있다. 사람은 습관의 동물이다. 습관이란 곧 패턴이다. 패턴을 읽는다는 것은 곧 미래를 예측하는 일이다. 언제나 그랬듯이, 미래를 예측하는 일은 돈이 된다. 돈이 되는 이 큰 일에 기술이 도입되지 않을 리 없다. 인공지능이 그것이다.

인공지능이 하는 일로 가장 널리 알려진 것은 패턴 분석이다. 일정한 시간과 공간에서 집단이 반복하는 패턴. 그 패턴을 다시 나이, 성별, 종교, 지역, 재산에 따라 나누어 분석하는 일. 혹은 한 개인에 집중하여 그의 패턴을 분석하는 일. 데이터, 기록, 확률, 패턴. 데이터, 기록, 확률, 패턴. 다시 데이터, 기록, 확률, 패턴… 사람이라면 벌써 질려버렸을 이 무수한 반복을 일말의 지친 기색 하나 없이, 빛에 가까운 속도로 하루에도 수억 번 해낼 수 있는 기계. 그것이 바로 인공지능인 것이다.

인간은 '패턴이 정해진 문제를 해결하는 게임'에서 인공지능을 이길 수 없다. 패턴이 정해진 문제, 그러니까 우리가 2020년 현재 학교에서 가르치고 있는 대부분의 교과 말이다. 일정한 분량의 지식을 기억하고 기록하고 다시 그것을 기억하고 기록하는 것을 반복하는 일. 그 기억과 기록의 능력을 측정하여 우리는 학생들의 변별력을 운운하지만, 인공지능의 역량 앞에서 그러한 구별은 무의미하다. 만일 누군가가 인공지능을 학교 기말고사 시험 교실에 들여보낼 수만 있다면, 우리는 당장 새롭고 완벽하며 영원한 전교 1등을 만날 수 있을 것이다.

이쯤에서 과학기술에 대한 자괴감이나 미래에 대한 걱정은 일단 접어두자. 그리고 천천히, 크고 깊게 세 번, 심호흡을 하며 마음을 가라앉혀 보자. 그렇게 마음의 고요를 찾은 후에 다음 질문에 답해보자. 기억과 기록의 반복을 넘어서서 학교가 학생과 더불어 할 수 있는 배움이란 무엇일까? 인공지능이 지금부터 완벽하게 영원히 전교 1등을 할 수 있는 그런 배움 말고, 인공지능은 죽었다 깨어나도 해낼 수 없는 배움. 인공지능을 설계하고 운영하고 제어하고 분석할 수 있는 배움. 때마다 새롭게 보편화되는 기술표준을 활용하면서도 새롭게 제시되는 개인과 공동체와 인류의 문제들을 해결할 수 있는 배움. 그런 배움은 우리의 학교에서 어떻게 가능할까?

배움은 결국 관계다. 배움은 대개 나와 관련 있는 것들로부터 시작되는 법이다. 인문학의 통찰이나 과학의 관찰, 수학의 분석과 패턴화는 그러한 배움이 누적된 최후의 결과물일 뿐, 우리 각 개인이 이 배움을 만나는 일은 대개 지극히 개인적인 관계에서 시작한다. 어떤 학생들은 엄마와 아빠의 싸움을 통해 부부의 발생을 탐구할 수 있고, 오빠와 언니를 통해 역대 왕조들에서 반복적으로 나타났던 형제의 난을 짐작할 수 있다. 자신의 아픈 마음을 들여다보던 이가 심리학자가 되거나, 통계학회 회장이던 아버지를 따라 수학의 즐거움에 푹 빠진 아이가 더 대단한 학문을 연구한다는 등의 이야기는 이미 익숙하다. 그렇게 출렁이는 감정에서 시작된 질문들이 열정과 만나 학문이 시작된 것은 아닐까. 과거를 정확히 복원하고자 하는 열망에서 기하학이 출현했고, 물체의 운동에서 드러나는 패턴을 수식화함으로써 미래를 명확히 예측하고자 하는 욕망이 새로운 수식과 공리를 만들었다. 어떠한 종교, 어떠한 정치에도 훼손되지 않고 누구도 부정할 수 없는 공정한 기록에 대한 열망이 과학을 탄생시켰고, 그렇게 수집된 새로운 관찰과 기록과 패턴과 수식과 공리가 오늘도 문명을 만들어가고 있다. 다시 말하지만, 논리적으로 생각하는 일이란 엄청나게 힘들고 어려운 일이다. 이 힘들고 어려운 일을 해나가는 데 감정은 강력한 힘이 된다. 논리의 대부분이 감정에서 시작된 것이라면, 지금의 문명이란 논리의 결과인 동시에 감정의 결과라 할 수도 있을 것이다. 그렇다면 교사는 학생의 감정을 좀 더 연구해야 하는 것은 아닐까?

학생과 배움의 관계를 회복해야 한다. 그러기 위해 우리는 학생의 감정을 더 배워야 한다. 지금 내가 더 연구해야 할 것은 학교 문법에 활용될 문법 지식이 아닌 듯하다. 지금 내가 더 연구해야 할 것은 학생들이다. 문법, 나아가 국어 수업을 대하는 학생들의 상황과 감정. 어떻게 해야 수업 시간에 학생들에게 감정이 출렁이는 경험을 하게 만들 수 있을까? 그것은 다음의 질문과 다르지 않다. 우리 학생들이 스스로 질문을 하게 하려면 어떻게 해야 할까? 학생과 학생이 서로 돕게 하려면 어떻게 해야 할까? 학생과 교사가 서로 돕게 하려면 어떻게 해야 할까? 우리 학생들과 수업이 서로 돕게 하려면 어떻게 해야 할까? 그러니까 최후에는, 우리 학생들이 자기 자신을 아끼고 돌보며 성장시키게 하기 위해서 우리는 어떻게 해야 할까?

온라인 수업은 이 질문들을 해결하는 데 분명 도움이 된다. 학생들의 상황과 감정을 돌아보며 학생의 관계를 파악하고 학생을 배움으로 몰입하게 하는 데 온라인 수업은 큰 효율과 매력이 있다. 온라인 수업은 학생과 교사를 개인으로 만나게 하는 데 더 유리하기 때문이다. 이것은 교사에게도 매력적이다. 교사도 학생을 집단으로 만나는 것에 큰 부담과 어려움을 자주 느끼기 때문이다. 개인으로 만날 때 교사와 학생이 더 솔직하게 자신을 드러낼 수 있다. 자신의 논리와 감정을 좀 더 진술하게 드러낼 수 있다. 그렇게 교사와 학생이 개인과 개인으로 더 깊이 만날 때 교사는 학생을 더 깊이 있게 관찰할 수 있고, 더 구체적인 도움도 가능할 것이다.

물론 아직 미지의 영역이다. 온라인 수업이라는 교구는 충분히 실험되지 않았다. 아마도 예전 같았으면 이러한 이유들이 온라인 수업에 대한 탐구와 시도를 가로막았을 것이다. 그러나 지금은 감염병의 시대, 온라인 시대, 비대면의 시대다. 지금의 상황에서도 배움과 질문은 필요하고, 학생의 성장과 대화가 필요하다는 것에 동의한다면, 우리는 온라인 수업에 대해 더 깊이 탐구하고 더 많이 시도해야 할 것이다. 충분히 매력적인 교구를 발견했다면 그 가능성을 최대한 실험하여 적극적으로 활용해야 할 것이다. 그러나 온라인 수업이 지닌 매력에도 우리는 만나야 한다. 온라인 수업으로는 도저히 해결할 수 없는 문제들이 있기 때문이다.

한 달보다 더 많은 시간이 지나고 등교 수업이 확정되었다. 온라인 수업이 초기의 혼란을 지나 그럭저럭 가능한 상황이었음에도 학생들은 학교에 나와야 했다. 당연한 일이었다. 관계를 회복하는 데 직접 만나는 것만큼 강력한 일도 없기 때문이다. 사람과 사람이 직접 만나 서로 얼굴을 보고 손을 마주 잡고 응원과 격려의 말을 전하며 대화를 나누고, 서로의 눈빛을 살피다가 깊은 포옹으로 심장을 마주하는 것만큼 격렬하게 관계를 만들고 회복하는 일도 없기 때문이다. 하지만 그것에 한 가지 더, 어쩌면 이보다 더 큰 이유가 하나 더 있었다. 교사와 학생이 오프라인의 학교에서 반드시 만나야 할 이유.

그것은 공정함이었다.

그래도 남는 문제,
'공정함'에 대하여

교사와 학생이 오프라인에서, 학교에서 만나야 하는 아주 강력한 이유, 그것은 '평가'였다. 좀 더 정확히 말하면 '공정함' 때문이었다. 학생들의 역량을 평가할 때 공정함을 확보하기 위해 우리는 학생들을 학교에 불러와야 했다. 교사는 공적 업무를 수행하는 요원으로서, 공정한 기준에 의해 자신이 직접 관찰하고 경험한 것만을 평가에 기록할 수 있었다. 그러기 위해서는 외부 도움의 가능성을 일절 배제하고 온전히 학생 개인만이 참여하는 환경 안에서 교사가 직접 관찰할 수 있는 평가 장소가 필요했다. 대부분의 경우 그것은 학교였다.

2020년 감염병의 시대, 비대면·언택트의 시대에도, 최소한의 안전만 확보된다면 다른 온갖 위험을 무릅쓰고라도 당장 진행해야 할 학교의 가장 큰 역할은 평가였다. 이 한 해를 겪으며, 그것도 학년부장으로 학교 행정에 깊이 관여하며 깨달은 것은, 학생을 학교에 부르는 가장 강력한 힘은 '공정함'

이라는 것이었다. 학교의 공정함을 유지하기 위해 아주 많은 사람들이 아주 많은 규정과 아주 많은 의사결정과 아주 많은 시스템을 갖추려 애쓰고 있었다. 그것이 끝이 아니었다. 학교의 공정함이 바라는 목표는 더 원대했다. 학교는 학생과 학부모에게 공정함을 체험하게 하고, 이를 통해 학생과 학부모, 그러니까 시민들에게 공정함에 대한 열망과 감수성을 더 북돋우려 하고 있었다. 내가 짐작한 것보다도 훨씬 더 크게, 학교의 공정함은 세상의 공정함에 크게 기여하고 있었던 것이다. 모르는 바는 아니었지만 이렇게 생생하게 알고 있는 것도 아니었던 학교의 역할들. 그래, 그랬구나. 그래, 그렇지. 그래, 그렇다면, 그렇다 치고… 나는 어찌할까? 온라인 수업이 오프라인의 평가로 자연스럽게 이어지게 하는 방법은 무엇일까?

동료 선생님들과 다시 모여 의논했다. 이런저런 논의가 오갔다. 각자의 경험을 다 꺼내어 이리저리 맞추어보았다. 당장 기록해야 할 평가가 쌓여 있었다. 대체 어떻게 해야 온라인의 배움이 오프라인의 평가로 자연스럽게 이어질 수 있을까? 학생의 배움이 공정한 평가로 이어지면서도 학생의 즐거움을 훼손하지 않을 수 있을까? 한 줄로 앉아서 마스크를 쓰고 서로 최대한 거리를 유지하며 홀로 활동해야 하는, 이 삭막한 방역 지침을 지키면서도 즐거울 수 있는 수행평가가 정말 가능할까?

다시, 질문을 만들고 답을 쓰게 하자. 동료 선생님들과 결론을 내렸다. 학생들에게 '여덟 개의 질문-대답 만들기' 수행평가를 진행하기로 했다. OX 두 개, 단답형 두 개, 선택형 두 개, 서술형 두 개로 학생들은 A4 앞뒤로 한 장짜리 학습지에 총 여덟 개의 질문을 만든다. '음운의 변동' 단원의 문법 수업에서 배운 것 중에 자신이 좋아하고 재밌었던 것을 바탕으로 만든다. 여덟 개의 질문에는 여덟 개의 답과 여덟 개의 해설도 있어야 한다. 교과서의 어느 페이지 몇 번째 줄에 자신이 만든 문제의 출처가 있는지, 학습지에 직접 손으로 써야 한다. 최대한 어려운 문제를 내달라고 했다. 시험에 나오면 본인도 못 맞힐 만큼 최대한 어려운 문제, 최대한 꼼꼼하고 정확하고 치밀하게 문제를 내달라고 했다. 학생들이 만든 문제 중에 정말 어려운 문제, 교사인 내가 풀기에도 정말 어려운 문제를 시험에 내겠다고 했다. 당연히 문제를 만드는 동안에는 모든 도움을 다 받을 수 있다. 교과서와 참고서를 볼 수 있고, 교사에게 질문도 가능하다. 방역 기준이 없던 때라면 모둠별로 열정적인 토론도 허용했겠지만 그럴 수 없어 안타까웠다. 방역지침을 지키는 한계 안에서 최대한 배움과 공정함이 공존하는 평가를 진행하고 싶었지만, 학생들이 즐겁게 참여할 수 있는 여지가 너무 없어서 아쉬웠다. 고민 끝에 여기에 한 가지 수행평가를 더 추가했다.

'대중가요 음운 변동 분석하기'. 학생들에게 자신이 좋아하는 대중가요를 추천받았다. 그렇게 받은 대중가요의 가사를 검색했다. 동료 선생님들과 함께 음운의 변동이 최소 열두 개 이상이 드러나는 가사를 찾았다. 생각보다 많지 않았다. 꽤 많은 곡들의 가사에는 음운 변동이 나타나는 낱말이 그리 많지 않았다. 그때에야 짐작했다. 아, 작사가들이 가수의 발성을 위해 정확하게 발음하기가 쉽지 않은 음운 변동의 낱말들은 잘 쓰지 않는구나. 그런 중에도 다섯 곡이 선정되었다. 그중 대표곡은 하현우의 〈돌덩이〉. 당시 가장 인기 있던 드라마 〈이태원 클라쓰〉의 메인 테마곡이었다. '돌덩이'라는 제목부터가 된소리 현상의 낱말이었고, 거침없고 격한 발음을 선호하는 록 음악이라 그런지 음운 변동이 나타나는 낱말이 많았다. 교사가 평가 시작 전에 임의로 다섯 곡의 가사들을 1번에서 5번까지 배치한 후 학생들에게 번호를 선택하게 하고, 번호에 따라 가사가 적힌 학습지를 나눠줄 예정이었다. 우리가 먼저 재밌었다. 이것도 우리에게는 중요했다. 학생들도 즐거워야 하지만 교사인 우리에게도 먼저 즐거운 것이었으면 했다. 이 수행평가는 우리에게 정말 그랬다. 다행이었다. 그래서 더 기대

되었다. 그러나 그전에 할 일이 있었다.

수행평가를 시작하기 전에 학생들에게 예고했다. 다음 시간에는 대중가요 음운 변동 분석하기 수행평가를 진행할 것이다. 유의할 것은 다음 시간에 진행될 수행평가는 교과서나 참고서도 볼 수 없고, 친구에게 물어보는 것은 당연히 안 되며, 교사에게 질문할 수도 없다. 오로지 개인의 힘만으로 개인의 문제를 해결해야 한다. 다만, 오늘 진행할 여덟 개 질문-대답 만들기 수행평가를 할 때는 교과서도, 참고서도, 질문도 모두 가능하다. 그러니 부디, 오늘 음운의 변동에 관한 질문-대답 만들기 수행평가에 참여하면서 깊이 공부할 것. 최대한 자주 읽고 최대한 많이 묻고 최대한 어려움에 도전할 것. 그것이 내일의 수행평가에도, 그리고 곧 있을 지필평가에도 크게 도움이 될 것이다. 그렇게 말했다. 그렇게 말하며, 부디 정말 그렇게 되기를 기원했다.

송동철
오디세이학교

낯선 친구를 가깝게,

가까운 이를 낯설게

거리를 '사이'로
만들어간
온라인 수업 일기

'모두의 식탁', 우리의
첫 온라인 점심시간

근사한 밥상이 차려졌다. 바둑판 모양의 화면 위로 오징어볶음, 잔치국수, 주먹밥, 파스타, 제육볶음, 오므라이스에 월남쌈까지. 서로의 취향과 솜씨만큼 다양한 요리가 가득했다. 각자 만든 점심 메뉴를 소개할 때마다 그럴듯한 요리에 대한 감탄과 환성, 볼품없는 요리에 깔깔대는 웃음소리가 랜선 너머로 오갔다. 한 시간 전에 재료를 소개하며 야심차게 밝힌 구상을 근사한 요리로 실현해낸 학생도 있었고, 거창한 의도를 충격적일 만큼 소박하게 요리해낸 학생도 있었다. 메뉴명과 화면에 비친 그것이 도무지 연결되지 않는 음식도 간간이 있었다. "응? 저 빨간 국이 제육볶음이라고?"

한 사람씩 메뉴 소개가 끝난 후에는 각자의 요리를 들고 화면 캡처 기능으로 단체 사진을 찍었다. 인증 샷 촬영까지 마친 후에야 우리는 카메라를 끄고 점심식사를 시작했다. 내가 만든 바질 페스토 라비올리(거창한 의도를 충격적으로 소박하게 요리한 사람 중에는 교사도 있었다)는 이미 식어버렸지만, 미지근함과 시원함 사이 어디쯤에 있는 음식을 먹으면서도 마음 한구석이 따끈따끈했다. 그렇게 온라인 개학으로 돌아온 2학기의 첫 점심시간이 흘러갔다.

2020년 여름을 휩쓸고 간 감염병의 여파로 2학기에 또다시 온라인 개학이 결정되었을 때, 나는 지난봄을 떠올렸다. 처음 온라인 수업을 시작하고 체감했던 그 아득한 거리감. 서로에게 닿을 수 없음을 체감할 때마다 무력감이 피어올랐다. 한껏 목소리를 높여 무거운 공기를 끌어올려 보려 해도 효과는 알 수 없었다. 내 앞의 노트북 모니터는 스무 명의 얼굴을 보여주고 있었지만 그들의 눈빛까지 담아내지는 못했다. 학생들이 내 이야기를 정말로 듣고 있는지, 어려움 없이 이해하고 있는지, 어떤 기분이 드는지 아무것도 전달되지 않았다. 흡사 벽을 보고 말하는 느낌이었다.

대화가 말로만 이루어지는 것이 아님을 절감했다. 눈빛 없

'모두의 식탁'. 우리가 온라인 점심시간을 만들어내자
서로 간의 거리는 '사이'로 바뀌어갔다.

는 대화가 이렇게 식은땀 나는 일일 줄이야. 그 싸늘함을 다시 맛보는 일만은 피하고 싶었다. 다시 온라인 수업을 시작하기 전에 서로의 존재를, 랜선 너머로 우리가 서로 연결되어 있음을 확인하고 싶었다. 그것 없이는 다시 모니터 앞에서 씩씩하게 2학기를 시작할 자신이 내게는 없었다.

'모두의 식탁'이라는 이름의 온라인 점심시간은 그런 마음으로 계획한 시간이다. 학생들은 전날 모둠별로 줌(ZOOM) 소회의실에 모여, 각자 만들 음식을 정하고 필요한 재료를 확인했다. 다음 날 오전 수업 시간이 되기 전에 재료를 마련하고, 한 시간 내에 요리를 완성할 수 있게 다듬어두었다. 라면이나 냉동식품 사용은 반칙. 소박하더라도 자신이 직접 만드는 것이 이날의 규칙이었다. 아침 조회를 마친 후에 돌아가며 화면으로 각자가 만들 음식과 재료를 소개하고, 이어서 한 시간 동안 음식을 만들었다. 줌을 켜두고 요리하는 과정을 서로에게 보여주었다.

화면에 비친 풍경은 다양했다. 요리하는 자신의 모습이 담기도록 카메라를 놓은 이들이 많았지만, 도마가 놓인 조리대 위로 카메라를 비추어서 요리하는 손을 밀착해 보여주는 이들도 있었다. 비록 단 하루지만 우리는 온라인 수업 상황에서 '점심시간'을 만들어냈다. 서로의 존재가 연결되어 있음을 알아차리고 나니, 서로 간의 거리가 '사이'로 바뀌어갔다.

0교시, 지금은
'지금'을 공부할 때

'다행이다.' 2020년 봄, 코앞으로 다가왔던 개학이 전격적으로 일주일 연기되었을 때 들었던 생각이다. 코로나19 사태의 심상치 않은 전개가 불안하면서도, 한편으로는 새 학년을 준비할 시간이 생긴 것이 반갑기도 했다. 마침 매년 3월과 함께 다가오는 개학 증후군(?)에 밤잠을 설치던 시기이기도 했다. 돌이켜보면 스스로의 철없음이 민망하지만, 그때의 나는 개학 연기가 한 달을 넘어갈 줄은 상상도 못 했다.

뒤늦은 위기감은 개학이 다시 2주 연기되었을 때 한꺼번에 찾아왔다. 어쩌면 상황이 금방 끝나지 않을 수도 있겠구나. 언제가 될지 모를 개학을 가만히 기다리고 있을 수만은 없겠다는 생각이 들었다. 갑작스레 집에 머물게 된 학생들이 어떤 하루하루를 보내고 있을지, 개학을 하더라도 낙관적으로 봐서 절반쯤은 밤낮이 바뀌었을 이들과 어떻게 수업을 해나갈지, 이런 생각을 하면 가슴이 답답했다. 가정학습 과제를 마련하라는 교육부의 방침이 아니더라도, 이대로 상황을 방치할 수는 없었다. 개학은 언제 이루어질지 기약이 없었고, 입학을 기다리던 학생들은 지쳐갔다. 뭐라도 해야 하는 건 분명했다. 뭘 해야 할지가 문제일 뿐.

동료 교사들과 오랜 논의 끝에, '지금은 지금을 공부할 때'라는 결론을 내렸다. 우리가 직면한 지금의 사태를 잘 이해하기 위한 공부로 올해의 배움을 시작하기로 했다. 곧바로 워크북 형태의 학습 자료를 만들었고, 최대한 '있어 보이도록' 거창한 이름을 붙여 인쇄물을 학생들에게 우편으로 보냈다. 워크북의 이름은 〈0교시, 코로나 읽기: 재난, 재난이 드러낸 재난, 나은 다음을 향한 우리 시대의 질문들〉. 자칫 학생들 입장에서 느닷없이 날아든 숙제로 느껴지겠다는 생각에, 이 공부를 권하는 교사들의 마음을 정성껏 서문에 담았다.

아직 만나지 못한 여러분에게

설렘 반, 긴장 반으로 여러분과 만날 준비를 시작한 두 달 전에는, 3월이 다 지나도록 여러분을 만나지 못하리라고는 상상도 못 했습니다. 고민하며 공들여 준비했던 활동과 수업들을 하나씩 미루거나 취소하면서, 속상하기도 하고 누구에게인지 모를 원망스러운 마음이 들기도 했어요. 아마 겨우내 입학을 기다려온 여러분의 마음도 별로 다르지 않을 거라고 짐작합니다.

휑한 학교에서 하루하루를 보내다가 문득 생각했습니다. '지금 우리가 겪고 있는 현실이 바로 우리가 공부해야 할 가장 중요한 과목이 아닐까? 정확히 무슨 일이 일어나고 있는 건지, 왜 이런 상황이 벌어졌는지, 우리는 무엇을 해야 할지, 혹은 하지 말아야 하는지….'

교양이라는 게 그저 우아한 몸짓이나 말투, 과시적인 지식 따위가 아니라, 자신이 살아가는 세계를 합리적으로 이해하려는 의지와 능력이라면, 코로나19 사태를 이해하는 일이야말로 우리 시대의 교양이겠다는 생각을 했어요. 교사와 학생이라는 작은 차이를 넘어 같은 시대를 살아가는 시민으로서 갖추어야 할 일종의 '공통 교양'이 되겠지요. 비단 바이러스와 질병뿐 아니라 보건, 재난, 환경, 정치, 언론, 인권에 이르기까지, 재난과 '재난이 드러낸 재난'에 얽힌, 인간과 사회에 관한 수많은 물음들이 지금의 현실 속에 담겨 있으니까요.

이 워크북의 이름은 〈0교시, 코로나 읽기〉입니다. 크게 세 가지의 질문이 담겨 있어요.

첫 번째 질문은 '이불 밖은 위험해? – 무슨 일이 일어난 걸까'입니다. 이 질문은 코로나라는 텍스트를 통해 세계를 읽어내기 위해 기초적인 지식을 갖추는 데 중점을 둡니다. 정확한 앎이 배움의 출발선이라 믿기 때문입니다. 바이러스와 감염병에 관한 기초적인 개념과 원리, 용어들을 공부할 거예요.

두 번째로는 '재난이란 무엇인가, 혹은 무엇이 재난인가'를 묻습니다. 코로나19 사태는 그 자체로도 하나의 재난이지만, 한국 사회와 인류의 취약한 지점들을 드러내고 있습니다. '재난이 드러낸 재난들'의 모습을 함께 살피고, 그 의미를 가늠해보려 합니다.

마지막 질문은 '코로나가 지나간 자리, 무엇을 해야 할까'입니다. 언젠가 코로나 바이러스 사태도 끝나는 날이 오겠지요. (그날이 그리 멀지 않기를 바랍니다.) 그때, 재난이 지나가고 난 자리에 무엇이 남을까요? 우리는 서로를 더 미덥게 여기게 될까요? 아니면 더 미워하게 될까요? 나는 다음을 향한 상상을 나누고 싶습니다.

미지의 바이러스로 인한 신종 전염병의 세계는 불확실성으로 가득합니다. 인류는 두 달 전보다 이 바이러스와 질병에 대해 훨씬 더 많이 알게 되었지만, 아직도 확실한 것보다는 불확실한 점이 훨씬 많지요. 현재 우리가 알고 있는 정보나 그에 기초한 판단도 어쩌면 훗날 잘못된 것으로 밝혀질지도 모릅니다. 여러분과 이 공부를 시작하는 것이 조금은 조심스럽고 두려운 것은 그런 까닭입니다.

하지만 모르는 것을 '모른다'고 말하는 것이야말로 가장 과학적인 태도이자, 앎을 위한 시작임을 믿습니다. 그래서 동시대를 살아가는 시민으로서, 그리고 배움의 길을 함께 고민하는 길잡이로서 여러분에게 정중하게 요청하고 싶습니다. 코로나라는 텍스트를 함께 읽어보자고.

그럼 '0교시, 코로나 읽기'를 시작할게요.

쉬는 시간의 수다도, 점심시간의 흥분도 없는 학교라니

학생들에게 워크북을 보내고 얼마 지나지 않아 온라인 개학이 결정되었다. 온라인과 개학, 생각할수록 안 어울리는 조합이었다. 거의 커피와 김치, 장마철과 눈사람, 심청이와 이몽

룡 같은 수준이 아닌가. 속절없는 개학 연기가 막연한 불안이었다면, 온라인 개학은 그야말로 실감 나는 공포로 다가왔다. '무한정 개학을 미룰 수 없는 것도 사실이긴 한데… 그러니까… 온라인으로… 개학을… 아니, 대체 어쩌라는 거지?'

온라인 수업을 앞두고 미래 교육을 논하는 사람들도 있었지만, 나와 동료들이 맞닥뜨린 것은 지금-여기의 현실이었다. 뻔뻔하게, 예고도 없이, 50년쯤 이르게 들이닥친 미래 앞에서 학교는 당황하고 있었다. 들이닥친 미래를 어떻게든 맞아보려 동분서주하면서 우리는, 학교라는 너무나 당연했던 존재에 대해 새삼스레 물을 수밖에 없었다. '학교란 무엇일까? 지금부터는 무엇이어야 할까? 온라인에서도 학교가 여전히 학교일 수 있을까? 우리가 학교에서 해온 것들 가운데 무엇이 본질이고, 무엇이 도구일까…?'

끝도 답도 없는, 어찌 보면 싱거운 질문들이지만 당시의 나는 진지했다. 아니, 비장했다. 온라인 수업에 대해서는 사실 잘하리라는 자신도, 잘되리라는 낙관도 없었다. 솔직히, 아무리 생각해도 망할 것 같았다. 다만 사회의 구성원으로서 내 몫의 현실을 감당해내고 싶었을 뿐. 재난에 맞서 일상을 지켜내고 있는 다른 수많은 사람들처럼. '지금-여기가 맨 앞'이라는, 그야말로 비장한 마음이었다.

언론에 발표된 고등학교 1학년의 개학 시점은 4월 16일. 마음은 비장했으나 현실은 10년째 '엑셀'과 불편한 관계를 유지 중인 내게 뾰족한 수가 있을 리 없었다. 어디부터 어떻게 손을 대야 할지 몰라 인터넷의 바다를 정처 없이 표류하다가 놀라운 사실을 알게 됐다. 세상은 넓고, 스마트한 선생님들도 많다는 사실. 일단 따라해 보자 싶어서 손에 잡히는 대로 그들의 유튜브와 블로그를 들락거리며 온라인 학습 도구들을 살피기 시작했다. 구글 클래스룸, 밴드, 행아웃, 줌, 온라인 문서도구… 대부분 이름도 처음 들어보는 것들이었다. 이런 식으로 근본 없는 초단기 반강제 셀프 미래 교육 연수(!)를 해나가면서, 한편으로는 동료들과 둘러앉아 온라인 개학의 모습을 그려가기 시작했다. 쉬는 시간의 수다도, 점심시간의 흥분도 없는 학교의 모습을.

내가 근무하는 오디세이학교의 특징 중 하나는 교육 공간과 교육 과정이 학급별로 독립적이라는 점이다. 다섯 개의 학급이 서울 이곳저곳에 흩어져 있는 오디세이학교의 특수성으로 인해 학급별로 독립적인 교육 과정의 기획과 운영이 이루어진다. 일반적인 학교에 비하면 교육 과정 운영 단위가 아주 작기 때문에 의사결정이 쉽고, 교사들이 교육 과정을 직접 기획하여 운영할 여지도 크다. 교사들이 대부분의 교육 활동을 설계하고 실행하고 평가하기 때문이다. 한 해의 흐름이나 시간표에 어떤 과목을 배치할 것인지와 같은 거시적인 차원에서부터, 점심시간과 쉬는 시간을 몇 분으로 할지 같은 세부 사항에 이르기까지가 모두 교사들의 논의를 통해 결정된다. 이러한 교육 과정의 유연성이 온라인 수업을 준비하는 데 큰 힘이 되어주었다. 개학 연기와 온라인 수업으로 인해 기존에 세워두었던 교육 과정을 전면 재구성해야 하는 상황에서, 교육 과정 실행의 당사자인 교사들이 작은 단위로 모여 즉각 의논하고 대응할 수 있었기 때문이다.

처음 모인 자리에서 우리는 망할 거라는 이야기를 나누었다. 불안했고 두려웠다. 아무리 행복 회로를 돌려봐도, 20일 만에 만든 온라인 수업이 잘되리라 믿을 만큼 순진해질 수는 없었다. 온라인 수업이라는 영화 같은 현실의 결말은 이미 정해져 있었고, 우리에겐 그걸 바꿀 재주가 없었다. 그래서 예정된 실패를 그냥 받아들이기로 했다. 어차피 우리 탓도 아니지 않은가. 10년째 하는 대면 수업도 매번 새롭게 어려운데, 20일 만에 만든 온라인 수업이 잘 돌아가면 그게 더 억울하지! 이런 합의(?)로 조금 마음이 편해지니 우리가 선택할 수 있는 것이 하나 보였다. 아, 어떻게 망할지는 정할 수 있구나. 결말이 정해져 있으니까 오히려 선택이 쉬웠다. 어차피 망할 거라면, 학생들 앞에서 소심하게 굴지 말자. 용감하게 시도하고 장렬하게 쓰러지자. 그쪽이 더 멋지니까. 그래도 교사인데, 골계미보단 비장미지! 그렇게 우리는 멋지게 망하고야 말 것을 결의했다. 단체로 비장하게.

　그때 단호하게 망하기로 결의할 수 있었던 건 우리가 교사이기 때문이었다. 온라인 수업이 등교 수업을 온전히 대체할 수 없음을 누구보다 잘 아는 이들이 교사다. 몇 가지 측면에서 온라인 수업의 (생각보다 큰) 가능성을 확인하고 난 현재도 이 판단에는 변함이 없다. 인간은 환경과 상호작용하며 배우고 성장하는 존재인데, 타인과 공동체야말로 가장 강력한 영향을 미치는 환경이기 때문이다. 다양한 사람들이 모여 둘러앉는 것만으로도 배움이 일어난다. 그런데 온라인 수업에서는 서로의 존재를 느끼며 온전한 의미에서 둘러앉는 것이 불가능하다. 온라인 수업이 그 나름의 장점과 가능성을 갖고 있어도 대면 수업을 온전히 대체할 수 없는 까닭이다.

　그렇다면 어떻게 멋지게 망할 것인가. 이건 온라인 수업의 방향을 어떻게 잡을 것인가의 문제이기도 했다. 여러 이야기가 오갔지만, 온라인 상황에서의 소통이 쉽지 않다고 해서 대화와 토론을 중심에 두는 기존의 교육 방침을 포기할 수는 없다는 데 교사들의 의견이 일치했다. 대화와 토론을 포기한다면 온라인 수업은 필연적으로 지식 전달 중심이 될 터인데, 그건 바람직한 방향이 아니라는 공감대가 형성되었다. 지식 전수도 물론 학교의 역할이지만 그것은 대체 가능한 영역이다. EBS부터 사설 업체에 이르기까지, 질과 다양성을 갖춘 온라인 강의 콘텐츠가 넘쳐나는 시대가 아닌가. 반면 학생들이 '사회적 존재로서 상호작용하는 광장'이라는 학교의 역할은 개인이나 가정 단위에서 대체가 불가능하다고 보았다. 온라인 '수업'을 포함한 온라인 '개학'에 대한 상상이 필요하다고 판단한 것은 그래서다. 배움은 수업 시간에만 일어나지 않는다. 수업 시간표에 담긴 교과목뿐 아니라 시간표 틈새에 담긴 장면, 만남, 사건을 통해서도 배움이 일어나기에, 우리는 완성도 높은 온라인 강의 제작보다는 어설프더라도 '총체적인 경험으로서의 학교'를 구현하는 데 힘을 쓰기로 했다. 핵심은 소통과 상호작용의 가능성을 높이는 데 있었다.

온라인 수업에서 소통과 상호작용을 중시한 것은 온라인 수업이 '대면 수업의 불완전한 대체제'에 그쳐서는 안 된다고 여겼기 때문이기도 하다. 온라인 수업이라는 조건은 자기 통제력과 학습 능력을 갖춘 학생에게는 기회일 수 있지만, 반대의 경우에는 재앙이 될 수도 있었다. 자기 통제력과 학습 능력만큼 가정환경의 영향이 큰 영역도 없다. 온라인 수업이 지식 전달 중심으로 이루어지면 양극화의 위험은 더 커질 게 뻔했다. 소통의 여지가 좁아질수록 교사가 어려움을 겪는 학생을 알아채는 것도, 도움을 주는 것도 어려워질 테니까. 우리는 온라인 수업의 초점을 교사가 잘 가르치는 것 말고 학생이 잘 배우는 힘을 기르도록 돕는 데 두자고 의견을 모았다. 그러기 위해서는 대화와 토론을 포기할 수 없었다. 처음부터 화상회의 도구를 사용한 실시간 쌍방향 수업을 원칙으로 정한 것은 그 때문이다.

진입 구간: '배움을 위한 몸 만들기'부터 '온라인 수업 약속 만들기'까지

오디세이학교의 교육 과정 운영은 학급별로 독립적이지만 몇 가지 공통점이 있다. 부러 맞춘 것이 아니라 지난 몇 년 동안 서로의 교육 과정을 보고 배우면서 자연스레 생겨난 공통점이다. 그 가운데 하나가 3월 입학 직후 바로 수업을 시작하지 않는다는 점이다. 창의적 체험 활동 시간을 집중적으로 편성해서 첫 일주일 정도 일종의 오리엔테이션 기간을 갖고, 1~2주 정도 전환 여행을 다녀온다. 구체적인 모습은 학급마다 조금씩 다르지만, 배움을 시작하기 위한 일종의 준비 운동 기간이라는 성격은 같다. 왜 배우려 하는지, 무엇을 배우고 싶은지, 배움의 태도는 어떠해야 하는지를 생각하고 글로 정리한다. 학생 스스로 성장 목표를 설정하고 거기에 도달하기 위한 배움의 계획을 세우는 것이다. 함께 배우고 성장하기 위해 서로에게 어떻게 말하고 귀 기울이고 피드백을 주고받아야 하는지 소통의 방법을 익히고, 소통 문화를 만드는 일을 시작한다. 낯선 환경에서 오는 어색함을 조금씩 누그러뜨려가며 자신을 드러내고 교사와 친구들을 살피는 '아이스-브레이킹'도 이 시간의 중요한 목적이다.

입학 직후에 이처럼 학교, 배움 그리고 서로에게 익숙해질 시간을 가지면 3월의 숨 가쁨이 한결 덜하다. 이런 진입 구간을 경험해보고 나니 입학식 다음 날 1교시부터 수업을 시작하는 것이 교사에게도 학생에게도 얼마나 부담스러운 일이었는지 깨달을 수 있었다. 낯섦은 가르치기도, 배움이 일어나기도 쉽지 않은 환경이니까. 온라인 개학에도 진입 구간이 필요하다는 생각은 오디세이학교 교사들로서는 자연스러운 것이었다.

다만 이번에는 '모든 게 처음'이라는 특수성이 있었다. 누구도 온라인 개학을 경험해본 적이 없으니 어떤 시행착오가 일어날지도 가늠할 수가 없었다. 확실한 것은 시행착오와 혼란이 일어나리라는 점 하나뿐이었다. 그래서 올해 진입 구간은 시행착오의 충격을 받아내는 쿠션으로 삼았다. 특히 개학 첫날은 장비 설정이나 접속과 관련해 발생하는 오류와 문의에 대응하는 날로 삼아, 자기소개와 수업 안내 등의 간단한 일정만을 소화하기로 했다. 이후로도 일주일 동안은 성공과 실패에 대한 걱정을 내려놓고, 읽고 설명하고 대화하고 발표하는 등의 다양한 공부 방법을 시도하기로 했다. 각각의 장단점을 살피면서 온라인 수업의 가능성과 한계를 몸으로 부딪쳐가며 알아보자는 생각이었다.

　사생활 보호와 사이버 집단 따돌림 예방도 중요했다. 대면 수업과는 전혀 다른 상황이니 사건 사고의 양상도 달라질 가능성이 있었다. 일단 다수의 사람들 앞에서 화면에 얼굴을 노출하는 것 자체가 상당히 부담스러운 일인데다가, 사적 공간이 어느 정도 노출되는 것을 피하기 어려웠다. 사적 공간에서 공적 활동을 해야 하는 초유의 상황이었다. 이런 문제에 대응하기 위해 집에서 온라인 수업에 참여하기 불편한 학생들은 학교에 와서 참여하게 하고, 온라인 개학 첫날부터 서로의 사생활과 초상권을 보호하기 위해 지켜야 할 사항을 공지했다. 사흘째 되는 날에는 성교육을 실시했다. 첫 만남부터 규범적인 이야기를 하는 것이 교사-학생 간의 관계 형성에 미칠 악영향이 부담스러웠지만, 온라인 생활의 안전을 지키는 것이 더 중요하니 어쩔 수 없었다.

학생들의 마지막 등교 이후로 100일 가까운 시간이 흘렀다는 점도 생각해야 했다. 갑작스레 시작된 개학 연기가 4월 초까지 이어졌기 때문에, 학생들은 1월 초에 중학교를 졸업한 뒤로 학교에 간 적이 거의 없었다. 특히 3월 이후로는 외출 자제가 요청되는 상황이었으므로 하루의 대부분을 집에서 보내면서 밤낮이 바뀐 이들이 적지 않을 터였다. 실제로 전화를 걸면 오전 중에는 절반 가까운 학생들이 전화를 받지 않았다. 등교하는 개학이라면 아침에 일어나 학교에 와 낮 시간을 보내면서 자연스럽게 리듬이 바뀌겠지만, 각자의 집에서 수업에 참여하는 온라인 상황에서는 쉽지 않은 일이었다. 가뜩이나 학습 공간과 생활 공간이 분리되지 않는 상황인데, 곁에 도와줄 친구나 교사도 없으니 시간 맞추어 수업에 참여하는 것 자체가 어려울 것이었다.

배움을 위한 몸을 만드는 것을 진입 구간의 목표 중 하나로 설정한 것은 그래서다. 핵심은 서로의 얼굴을 보며 함께 일과를 시작하고 마치는 것이었다. 조회와 종례 시간을 일종의 '의식'으로 삼아서 매일 같은 시간에 의식을 반복하며 생활습관을 만들어내고자 했다. 9시 30분에 줌을 통해 일과를 시작하면 한 사람씩 돌아가면서 체조 동작을 하고 다함께 따라하는 식으로 아침 체조를 하기도 했고, 집 밖으로 나가 10분 동안 산책을 하고 나서 산책길에서 본 풍경에 대해 이야기를 나누기도 했다. 몸을 깨우기 위해 신체를 움직이거나 바깥 공기를 쐬는 활동을 자주 했다. 오후 5시에는 인원수만큼 칸을 나누어둔 구글 문서를 열어 한 칸을 골라 자기 이름을 직고 그날의 리뷰를 직었다. 자신의 배움을 징리하고 다른 친구들이 하루 동안 무엇을 느끼고 어떤 생각을 했는지 서로 살피면서 하루를 마무리하려는 의도였다. 학생들은 서로의 기록에 댓글을 달아가며 조심스레 서로에게 말을 걸기 시작했다.

'코로나 읽기'로 시작한, '지금'을 공부하는 일도 진입 구간의 중요한 과제였다. 어쩌면 올 한 해 배움의 성패가 여기에 달려 있는지도 몰랐다. 한국 사회 혹은 인류의 구성원으로서 직면한 사태에 대해 어떤 인식을 갖느냐는 결코 추상적인 문제가 아니었다. 그것은 당장 학생 개개인의 삶에 직접적인 영향을 끼치는 지극히 현실적인 문제였다. 온라인 수업이라는 여건을 만들어낸 지금의 상황을 얼마나 이해하고 어떻게 해석하는지에 따라 같은 수업도 다르게 배우게 될 테니까. 여건이 아무리 나빠도, 혹은 아무리 좋아도, 배움은 결국 '배우고 자 할 때' 일어나기에 올해의 가장 중요한 텍스트는 '현실'일 수밖에 없었다.

개학 연기 기간 동안에는 워크북을 통해 기초적인 지식을 갖추는 공부를 했다. 바이러스가 무엇이고(고백하자면 나는 그 전까지는 바이러스와 박테리아가 어떻게 다른지도 몰랐다), 야생동물 에서 기인한 바이러스가 어떤 경로로 인간에게 전파되는지 등과 같은 과학적 사실을 파악하고, 과학과 정치가 맞물려 작 동해야 하는 방역이라는 과제의 성격을 이해하는 것까지가 개학 연기 기간에 배부한 워크북의 몫이었다.

온라인 개학 후에는 감염병 자체보다 거기에 비친 인간과 사회에 초점을 맞추었다. '사실'에 대한 파악보다 '가치'에 대 한 토론을 중심에 두었다. 코로나19 사태로 더욱 심해진 유럽 이나 미국에서의 동양인에 대한 인종차별 소식과 국내에 거 주하는 중국인(혹은 중국 동포)에 대한 인종차별적 시선을 담 은 기사들을 살펴보고, '위기 상황에서 타자를 혐오하는 것은 인간의 본능인가'라는 물음에 대한 답을 함께 고민했다. 그때 까지 발생한 집단감염 사례를 분석한 기사, 코로나19로 인해 위험한 노동 환경에 내몰린 약자들에 관한 기사를 함께 읽고, '약한 고리를 방치한 채로는 우리가 안전할 수 없는 이유'에 관해 대화를 나누었다. 코로나19 관련 뉴스를 전하는 언론의 현실을 짚어본 기사를 바탕으로 '위기 상황의 공동체에게 신뢰가 어떤 의미인지'를 함께 생각해보고, 각자가 생각하는 좋은 기사와 나쁜 기사를 찾아 소개했다.

마지막 주제는 재난과 민주주의의 관계. '위기 상황에는 강력한 지도자가 필요한가, 민주주의는 위기에 취약할까, 개인의 자유와 공공의 안전 사이에서 어떻게 균형을 잡아야 하는가' 등에 대해 토론이 오갔다. 당시로서는 무척 고심해서 선정한 읽기 자료와 토의 주제였지만, 지금에 와서 돌이켜보면 좋게 보아 소박한, 냉정히 말해 피상적인 이야기가 적잖이 오갔던 것 같다. 주제 자체가 만만치 않은데다가 서로의 존재도, 온라인 환경도 아직 낯설기만 했던 시점이니 어쩌면 당연한 일이다. 하지만 중요한 것은 의견의 질보다도 이러한 문제들에 대해 토론하고 있다는 사실 자체였다. 그건 우리가 이 사태를 오히려 배움의 기회로 만들어가고 있다는 뜻이었으니까. 어쩔 수 없이 해야 하는, 대면 수업의 불완전한 대체제가 아닌, 재난에 함께 맞서는 과업으로 온라인 수업을 만들어 나가고 싶었다.

그러나 이 과업의 피로는 엄청났다. 아이들이 등교를 안 하니까 몸은 더 편하지 않을까 싶었는데, 실제로는 하루 종일 컴퓨터 앞에 앉아 있는 것부터가 중노동이었다. 학생들의 반응도 비슷했다. 교실 수업과는 전혀 다른 종류의 피로감이 있었다. 진입 구간 동안 알게 된 온라인 수업의 가장 큰 특징이었다.

또 하나의 중요한 깨달음은, 사전에 관계가 형성되어 있느냐의 여부에 따라 소통의 질이 하늘과 땅 차이라는 것이다. 온라인 개학 전에 선생님들끼리 모여 연습을 했을 때와 실제 수업 상황의 온도차는 엄청났다. 교사들끼리는 대화의 교통정리를 하는 정도의 수고만 기울이면 의사소통에 큰 문제가 없었는데, 학생들과의 수업은 자주 침묵 속으로 빠져들었다. 교실에서 수업하듯이 학급 전체를 향해 질문을 던지면 분위기가 삽시간에 싸해졌다. 교사 집단과 학생 집단 사이의 의사소통 능력 차이도 있겠지만, 더욱 결정적인 것은 구성원 간의 관계 형성 여부였다. 줌에서는 청중 집단의 표정, 눈빛, 자세 등을 파악하기가 거의 불가능하기에 낯선 사람들과의 자연스러운 소통이 대단히 어려웠다.

이는 온라인 수업의 독특한 연결감과 관련된 문제이기도 하다. 온라인 수업의 장점 가운데 하나는 모두가 '방구석 1열'에 앉아 있다는 점이다. 맨 뒷자리도, 창가의 구석자리도 없다. 그런 의미에서 학생이 느끼는 교사와의 거리는 생각보다

가까운 셈이다. 반면, 함께 수업에 참여하는 다른 학생들의 존재감은 희박해지기 쉽다. 교실에서라면 교사의 말을 듣는 중에도 다른 친구들의 모습이 자연스레 시야에 들어오지만, 줌에서는 일부러 기기를 조작해 화면을 넘기지 않으면 다른 참여자들의 모습을 살피기 어렵다. 발언자-진행자(주로 교사)를 중심으로 우산살 형태의 소통 구조가 만들어지는 것이다.

이는 청중의 분위기를 살피면서 낄 때 끼고 빠질 때 빠지는, 이른바 '낄끼빠빠'에 필요한 정보가 턱없이 부족하다는 뜻이다. 나서서 말하기가 망설여진다. 나대는 걸로 보이지 않을까? 서로를 알고 있다면 남들의 반응을 어느 정도 예상하고 고려해가며 적절한 분량과 방식으로 말을 할 수 있겠지만, 낯선 이들에 대해서는 이런 판단이 어렵다. 학생들이 처한 딜레마는 나서서 말하기를 포기하는 상황으로 이어졌다. 교사가 "○○의 의견을 듣고 싶어요"와 같이 명확하게 대상을 짚어 요청하면 잘 말하는 학생들도 불특정 다수를 향한 질문이나 요청에는 좀처럼 반응하지 않았다. 온라인에서의 활발한 의사소통을 위해서는 환경에 걸맞은 새로운 문화와 규칙이 필요했다.

진입 구간 마지막 날에는 자치 회의를 열었다. 안건은 '온라인 수업 약속 만들기'. 대여섯 명 정도의 모둠별로 지난 일주일 동안 온라인 수업에 참여한 소감을 나누고, 좋았던 점과 힘들었던 점을 꼽아보았다. 기쁘고 즐거울 때는 언제였는지, 언제 답답하거나 속이 상했는지 이야기를 나누다 보니 스스로 다짐하거나 서로에게 요청하고 싶은 마음가짐과 행동이 하나 둘 정리되었다. 모둠에서 나눈 이야기를 모아서 여러 곳에서 공통적으로 나온 의견들을 중심으로 제안을 정리했다. 학급 전체 회의에서는 정리된 사항들을 하나씩 검토해 채택 여부를 결정했다. 이렇게 학급의 '온라인 수업 약속'이 만들어 졌다.

온라인 수업 약속

[컨디션과 수업 준비]

1. 스스로 컨디션을 조절하여 집중할 수 있는 환경을 만든다.

- 충전, 이어폰, 키보드 등 사전에 잘 준비하고 연결하고, 휴대폰 사용 스스로 조절하기
- 학교 갈 때처럼 제 시간에 일어나 수업 준비하기
- 시간 약속 잘 지키기

2. 집에 있지만 공적 활동에 참여하고 있음을 기억하고 행동한다.

- 수업이라는 점을 잊지 않기
- 수업에 적절한 차림새로 참여하기

- 화장실은 쉬는 시간에, 불가피하게 자리 비울 때는 서로 양해 구하기

[참여]

3. 우리에겐 좋은 의견보다 많은 의견이 필요함을 기억한다.
- 자기 의견을 망설임 없이 많이 말하기
- 궁금한 것, 모르는 것은 적극적으로 질문하기

4. 할 일은 시간에 맞추어서 한다.
- 시간이 넉넉해도 할 일부터 끝내두고 쉬기

[소통]

5. 온라인 모둠 활동의 어려움을 감안하여 더 적극적으로 소통한다.
- 망설여질 때는 눈치 보지 말고 상대방 의사를 물어보기

6. 다른 사람의 말을 경청하고, 잘 듣고 있음을 적극적으로 표현한다.
- 다른 사람의 이야기를 집중해서 듣기
- 말하는 사람에게 적극적으로 반응을 보여주기

지금 보면 어떤 규칙들은 너무 뻔하고 소꿉장난(?) 같기도 하다. 지나친 간섭으로 보이는 것도 있다. 하지만 하나하나의

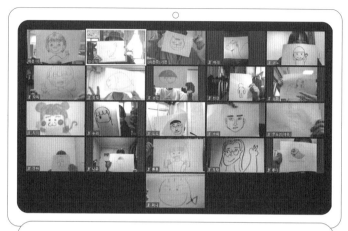

진입 구간의 마지막은
'얼굴 없는 기념사진'을 찍는 것으로 마무리했다.

규칙은 각자의 체감에서 시작되어 학급 전체의 공감을 얻은 것이었다. '내가 말해보니까 아무도 반응을 보이지 않는 이 상황이 진땀 나고 괴로웠다. 시간이 되어도 나타나지 않는 이들을 기다리는 시간이 지루했고, 나만 괜히 서두른 것 같아 속상했다. 나서서 질문하려니 눈치가 보여 참았는데, 알고 보니 남들도 다 궁금했던 문제였다. 함께 의논하던 중에 누군가가 아무 말 없이 사라지거나 화면을 꺼버릴 때는 당황스러웠다⋯.'

온라인 수업 약속은 각자의 이런 체험의 결과였다. 누군가에게는 당연한 일이 다른 누군가에게는 생각도 못 해본 일이거나 괜한 간섭으로 느껴질 수 있기에, 각자가 겪어보기 전에 미리 주어진 약속이었다면 힘을 발휘하기 어려웠을 것이다. 공간적으로 분리되어 있는 온라인 수업 상황에서 교사가 학생 개개인을 관리하거나 통제할 방법이 없으니 말이다. 이 약속들이 힘을 발휘할 수 있었던 건 학생들 스스로가 느낀 답답함으로부터 만들어졌기 때문이다.

물론 약속을 만들었다고 해서 다음 날부터 아름다운 동행이 시작된 것은 아니다. 약속은 약속이고 습관은 습관. 사람은 쉽게 변하지 않는다. 하지만 모두의 경험을 바탕으로 합의한 약속이라는 토대가 있었기에 문제를 제기하고 풀어가기가 한결 수월했다. 교사에 의한 관리·통제가 어려운 상황이, 역설적으로 개개인이 규칙의 의미를 이해하고 자발성을 발휘하게 만드는 조건이 된 셈이다. 진입 구간 동안 우리가 확인한 것은 이런 것이었는지도 모르겠다. 우리는 여기서도 배울 수 있을 거야. 누군가 화면 너머에서 나만큼 애쓰고 있음을 느낄 수 있다면.

수업 1: 에로스를 찾아서
– 낯선 친구를 가깝게

진입 구간을 마친 후 본격적인 교과 수업이 시작되었다. 내가 맡은 국어 과목은 학급당 세 시간 블록 수업이 매주 1회로 편성되어 시수가 넉넉하지 않았기에, 교과서를 채택하지 않고 고등학교 1학년 국어 과목의 성취 기준을 바탕으로 수업을 구성했다. 학생들 입장에서는 교과서가 없어서 개별 활동이나 제재 사이에 연결점을 인식하지 못할 수도 있겠다 싶어, 바탕글을 '에로스(사랑)'에 관련된 것들로 선정하고 수업에 '에로스를 찾아서'라는 부제를 붙였다. 계획해두었던 이번 학기 수업 흐름은 이런 식이었다.

1. 플라톤의 《향연》 일부를 읽으면서 '사랑이란 무엇인가'를 함께 생각해보고, 그 내용을 각자 정리해서 글을 쓴다.

2. 엥겔스의 《가족, 사적 소유, 국가의 기원》의 일부분을 함께 읽으면서, 제도로서의 결혼과 가족에 대해 생각해본다. 그 후에 나는 어떤 가정을 이루어 살고 싶은지를 상상해서, 그들에게 보내고픈 시를 찾아 발표한다.

3. 완판본 《열녀춘향수절가》의 전문을 읽으며 춘향과 몽룡이 어떤

가치관을 지닌 인물인지, 순수한 사랑이란 무엇인지, 고전문학의 현재적 가치는 무엇인지 등을 토론한다.

4. 에로스에 관한 책 한 권을 모둠별로 골라서 읽고, 모둠원들이 만든 질문을 모아 대화를 통해 답을 찾는다. 그 과정을 글로 기록, 정리한다.

　　사실 온라인 국어 수업을 위해 처음 고려한 방법은 학기말에 하려던 '모둠별 책 읽기'를 맨 앞으로 돌리는 것이었다. 본래 6차시 정도는 책 읽기에 할애할 계획이었으니까, 온라인 수업 기간을 책 읽는 데 활용하다가 대면 개학을 하면 그때 《향연》부터 수업을 시작하면 어떨까. 사실 여기에는 낙관적인 기대가 깔려 있었다. 활동을 안내하고 책을 소개하고 모둠을 짜서 책을 골라 읽다 보면 어찌어찌 등교 수업이 시작되지 않을까 하는. 당장 온라인으로 학습 활동을 진행해야 하는 부담을 덜고 말이다. 그런데 실제로 하려니까 생각보다 걸리는 점이 많았다. '온라인으로 처음 만난 학생들에게 책을 소개하고 각자에게 맞는 책을 고르도록 도와줄 수 있을까? 모둠 친구들 사이의 관계가 중요한데 온라인으로 만난 학생들이 모둠을 잘 꾸릴 수 있을까? 수업 초반부터 책 읽기로 시작하면 활동의 맥락을 제대로 이해하고 질문을 만들 수 있을까? 혹시 책을 다 읽을 때까지도 등교 수업이 안 이루어지면 어쩌지? 책 대화와 기록은 꽤나 강도가 높은 협업인데, 학생들이 온라인으로 만나면서 해낼 수 있을까? 교실에서 얼굴 보고 해도 다투는 일이 허다한데. 그런데 그때까지 대면 개학이 안 되면 어차피 수업은 망하는 거겠지….' 한번 걱정을 시작하니 끝이 없었다. 결국 눈 딱 감고, 원래 구상대로《향연》부터 시작하기로 했다.

수업은 구글 클래스룸에 학습 자료와 활동지를 올려두고 줌으로 진행했다. 학생들은 수업 시간이 되면 클래스룸 첫 화면에 게시된 링크를 눌러 줌에 입장했다. 소회의실로 나뉘어 모둠 토의를 하고, 전체가 모여 발표와 질의응답을 했다. 가끔은 카카오톡 오픈채팅을 활용하기도 했다. 교실 수업을 할 때와 가장 다른 점은, 대부분의 학습지를 모둠별로 주었다는 점이다. 구글 문서는 서로가 쓰는 것을 실시간으로 보면서 여럿이 동시에 내용을 작성할 수 있기 때문에, 모둠별로 커다란 종이를 펼쳐놓고 기록하는 것과 비슷한 효과가 있었다. 덕분에 뭘 어떻게 해야 할지 모르겠다 싶은 학생들도 다른 친구들이 하는 것을 살피면서 활동에 참여할 수 있었다. 교실에서라면 옆자리 친구에게 물어볼 수도 있고 교사가 먼저 가서 도와줄 수도 있겠지만, 온라인 수업에서는 학생이 도움을 청하지

📄 [0521] <향연>을 묻고 답하기

송동철 · 5월 21일 (5월 21일에 수정됨)

1모둠: 도연 해인 광현 세인 겨울
2모둠: 영환 명승 윤서 시영 상익
3모둠: 민주 지원 윤환 재영 명주

1. 리뷰
-다른 친구들의 1~2번 답변을 읽고 질문 달기
-꼼꼼하게 읽으며 완전히 이해되지 않는 부분을 악착같이 물어주세요.
-자신이 물으려는 것과 비슷한 질문이 이미 있으면 대댓글로 달 것!
-어떻게 해야 하는지 감이 안오면? →동철이 달아놓은 질문을 샘플로 참고하세요.

2. 질문 고르기
-모둠 내에서 돌아가며 자신의 질문을 설명합니다.
-설명이 끝나면 가장 의미있는 질문 두 개를 '생각할 문제'로 뽑습니다.
-도움을 청하고 싶은 질문은 '통절할 문제'로 분류합니다. (0~n개, 갯수 무관이지만 없음 안뽑아도 됩니다)

3. 토의와 발표
-여기서부턴 직접 안내합니다아

| 1모둠_향연본문_민들레
Google 문서 | 2모둠_향연읽기_민들레
Google 문서 |
| 3모둠_향연본문_민들레
Google 문서 | 향연_너머로_민들레
Google 문서 |

구글 클래스룸에 게시한 활동 안내:
'〈향연〉을 묻고 답하기'

않으면 교사가 알아채기 어려웠다. 이런 상황에서 모둠 친구들끼리 서로가 쓰는 내용을 실시간으로 볼 수 있다는 점이 상당히 도움이 되었다.

《향연》은 사랑에 관한 이야기를 담은 플라톤의 대화편이다. 아가톤의 집에서 열린 잔치(향연)에 참여한 인물들이 에로스 신을 찬양하는 연설 내용을 담고 있다. 각 연설은 사랑의 본질에 대한 흥미로운 견해를 담고 있는데, 수업 시간에는 아리스토파네스의 연설 부분을 함께 읽었다. 아리스토파네스는, 인간은 원래 둘이 합쳐져 하나의 존재를 이루고 있었는데 신들의 분노를 산 탓에 반으로 쪼개졌다고 말한다. 두 쪽으로 나뉜 불완전한 인간은 자신의 다른 반쪽을 만나 온전한 전체를 회복하고 싶어 하는데, 이러한 욕망이 바로 사랑이라는 것이다.

같은 내용을 교실에서 수업했던 지난해에는 '각자 글을 읽으면서 ① 인상적인 부분을 찾아 밑줄을 그은 후에 그 부분이 왜 인상적인지 이유를 메모하고, ② 글을 읽으며 떠오른 경험이나 세상일을 간단히 적고, ③ 이해가 되지 않거나 궁금한 점을 찾아 질문을 만든 후에, ④ 모둠별로 모여 ① ② ③에 대해 토의를 한다. ⑤ 나눈 이야기 가운데 가장 흥미로운 부분 한 가지를 발표하고, ⑥ 모둠 내에서 해결되지 않았거나 중요하다고 생각하는 질문들을 칠판에 모아 학급 전체가 함께 해결'하는 흐름이었다.

온라인 수업에서도 기본적인 흐름은 그대로 가져가고 싶었다. 각자가 주목해서 읽은 부분을 서로에게 설명하고, 글의 내용을 자신의 경험이나 세상일과 관련지어 이해하며, 모둠에서부터 학급 전체로 확장해가며 텍스트에 대한 이해를 풍부하게 하는 학습 과정이 여전히 의미 있다고 생각해서다. 다만 학급 단위의 상호작용이 대면 수업만큼의 역동성을 갖기는 어려울 것 같아서, ①~④ 활동의 비중을 높이고 ⑤~⑥의 비중을 낮추었다. 그리고 낯섦에서 오는 거부감도 줄일 겸 내용 이해를 돕기 위해서, 글에 묘사된 '쪼개지기 전의 인간의 모습'을 그린 후에 사진을 찍어 올리는 활동도 추가했다.

여러모로 궁리를 하기는 했지만 확신이 없었는데, 학생들의 반응은 생각보다 적극적이었다. 일단 많은 학생들이 서로의 글에 댓글을 달며 반응을 주고받는 것을 무척 즐거워했다. 처음에는 시간이 남는 학생들에게 다른 친구의 글을 살펴보고 댓글을 남겨달라고 했는데, 학생들의 반응은 생각보다 훨씬 뜨거워서 대부분의 학생이 댓글 달기에 참여했다. 다른 모둠의 문서까지 열어 공감을 표시하거나 질문을 남기는 학생도 많았다. 교실에서라면 각자 생각하고 내용을 정리한 뒤에 모둠 내에서 대화를 나누었을 텐데, 온라인 수업에서는 모둠을 넘나들며 '내용 생성-작성-피드백'의 과정이 동시적으로 일어나고 있었다.

날카로운 질문들을 만난 것도 반가웠다. 교실에서 수업했던 지난해와 비교하면 질문들의 편차는 다소 커졌지만, 핵심

글에서 가장 인상적인 문장을 옮겨 적고, 그 문장이 인상적인 이유를 엔터 없이 세 줄 이상 적어봅시다.

이름	인상적인 문장과 그 이유
김○인	"우리가 그분과 친구가 되고 화해한다면 평생 사랑할 상대를 찾아 만나게 될 텐데" - 우리가 운명을 한 번에 만나지 못하는 이유를 에로스와 벗이 되지 못하기 때문이라 말하는 게 재미있다. 어쩌면 변명거리가 될 수도 있겠다. 진정한 짝을 찾지 못하는건 우리의 탓이 아니라 에로스의 탓이라고 들리기도 한다.
김○연	"우리는 본래 온전한 전체였기 때문이네. 그리고 사랑이란 전체가 되고 싶어 하는 우리의 욕망에 붙여진 이름이라네." - 사랑이라는 감정을 이전에 있었던 남녀추니의 분열로 인해 우리가 서로 붙고 싶어 하는 욕망이라고 표현한 점이 흥미로웠다. 과거의 사람들이 사랑을 표현한 것이 오늘날의 우리(우리는 이전에 사랑은 무엇인지를 서로 생각을 나누었다)와는 생각이 다르다는 것을 알게 되어서 재미있게 읽었다.
김○울	"소년을 사랑하는 연인이든 그 밖의 어느 누구든 자신의 반쪽을 만나게 되면 놀라운 일이 벌어지는데, 그 순간 이 한 쌍은 호감과 친근감과 애정에 압도된 나머지 말하자면 한순간도 서로 떨어져 있고 싶어 하지 않는다네. 그래서 그들은 평생을 함께하지만 자기가 상대방에게 무엇을 바라는지 설명하지 못한다네." - 이 부분은 사랑에 대한 통찰이 잘 드러나는 것 같다. 상대방과 서로 떨어지지 않고 같이 있고 싶어 한다. 단지 성생활을 위한 것이 아니라 그 이상의 상대방에게 바라는 것이 있지만 그것을 알 것 같으면서도 정확하게 표현하지 못하는 것, 사랑의 미묘함을 잘 표현한 것 같다. (사랑의 미묘함을 표현하자면 어떤 방식으로 표현할 수 있을까?)
최○인	"자신의 반쪽을 만나게 되면 놀라운 일이 벌어지는데, 그 순간 이 한 쌍은 호감과 친근감과 애정에 압도된 나머지 말하자면 한순간도 서로 떨어져 있고 싶어 하지 않는다네. 아무도 에로스에게 대항해서는 안 되며, 에로스에게 대항하는 자는 누구든 신들에게 미움 받기 마련이네." - 사람이 누군가를 사랑하게 되었을 때 나타나는 현상을 잘 표현했다. 누군가를 사랑하게 되면 언제나 보고 싶고 떨어지고 싶어 하지 않는다고 한다. 본문의 저 말과 똑같다. 에로스에게 대항하는 인간은 모든 신들에게 미움 받는단 표현도 독특한 것 같다. 모든 사람들은 기본적으로 누군가에게 사랑받고 누군가를 사랑하고 싶다는 욕구가 있다. 사랑하지 않는 인간은 살아갈 수 없다는데 이를 뜻하는 것 같다.

댓글을 통한 피드백이 오간 학습지

겨울(김겨울)
2020. 5. 21.

그런 것 같네요

지원(최지원)
2020. 5. 21.

정말로 그랬음 좋겠네요 ㅠㅠㅠ

재영(전재영)
2020. 5. 21.

정말 그랬으면 좋겠네요...

광현(정광현)
2020. 5. 21.

요즘 사람들, 그리고 본인은 사랑이 무엇
이라고 생각하나요?

더보기

권도연
2020. 5. 21.

사랑의 대한 정의는 사람마다 다르다. 그
러기에 요즘사람들이 사랑을 무엇이라고
생각하는지에 대해서는 답 해주기는 어렵

더보기

을 찌르는 질문은 오히려 늘어난 것 같았다. '아리스토파네스는 인간이 행복해지려면 완전한 사랑을 찾아야 한다고 말한다. 근데 꼭 반쪽을 만나야만 할까? 사랑하지 않는 이들은 불행하다는 건가?', '상대와 하나가 되지 않고 고유한 자신으로서 함께하고 싶은 마음은 사랑이 아닌가?', '힘들게 자신의 반쪽을 찾아다니지 않아도 서로 맞추어 나가며 사랑한다면 서로가 성장하고 행복할 수 있지 않을까?' 등등. 진지한 몰입 없이는 나올 수 없는 이런 질문들을 만날 때면, 그래도 헛심을 빼고 있는 건 아니구나 싶어 위로가 되었다. '배움이 일어나는 장면'을 직접 눈으로 확인하지 못한 채 수업을 해나가는 내게는 무척 소중한 순간이었다.

아리스토파네스의 연설 부분을 촘촘하게 읽은 후에는 다른 등장인물들의 연설을 요약본으로 살펴보면서 사랑에 대한 다양한 견해를 생각해보는 것으로《향연》공부를 마쳤다. 이제 '사랑이란 무엇인가'에 대한 각자의 대답을 고민하며 글쓰기를 할 차례였다.

수업 2: '사랑이란 무엇인가' 인터뷰하고 글쓰기
– 가까운 이를 낯설게

사랑이란 무엇인가. 어려운 질문이다. '~란 무엇인가'라는 질문은 그것에 대한 정의를 요구하는데, 일단 무언가를 정의하는 일 자체가 어렵다. 사고 작용을 통한 명료화가 필요하기 때문이다. 무심코 사용하는 말도 막상 명료하게 정의해보려고 하면 결코 만만치 않음을 금방 알게 된다. 김영민 교수의 《공부란 무엇인가》에는 그가 대학생들에게 '대머리'를 정의하라는 과제를 던지는 이야기가 실려 있는데, 학생들은 저마다의 방법으로 대머리를 정의하려 시도하지만 번번이 실패한다. 대머리를 정의하기도 이렇게 힘든데, 무려 사랑을 정의하라니.

그럼에도 '사랑이란 무엇인가'를 글쓰기 주제로 정한 것은, 어떤 대상을 명료화하려 애써보는 경험이 가치 있다고 생각하기 때문이다. 대화든 토의든 토론이든 의사소통이 공허한 말잔치에 머물지 않고 배움으로 이어지려면, 개념에 대한 최소한의 공통된 이해가 있어야 한다. 가령 '폭력은 교육의 수단이 될 수 없다'는 주장에 대해 상대방이 '체벌이 어떻게 폭력이냐'고 따지고 들었다고 해보자. 이때 양쪽이 '폭력'이라는 개념에 대한 명료한 이해를 공유하지 않고는 한 걸음도 논의를 해나갈 수 없다. 같은 단어를 저마다 다른 뜻으로 쓰면서 이어지는 논쟁은 결국 냉소 외엔 도달할 곳이 없다는 점에서 피로할 뿐 아니라 해롭다.

이런 생각으로 지난해에도 《향연》 수업의 마지막에 '사랑이란 무엇인가'를 주제로 글쓰기 활동을 했는데, 결과적으로는 실패했다. 스스로의 거창한 의도에 도취한 나머지 학생들의 눈높이를 생각하지 못한 탓이다. 열일곱 살 학생들에게 추상적인 주제를 다루는 에세이를 쓰라는 건 무리한 주문이었다. 적어도 내겐 그걸 지도할 능력이 없었다. 학생들 입장에서는 읽어본 적도 없는 종류의 글을 쓰라는 요구를 받은 셈이니 당황스러웠을 것이다. 게다가 무려 사랑을 정의하라니. 항의하는 학생이 없었던 건 그들이 착해서라고 생각할 수밖에 없다. 아차 하는 사이에 '거창한 내 생각'에 취해 혼자 현실을 비약하는 건, 나의 오래된 나쁜 습성이기도 하다. 그래서 올해는 우회로를 찾기로 했다. 사례를 소개하는 방식이라면 추상적인 글쓰기의 부담을 덜면서 사랑이 무엇인지에 대해서도 제 나름대로 정의해볼 수 있을 것 같았다.

내가 찾은 우회로는 인터뷰다. 처음에는 단순히 타인의 이야기를 바탕으로 삼으면 사랑에 관한 글쓰기가 수월해지지 않을까 하는 생각이었다. 그런데 코로나 사태가 길어지면서 하루 종일 집에서 온라인 수업을 하는 학생들에게 만남의 기회를 만들어주고 싶다는 생각이 더해졌다. 물론 집 밖으로 나가 낯선 사람을 만나라고 할 수는 없었다. 그래서 내가 학생들에게 제안한 것은 은유 작가의 《글쓰기의 최전선》에서 발견한, '가까운 이를 낯설게 만나는' 인터뷰다.

본래 인터뷰 활동의 매력은 긴장감에 있다. 두근거리는 마음으로 낯선 이를 섭외하고 잔뜩 긴장한 채로 인터뷰를 진행하는 체험의 짜릿함과 그 후에 맛보는 성취감 같은 것들. 하지만 이 인터뷰는 가까운 사람을 낯설게 만나며 새로운 면모를 발견하는 데 초점을 맞춘다. 마침 에로스(사랑)라는 것이 낯선 사람을 인터뷰하기에 부담스러운 주제이기도 했다. 사전에 주제가 정해져 있고 그에 맞는 인터뷰 대상을 찾아야 한다는 점, 인터뷰 내용을 그대로 글로 옮기는 것이 아니라 '사랑이란 무엇인가'라는 주제의 글 속에 녹여내야 한다는 점도 일반적인 인터뷰 활동과 달랐다. '인터뷰 대상과 에로스(사랑)에 관한 대화를 나누고, 그것을 바탕으로 사랑이란 무엇인가에 관한 글을 쓸 것.'

수업 과정은 다음과 같았다. 먼저 은유 작가의 책에 실린 두 편의 글을 함께 읽으며, 인터뷰라는 작업의 본질이 무엇이고 어떤 마음으로 임해야 하는지를 생각해보도록 했다. '진정한 발견은 새로운 풍경이 아니라 새로운 눈을 통해 이루어진다'고 말하는 설명은 '가까운 이를 낯설게' 만나는 인터뷰를 준비하는 학생들에게 최적의 자료가 되어주었다. 학생들은 은유 작가의 글을 읽으며 '온몸이 귀가 되어 상대의 이야기를 듣고 나의 언어로 번역'한다는 것이 어떤 의미인지, '들어주는 것'과 '정말 듣는 것'이 어떻게 다른지를 고민했다.

다음 단계는 실제 사례를 보며 인터뷰 장면을 구체적으로 상상하기. 인터뷰어가 어떤 마음으로 인터뷰를 시작했는지, 어떤 준비를 했는지, 질문의 흐름은 어떠한지, 대화를 어떤 방식으로 이끌어 가는지, 글을 통해 드러나는 인터뷰 대상의 모습은 어떠한지 등을 파악해 정리하면서, '나는 어떻게 인터뷰를 할 것인지'를 마음속에 그려보라고 주문했다.

이제 인터뷰 계획을 세울 차례가 되었다. 계획서에는 인터뷰 대상을 그 이유와 함께 적고, 시간과 장소, 섭외 상황을 간략히 적도록 했다. 가까운 이를 낯설게 만나야 하므로 인터뷰 대상의 조건을 '나와 가깝고도 먼 사이'인 사람으로 정했다. 에로스에 관한 대화를 나눌 수 있을 만큼 가까운 이를 찾되, 특정한 역할로서가 아니라 고유한 개인으로서 그 사람의 존재를 만나야 한다고 했다. 다른 자격 조건은 없지만 사랑에 대해 의미 있는 이야기를 들려줄 만한 사람이라면 아무래도 어른을 섭외하는 편이 나을 거라는 말도 덧붙였다. 결과적으로는 부모님 가운데 한 분을 섭외한 경우가 가장 많았고, 선생님이나 가까운 친척을 인터뷰한 경우도 적지 않았다. 형제나 자매, 친구를 인터뷰한 학생들도 일부 있었다.

사전 질문을 어느 정도까지 준비하게 해야 하는지 고민했는데, 질문을 열 개씩 만들게 하고 특별한 경우가 아니면 질문 내용에는 개입하지 않았다. 촘촘하게 준비하되 실제 상황에서는 대화의 자연스러운 흐름을 포착하는 것이 중요한데, 교사가 사전 질문에 하나하나 피드백을 주면 정해놓은 질문의 틀을 벗어나지 못해 인터뷰가 경직되어버릴까 걱정이 됐기 때문이다.

처음 하는 활동이다 보니 또래 학생들의 예시 글을 보여줄 수 없는 점이 아쉬웠다. 활동 안내를 꼼꼼하게 하는 것으로 갈음하는 수밖에 없었다. 그리고 인터뷰를 할 때는 '받아쓰기 금지!'를 강조했다. 가급적이면 인터뷰 대상의 양해를 구해 녹음을 하고, 필요하다면 최소한의 메모만 하면서 대화의 흐름에 집중해야 함을 강조했다. 녹취 풀기가 귀찮다고 한방에 해결할 마음으로 인터뷰 중에 노트북이나 휴대전화로 기록하려 들지 말 것! 그리고 인터뷰를 마치고 글을 쓸 때 강조한

- 만날 사람: 아빠
- 섭외 이유: 연애킹, 엄마와 결혼하기 전까지 많은 연애를 했다고 주장함.
- 인터뷰 일시와 장소: 일요일 오후, 집
- 섭외 상황: 거의 확정

- 준비한 질문
1. 여지껏 만난 연애 상대는 몇 명 정도?
2. 첫사랑이 기억이 나는가? 일화가 있다면 말해주세요.
3. 아빠가 가장 강렬한 에로스적 사랑이라고 생각한 상대는 누구이며 이유는?
4. 엄마의 첫인상은?
5. 엄마와 아빠 중에 솔직히 누가 먼저 고백했는가?
6. 결혼과 연애의 차이점은?
7. 아빠에게 엄마란?
8. 아빠에게 에로스란?
9. 아빠, 엄마 사이에 아직도 에로스가 있다고 생각하나?
10. 내가 했으면 하는 에로스(사랑)는?

- 만날 사람: 아빠
- 섭외 이유: 가족이지만 깊은 이야기를 해본 적이 별로 없는 가깝고도 먼 사이
- 인터뷰 일시와 장소: 미정
- 섭외 상황: 섭외 전

- 준비한 질문
1. 첫사랑에 대해 이야기해주세요.
2. 사랑에 빠졌을 때의 감정은 어땠나요?
3. 지금의 배우자와 결혼하게 된 계기는?
4. 아리스토파네스는 사랑이 잃어버린 반쪽을 찾는 것, 즉 운명이라고 말합니다. 사랑은 우연일까요, 운명일까요?
5. 사랑을 위해서 자신을 희생할 수 있습니까?
6. 힘들었던 사랑이 있습니까? 그때의 감정은 어땠나요?
7. 사랑으로 인해 얻을 수 있는 것은?
8. 인간에게는 사랑이 꼭 필요할까요?
9. 사랑하지 않으면 불행할까요?
10. 사랑이란 무엇이라고 생각하나요?

것은 '번역하기'다. '질문–답'이 나열된 것은 글이 아니다, 인터뷰 내용은 글의 재료일 뿐이므로 대화 내용을 그대로 옮겨 놓는다고 해서 글이 되지는 않는다고 여러 차례 강조했다. 인터뷰 내용을 자신의 언어로 번역하여 글을 쓰고, 반드시 제목을 붙일 것. 교실에서 이름 없는 글을 주웠을 때, 누구를 인터뷰한 글인지뿐만 아니라 누가 쓴 글인지도 알 수 있게 쓰라고 당부했다.

학생들이 제출한 초고를 읽으며 하나씩 피드백을 달아주었다. 나는 원래 글쓰기 수업에서 피드백을 중요하게 여긴다. 대단한 정보나 노하우가 없더라도 반응이 존재하는 것 자체가 의미 있다고 생각한다. 독자가 없는 글쓰기에는 저자도 없기 때문이다. 글을 쓴 학생이 저자가 되지 못했다는 것은 독자를 고려하지 않고 썼다는 뜻이다. 독자가 없는 글쓰기는 한계가 분명하다. 그래서 글쓰기를 지도할 때 학생이 나를 평가자가 아닌 독자로 의식하기를 바란다. 독자를 의식하면 더 잘 쓰고 싶어지고, 그러면 어떻게 잘 쓸까를 고민하기 때문이다. 고칠 점을 하나하나 말하기보다 궁금한 점을 묻는다. 학생이 쓴 글이 난해하더라도 이해를 포기하지 않겠다는 마음만 먹으면 어렵지 않은 일이다.

이번 학기에는 한 겹의 애틋함이 따로 있었다. 얼굴 한 번

사실 나는 '미쳤죠'와 '용기'에 꽂혔다. 내가 가정을 잘 꾸릴 수 있을까? 돈을 못 벌면 어떡하지? 등의 크고 작은 걱정들이 단순히 결혼 시기로 덮을 수 있는 것이었나 하는 생각이 들었다. 함께 어려움을 이겨낼 믿음이 있었던 건 아닐까. 지금의 홍설은 예전의 홍설을 미쳤다고 표현하셨지만, 경제적 여건이나 상황이 좋지 않음에도 '불구하고' 프러포즈를 할 만큼 서로를 의지하고 있던 상태였을 수도 있겠다. 어느 정도 서로의 희생이 뒤따라 올게 뻔하지만 사랑하기 때문에 기꺼이 희생하는 모습, 홍설의 프러포즈엔 희생을 감수할 용기가 담겨있지 않았을까 싶다.

실수를 통한 성장

홍설은 성장을 생각하고 기대하며 사귀지는 않는다고 생각했다. 그냥 좋아서 사귀는 것 일 뿐. 하지만 연애의 기간이 길어지면 성장했다고 할 수 있다. 교제한 기간이 짧은데 성장했다고 말하는 건 거짓말이라고 한다. 오래된 관계, 홍설은 아내와 교회에서 만나 서로 조언도 주고받으며 성장했다. 결혼 후를 생각하면 전보다 배우는 게 많다고 느꼈다. 결혼 생활을 하며 성장한 것도 있지만, 내가 못났다는 걸 뼈저리게 느낀다고 한다. 홍설이 첫째 아이에 대해서 정말 미안했던 사건이 있었는데 하루는 첫째 팔 안쪽부분에 시퍼런 멍이 들어있었다. 홍설이 '야 너 거기 왜 그러냐'라고 물었지만 첫째는 자기도 모른다고 했다. 일단 쟤 왜 저러지 하고 넘어갔다. 아무튼 간에 요즘 형제가 주먹으로 얼굴을 때리기 시작해 돌아버릴 지경이라고 한다. 아이들을 혼낼 때 팔을 필요 이상으로 꽉 잡는 경향이 있는데 홍설도 화가 나서 힘을 줘 잡으면 아이들이 아프다며 운다고 한다. 나중에 생각해보니 홍설이 첫째 팔을 세게 잡은 게 기억이 난 것이다. "알고 보니까 예전에 첫째 팔을 꽉 잡은 거야. 이 시퍼런 멍이 나 때문에 든 거야.. 너무 미안하더라고.."

사랑하지만 상처를 줄 수도 있다. 사랑하면 잘해주고 싶고, 뭘 좀 더 해다주고 싶지만 사람이 완벽하지 못하기 때문에 실수할 때도 있을 것이다. 또한 그 사람을 사랑한다 해도 잠시 동안 미울 수 있기에 상처를 주는 것 같다. 하지만 얼마 안 가 후회도 하고 실수를 바탕으로 배우고, 느끼고 반성함으로써 한걸음 더 성장하는 것 아닐까 하는 생각이 들었다.

아름답다는 것

홍설이 생각하기에 아름다운 것은 아내와 아이들이 잠자는 모습, 특히 이불 밖으로 삐져나온 발바닥이 사랑스럽고 아름답다고 느꼈다. '아 이게 가족이구나'하는 느낌도 받는다고 한다. "웃는 모습을 보면 껌뻑 넘어가죠. 걔네는 우는 모습만 봐도 아름다워요 사실." 홍설에겐

학생 글에 대한 교사의 피드백

| ∞ 団 ⌷ | 三▾ ‖ ··⎘▾ | ⌄

파일

6월 3일, 오후 10:14에 제출됨
제출 기록 보기

📄 민주(채민주) - 국어_... ☑

비공개 댓글

 송동철
6월 7일, 오후 6:15

민주는 글을 아주 잘 쓰네요. 민주가 본 홍설이 어떤 사람인지가 아주 잘 담겨 있어 읽으면서 나도 모르게 미소가 지어졌어요. 민주는 글쓰기의 기본기를 갖추고 있어서 한 단계 높은 자원의 점검을 부탁해 보려 합니다.

1. 이 글을 읽은 독자의 머릿속에 꼭 남았으면 하는 말(에로스에 관한)을 짧은 한 문장으로 정리해 보세요. 그리고나서 어떻게 하면 그 내용이 잘 전달될까를 생각하며 글의 제목과 구성을 살펴 주세요.

2. 글의 흐름을 점검해 주세요. 글을 보지 않고 글의 줄거리를 말로 풀어 보면 좋겠어요. '이렇게 시작해서 이런 이야기를 했다가 이 얘기를 거쳐서 이렇게 끝난다.' 이런 식으로 민주 글의 줄거리를 구성해 보고 그 흐름이 자연스럽게 드러나도록 문단 구성과 소제목 등을 다듬어주세요.

비공개 댓글 추가...

취소   게시

⑦

 송동철
2020. 6. 7.   ✓ ⋮

여기서 희생이라는 게 어떤 걸 의미하나요? 잘 떠오르지 않아서 글을 읽다가 고개를 갸웃, 했습니다. 예를 들어가며 좀 더 알기 쉽게 말해주면 좋겠어요.

 송동철
2020. 6. 7.   ✓ ⋮

이건 민주의 생각인가요 아님 홍설의 생각인가요? 문장으로 보면 민주의 생각인데, 앞뒤 맥락을 보면 홍설이 한 말 같기도 하고.. 표현을 좀 다듬어 보면 좋겠습니다.

왜냐하면 항상 미디어나 매체에서 보여주는 사랑은 항상 아름다운 것이고 결혼은 사랑하기

때문에 하는 것이라고 생각하였다. 하지만 현실적인 말들을 듣다 보니 사랑이 꼭 아름답지만은 아닌 거 같다고 생각을 했다. 또한 지금과는 다른 그 시절의 시대상황 속의 이야기를 듣고 많은 생각을 하게되었다. 과연 결혼 적령기라는 것이 있을까? 그 시기에 결혼 하지 않은이들은 결혼하지 못한 '노처녀, 노총각들'은 결혼에 사람들인가의 대해 생각해보았다. 또한 현재의 달라진 시대상황을 바라보며 내가 나이가 들어 지금 엄마, 아빠의 나이가 된다면 세상은 더욱 좋게 변할 수 있지 않을까? 하는 생각을 하게되었고 나도 좋은 사람이 되어서 더 나은 세상을 만들고 싶다는 생각이 들었다.

글을 마무리 하며

에로스의 대해 친구들과 수업시간에 이야기를 나누고, 엄마, 아빠와 인터뷰를 하고 그 내용을 정리하면서 글을 쓰고 있는데도 아직까지도 사랑이 무엇인지 모르겠다. 하지만 한 가지 깨달은 것이 있다면 사랑을 통해 사람들은 행복, 기쁨, 감동 등 긍정적인 감정을 얻는다. 또한 사람들은 자신의 행복을 위해, 긍정적인 감정을 얻기 위해서 사랑을 하고 사랑을 나누며 산다는 것이다.

처음에 인터뷰 대상을 정해서 사랑에 대해서 인터뷰를 하고 글을 쓰라고 할 때는 눈 앞이 깜깜했다 여태까지 이런 방식의 과제를 받은 적이 없고 누군가를 인터뷰 해 본 적이 거의 없기 때문이다. 하지만 이렇게 과제를 끝내고 나니 후련하고 더 잘하지 못해 아쉬울 뿐이다.

또한 이렇게 내가 준비한 10가지의 질문들을 통해 평소에는 하지 못 할 이야기를 나누고나니 평소 내가 생각하였던 엄마, 아빠의 모습이 아닌 진중하고 솔직하게 대답해주시는 모습을 보고 새삼 감동스러웠다. 그리고 문서의 이름 처럼 엄마.아빠가 사랑했던 반짝이던 순간들의 대해 나눌 수 있어 기뻤다. 또한 엄마, 아빠와의 가깝고도 먼 사이에서 한 발자국 다가간 것 같아서 기분이 좋았고 예상 할 수 없는 질문들 나와서 너무 재미있었다.

이번 학기에는 한 겹의 애틋함이 따로 있었다. 얼굴 한 번 마주하지 못하고
수업을 해온 학생들의 존재를, 글을 읽으면서 처음으로 생생하게 느꼈기 때문이다.
이 만남을 소중하게 여기고 있음을 전하고 싶어 평소보다 피드백에 공을 들였다.

파일

6월 3일, 오후 11:59에 제출됨
제출 기록 보기

📄 도연(권도연) - 인터뷰,... ↗

비공개 댓글

👤 **권도연**
6월 4일, 오전 12:12
과거와 달라진 현재
결혼하지 못한 '노처녀, 노총각들'은
결혼에 '실패한' 사람들인가의 대해
생각해보았다.
빠진 글자가 있습니다.

👤 **송동철**
6월 7일, 오후 5:17
도연은 무척 성공적인 인터뷰를 한
것 같아 기쁩니다. 도연의 질문도, 부
모님의 답변도 무척 인상적이네요.

수정을 할 때는 글의 흐름을 한 번
점검해 보길 바랍니다. 어떤 이야기
로 시작해서 어떻게 흘러가서 어떻
게 마무리되는지, 이 글의 '줄거리'를
떠올려보고 흐름이 자연스러운지 점
검해 보세요.

군데군데 의미가 명확하지 않은 문
장이나 자세히 말해주었으면 하는
부분들이 있었어요. 댓글을 참고해
주세요. 파이팅!

비공개 댓글 추가...

취소　　게시

동철 **송동철**
2020. 6. 7.　✓ ⋮

결혼과 사랑의 관계를 생각해 볼 수 있는
질문인 것 같아요. 엄마의 말을 듣고 둘 사
이의 관계에 대한 생각의 변화가 있었다
면, 어떤 변화인지를 들려주면 좋겠습니
다.

동철 **송동철**
2020. 6. 7.　✓ ⋮

무슨 말일까요....'

동철 **송동철**
2020. 6. 7.　✓ ⋮

도연이 어떤 변화를 바라는 것인지가 드
러나야 독자가 이해할 수 있을 것 같아요.

동철 **송동철**
2020. 6. 7.　✓ ⋮

사랑의 의미에 대해 나름의 결론을 얻은
것 같아 반갑고 기쁩니다!
질문을 하나 하고 싶은데, 사랑은 행복이
나 기쁨을 가져오기도 하지만 슬픔이나
괴로움을 불러오기도 하잖아요?
다음 문장에 적힌 것처럼 사람들이 긍정
적인 감정을 얻기 위해 사랑을 하는 거라
면, 슬픔이나 괴로움을 거져오는 사랑은
실패한 사랑이라고 생각하나요?

마주하지 못하고 수업을 해온 다른 반 학생들의 존재를, 글을 읽으면서 처음으로 생생하게 느꼈기 때문이다. 이 만남을 소중하게 여기고 있음을 전하고 싶어 평소보다 피드백에 공을 들였다. '피드백은 있다는 사실이 중요한 거야. 잘하려고 무리하지 말자'는 원칙을 가진 나로서는 드문 일이었지만, 막상 하다 보니 댓글을 주고받으며 글을 만들어 나가는 재미가 쏠쏠했다. 온라인 문서도구이기에 가능한 일이었다.

학생들이 교사의 피드백을 거쳐 인터뷰 글을 완성할 즈음, 마침내 대면 등교가 시작되었다. 온라인 개학으로 학기가 시작된 지 50일가량이 지난 시점이었다. 스무 명씩 학급별로 분산되어 운영하는 오디세이학교의 특성 덕분에 1학기의 남은 기간 동안은 대면 수업을 지속할 수 있었다. 물론 방역 대책부터 급식, 마스크 쓰고 하는 수업까지 생각하면 걱정거리가 한둘이 아니었지만, 그래도 기뻤다. 우리는 분명 서로에게 닿으려 애썼고, 온라인 수업에서의 거리와 사이에 어느 정도 적응했지만, 한편으로는 당연한 것을 위해 애쓰는 일에 얼마간 지친 것도 사실이었다. 만나지 않고는 전해지지 않는 것이 있음을 확인할 때면 어쩔 수 없이 슬퍼지기도 했다.

그럼에도 온라인 수업은 어떤 가능성을 알려주었다. 등교 수업이 시작된 후에도 학생과 교사 모두 온라인 수업 기간 동안 손에 익은 도구들을 활용했다. 학생들은 구술 평가 전날에는 밤늦게까지 줌에 모여 연습을 한다든지, 발표 준비를 할 때 온라인으로 프레젠테이션을 함께 만드는 것이 당연해졌다. 교사들도 자연스럽게 학습 활동이나 수행 과제를 클래스룸에 게시한다. 특히 국어과인 나는 글쓰기 활동에 관해서는 온라인 수업 이전으로 돌아갈 수 없게 되었다. 서로의 글을 실시간으로 공유하고, 공감과 질문과 토론을 주고받으며 글쓰기 수업을 할 수 있을 줄이야. 평생 컴퓨터와 불화해온 나로서는 상상하지 못했던 일이다.

길 잃은 미래에서 배워야 할 것, 배움의 공공성을 생각하며

갈 길을 잃고 2020년에 나타나버린 미래 교육의 모습은 상상과는 달랐다. 잘은 몰라도 UFO처럼 뭔가 근사한 걸 몰고 나타날 줄 알았던 외계인이 뗏목에 실려 냇가에 떠내려온 느낌이랄까. IT 기술은 '19세기 교실에서 20세기 교사가 21세기 학생들을 가르치고 있다'고 구박받는 학교를 미래로 데려가 줄 구원자로 여겨져왔다. 미래 교육의 청사진 속에는 원격 수업과 블렌디드 수업도 한 자리를 차지하고 있었다. IT 기술이 열어젖힐 미래 학교의 키워드는 '맞춤형'이었다. 각자의 소질과 눈높이에 맞는 교육이 이루어지는, 그래서 배움에서 소외되는 학생이 없는 학교. 그러나 원격 수업과 블렌디드 수업이 전격적으로 시작된 2020년이 저물어간 지금, 세상은 학습 결손과 학력 격차를 우려하고 있다. 온라인 수업 기간 동안 학습 격차는 도리어 심화되었다. 교사도 학생도 낯선 환경에서 배움을 만들어내려 각자 나름대로 발버둥 쳤지만, 그건 그저 물장구에 지나지 않았는지도 모른다.

온라인 수업은 왜 기대와 달리 학습 격차를 심화시켰을까? 일단 준비되지 않은 시작이었다는 점이 하나의 이유일 것이다. 온라인 수업이 개별화 교육을 가능하게 하리라는 전망은 지금과 같은 재난 상황을 가정한 것이 아니었다. 2020년의 온라인 수업은 충분한 준비를 갖추고 우아하게 시작되지 않았다. 상황에 떠밀린 어쩔 수 없는 시작이었고, 그래서 우리에겐 온라인 환경에 맞는 수업을 고민할 틈이 없었다. 물론 초기의 혼란이 가라앉은 후에도, 이제까지 해오던 수업 그대로를 온라인 환경에 이식하려는 경향이 있었던 것은 사실이다. 하지만 이런 점들은 부차적인 원인일 뿐이라고 생각한다. 사태의 본질은 매체가 아닌 '마음'에 있다.

온라인 수업에서의 학습 격차는 '배움은 배우고자 할 때 일어난다'는 원리가 정직하게 작동한 결과다. 슬픈 얘기지만 교실에는 배우고자 하지 않는 학생들이 분명히 존재했고, 온라인 수업은 그들에게 '배우지 않을 기회'를 활짝 열어주었다. 물론 수업에 참여할 생각이 없는 학생들은 늘 있었다. 하지만 교실에서라면 선생님과 친구들에 떠밀려 어찌어찌 묻어갔을 학생들까지도, 적극적인 동기와 의지가 필요한 온라인 수업 상황에서 대거 무너져 내렸다. '힘들게 거부할 생각도 없지만 딱히 배우고 싶지도 않은' 정도의 마음으로는 온라인 수업에 참여하기 어려웠던 탓이다.

그들은 왜 배우려고 하지 않았을까. 지겨워서? 안 궁금해서? 쓸모가 없을 것 같아서? 배울 자신이 없어서? 몸이 안 따라줘서? 저마다의 사연이 있겠지만 공통점이 있다. 지금까지 학교를 다니면서 수업을 통해 배움의 기쁨과 효용을 맛보지 못했다는 점이다. 스스로가 커지고 있다는 실감, 오늘보다 내일 더 나은 내가 되리라는 기대 없이 배움에 몰입하기란 얼마나 어려운가. 나는 바로 여기가 2020년의 경험으로부터 무언가 배울 지점이라고 생각한다. 학교는 학생들에게 정말 배움의 터전이었나.

2020년 한 해 동안 학생들은 주로 '시험을 보기 위해' 학교에 왔다. 적지 않은 학교에서 '온라인 수업에서는 진도 나가고, 대면 수업에서는 평가하는' 식으로 블렌디드 수업을 운영했다. 대면 등교의 순서와 비중을 비롯해 교육부가 발표하는 모든 학사 일정은 고교 3학년의 입시 스케줄에 맞추어져 있었다. 수능 날짜 때문에 더는 개학 시점을 미룰 수 없다는 논리가 너무나도 당연하게 받아들여졌다. 우리 사회가 학교의 역할을 '효율적인 지식 전달'과 '공정한 입시 관리'에 두고 있음이, 나아가 전자도 결국 후자로 수렴된다고 여기고 있음이 더없이 투명하게 드러났다. 나는 이 투명함이 민망했다.

안다. 입시 일정의 혼란을 최소화하는 일, 그 과정의 공정성을 담보하는 일이 중요하다는 사실을. 그 생각에 기꺼이 동의한다. 그렇지만 묻고 싶다. 단지 그것뿐인가.

공정성이 학교의 '중요한' 가치라고 말하는 것과 '가장 중요한' 가치라고 말하는 것은 전혀 다른 문제다. 학교가 추구해야 할 것은 평가의 공정성을 넘어선 배움의 공공성이다. 학생이 학교에서 똑똑해지는 일은 개인으로서는 경쟁력을 갖추는 일이지만, 사회적으로는 시민 지성의 총량이 늘어나는 일이다. 학생들은 각자의 삶을 위해 학교에 오지만, 교사는 그들 모두를 포함한 공동체의 향상을 위해 가르친다. 누가 1등을 하는가는 학생 개인 간의 사적 이해관계의 문제이지, 교사와는 무관하다. 교사가 딛고 선 곳은 공공성의 영역이다. 공공성이란 본질적으로 '누구의 것도 아니면서 모두를 위한 것'이고, 사유화되지 않기에 모두를 이롭게 한다. 학교가 담보하는 평가의 공정성이라는 것도 결국 배움의 공공성에 기대어 성립한다. 그래서 길 잃은 미래를 맞이한 2020년의 학교에게 가장 절실한 질문은 결국 배움의 본질을 향한 것이어야 한다. 배움이 일어나는 학교를 어떻게 만들어갈 것인가.

고단한 한 해였다. 전대미문의 상황 속에서 크고 작은 선택을 해야 할 때마다 고민을 거듭했지만, 지나고 보니 그중에 편한 선택지 같은 건 처음부터 없었던 것 같다. 무엇을 택했더라도 결국 마찬가지였으리라는 생각도 든다. 그렇게 한 해를 통과하며 알게 된 것은, 재난 상황 속에서는 유지도 모색도 모두 고단하다는 사실이다. 당분간 이 고단함을 피할 수 없다면 우리는 현재의 학교를 유지하려 버티기보다는 본질을 향한 질문과 씨름하는 쪽을 선택해야 하지 않을까. 니체가 말했듯이, 인간은 의미 있는 통증을 추구하는 존재니까. 고단함이 끝났을 때, 관절염보다는 근육통을 앓는 쪽이 아무래도 나을 것 같으니까.

"운명은 그 사람에게서 네 숨겨진 부분을 느끼는 거야"
사랑의 성장판이 활짝 열린 우리 엄마의 사랑 판결

김해인(고1, 오디세이학교)

엄마와 아빠는 내게 친구 같은 존재다. 그분들과 나 사이에는
성숙하고 어른스러운 벽이 보이지 않았다. 나와 언니, 남동생
삼남매 앞에서 어린이처럼 별일 아닌 일로 크게 싸우고, 그래놓고는
웃긴 학교 선배처럼 활기차게 다가와 집안을 시끄럽게 웃다 지치게
만들었다. 엄마는 특히 친구 같았다.

"내가 너랑 많이 싸우는 이유가 뭔 줄 알아? 네가 나랑 너무 닮아서
그래."

엄마가 매일 하는 말이었다. 엄마의 어린 시절과 현재를 꼭 빼닮은
나는 그녀와 부딪히는 일이 잦았다. 엄마의 진지한 면을 잘 찾지
못했다. 동네 아줌마들과 모여 웃고 떠드는 것이 일상인 엄마,
에어팟을 나눠 끼면 음악에 빠져 공공장소에서도 몸을 들썩이는

엄마가 가끔 창피하고 이해가 되지 않았다. 어쩌면 그런 당당함이 부러웠을지도 모른다. 어찌 됐든 나에겐 에어팟을 나눠 끼고 함께 춤을 출 엄마가 있다.

순수한 엄마의 첫사랑 그리고
갑자기 나타난 도자기 공방 머슴

"엄마, 서리 얘기 해줘."

어릴 적 나는 이불 속에서 만날 이렇게 말했다. 시골에서 태어난 엄마가 들려주는 옛날이야기는 내겐 마치 만화책 《짱뚱이》와 같았다. 특히 서리가 내 두 눈을 반짝이게 했다. 친구들과 몰래 남의 밭 무를 뽑아 먹은 이야기, 참외 먹은 이야기…. 그리고 그 이야기에는 언제나 '병구'가 등장했다. 병구란 누구인가, 순수한 시골 소녀 엄마의 첫사랑. 철없음을 방패 삼아 서리한 무를 건네며 병구와 함께 먹었다는 엄마. 동사무소 아저씨의 실수로 병욱에서 병구가 되어버린 엄마의 첫사랑은 흰 얼굴에 동글동글하게 생긴 부잣집 애였단다. 좋아한단 말도 못 하고 줄 것도 없어서 서리한 것들이나 주며 함께 나눠 먹은 것이 그렇게 행복했기에 아직까지 기억하고 있다고 했다.

그런 미소년을 사랑했던 소녀는 후에 누구를 만나느냐, 도자기 공방에서 머슴처럼 도자기를 만들던 아빠였다. 친구와 함께 도자기 공방에서 아르바이트를 하기로 한 엄마는 그곳에서 아빠를 만났다. 그 시절 아빠는 독특함 그 자체였다. 엄마가 본 아빠는 평범한 사람들과는 뭔가 다른 것을 가지고 있었다. 그래서 끌렸다. 그때는 몰랐는데 다시 생각하니 그가 어딘가 무언가를 찾는 것처럼 외로워 보이고, 결핍되어 보였고, 그래서 측은함을 느낀 것 같다고 했다. 웃긴 것은 아빠도 그렇게 느꼈다고 한다. 엄마에게 아빠는 남들과는 다른 꿈도 있고, 독특한 아이디어도 있는 신기한 사람이었다고 한다. 본인이 EBS라며 무엇이든 물어보라는 우리 아빠는 내가 봐도 독특한 사람이다. 공부도 잘하고, 대금도 불고, 도자기도 만들고, 사물놀이도 했었다는 우리 아빠. 지금은 평범한 회사원이지만 엄마에겐 꿈을 가진 특별한 사람이었다. 아빠에게도 엄마는 그런 사람이겠지.

엄마의 사랑은 온전한 형태를 유지한다

"운명의 상대는 정해져 있다고 생각해?"
"응. 운명은 있어. 내가 보지 못하는 숨겨진 내 모습이 그 사람에게서 느껴지고, 어느 부분이 연결되어 있는 게 느껴지는 거. 그게 운명이야. 너희 아빠를 보면 내 모습이 보이거든."
겉으로 보면 엄마는 감성적이고 아빠는 이성적이다. 하지만 깊이 들어가면 아빠는 누구보다 감성적이고 여린 사람이다. 여리고 어리다. 엄마는 아빠의 어릴 적 결핍된 모습조차 안다. 엄마는 아빠의 모든 모습이 엄마에게도 있다고 생각한다. 아빠의 부분 부분엔 거울처럼 엄마의 모습이 비추어지는 것이다.
'나의 숨겨진 모습을 그 사람에게서 느끼고 발견하는 것.'

운명에 대한 엄마의 답변은 이러했다. 어쩌면 그게 한 명이 아닐지도 모른다며, 자기가 다른 사람 만나도 그것 역시 양다리 운명일 테니 이해하라는 엄마의 개그. 이따금 엄마와 대화할 땐 나에게서 보지 못한 쿨함이 나온다. 사랑을 할 때에도 자신과 상대의 색을 잃으면 안 된다고 말한다. 절대 나 자신과 상대를 망가뜨리지 않고 그대로를 이해하는 것. 그것이 엄마의 사랑이다. 그래서 아빠와 많이 싸우고는 했다고 이제야 말한다. 그것은 엄마의 사랑이었다. 20여 년을 아빠와 함께하면서 엄마는 절대 자신의 색을 잃지 않겠다는 생각으로 살아왔다. 아빠와 큰 소리로 집안을 뒤집어놓아도 자신을 망가뜨리지 않았다. 그래서 엄마에게 사랑은 아빠를 안으면서도 아빠와 자신을 뭉개지 않는 것이었다. 사랑의 기준 또한 그러했다. 공통점을 찾되 공통되지 않은 것을 끼워 맞추려고 강요하지 않는 것. 엄마가 정의한 사랑을 보며, 스스로가 상대를 위해 성장을 할지라도 상대가 나를 바꾸려 강요하는 것은 사랑이 아님을 느꼈다. 내가 원하면 주지만 원하지 않는 부분은 주지 않는다. 이것이 어쩌면 조금 이기적이라 할 수 있는 엄마의 사랑이더라.

사랑은 성장촉진제?

"사랑 없이 살 수는 있지, 근데 삭막하고 재미없을 거야. 삶의 이유를 잃을지도 몰라. 누군가를 사랑하지 않는다면, 일이든 무언가에 즐거움을 느끼고 다른 의미인 사랑에 빠지지 않는다면 무너지기 쉬울 거야."

사랑 없이 살 수 있으리라 믿었다. 그리고 아직까지 유효한 믿음이다. 내겐 아직 가족과 친구들과의 관계가 더 재밌고 소중해서 한 상대를 사랑하는 것은 계획에 없는 일이다. 그러다가 나도 엄마가 말하는 삭막함을 느끼게 된다면 그제야 사랑을 찾아 목매겠지.

사랑은 나와 상대를 성장시키는 삶의 활력소와 같은 존재라더라. 삶의 즐거움을 줘 성장하고자 하는 의지와 발판을 주고, 더 나아가 그것을 상대에게도 줄 수 있는 것. 그것은 가장 이상적인 사랑이 아닐까.

사람은 누구나 살아가면서 성장을 한다. 나는 사랑 없이도 성장할 수 있다고 굳게 믿는다. 하지만 중요한 것은 어떤 사랑이든지 자신의 성장을 증폭시키는 성장촉진제가 될 것이다. 키 크기 위해 영양제를 먹는 사람이 있고 먹지 않는 사람이 있듯, 사랑 역시 많고 많은 선택 중 하나일 것이다. 사랑이 필수 비타민 같은 존재가 아닌 성장촉진제인 이유는 이러하다. 본인의 선택일 뿐이니까. 대신 다가오는 사랑을 두려워하지 말아야 한다. 나에게 다가오는 그것은 내 인생을 망칠 마약도 아니고, 내 인생을 끝장낼 독약도 아닌 그저 성장촉진제일 뿐이니.

"이렇게 다시 느끼네, 나 성장 중이야."

아이폰 사용이 미숙한 터라 녹음이 엉망이었다. 오류가 났는지 녹음을 해도 해도 저장이 안 되고, 끊기기를 반복했다. 참 웃기다, 핸드폰을 그렇게 사용하는데 정작 이런 기능은 영 못 만지는 것이.

그래서 수차례 인터뷰를 했다. 같은 질문을 반복하며 두루뭉술했던 엄마의 대답이 점점 뼈대를 갖추었다.

"아까 성장하게 해준 사랑 얘기 했잖아, 다시 생각하니 있는 것 같아. 지금이야."

아빠와 싸우고 화해하기를 반복하며 엄마는 성장을 몸소 느꼈다. 전에는 몰랐던 자신의 모습을 발견하고, 아빠의 다른 부분을 이해하며 함께 성장했다. 정확히는 성장 중이다. 엄마와 아빠는 내게 친구 같지만, 이럴 때 어른인 것을 다시 실감한다. 이해하며 성장하는 것. 내겐 너무 미숙하고 어려운 것들이다. 사실 나는 사랑을 많이 경험하지도 않았기 때문에 더욱 그렇다. 나도 이렇게 성장할 수 있을까. 함께 성장할 사람이 있다는 것은 기쁜 일일 것이다. 그렇기에 엄마는 지금 기쁘게 성장 중이다. 그것도 운명의 상대와 말이다.

"성적 욕구 그런 것보다 공통분모랄까, 그 사람과 일치하는 것을 발견할 때가 있어. 그게 너무 평온하고 안정적인 거야. 긍정적인 에너지를 줘. 그 에너지가 날 성장시켜. 내가 더 예뻐 보이고, 남에게 사랑을 주고 싶어져."

사랑으로 만들어진 긍정적인 에너지는 엄마를 성장시키지만, 엄마는 우리 가족을 성장시키기도 한다. 성장하고 있다는 엄마를 보며 나 역시 행복을 느낀다. 그래서 엄마가 성장하면 나도 조금씩 성장할 것이라 생각한다. 그러다 보면 언젠가 나도 나 자신이 소중하고 예뻐 보이고, 누군가에게 사랑을 줄 수 있겠지. 운명의 상대를 느끼는 것도 중요하지만 내가 먼저 사랑에 눈을 뜨는 것, 사랑을 주고자 내 주머니를 여는 것이 시작이라 생각한다.

주변에서 사랑을 꽃피우는 소식을 들으면 사랑이 아름다워 보인다. 누군가의 사랑은 내게 사랑을 사랑하게 만든다. 지금은 사랑에 별 관심도 흥미도 없는 나이지만 점차 사랑이 무엇인가, 나는 누구를 사랑하는가에 대해 고민하게 되면서 주변 사람들의 사랑은 그 작은 싹에 거름이 되어가고 있다. 그 싹이 자라날지는 아무도 모르지만.

엄마는 매일 과거에 더 많은 일을 하지 않은 것을 후회하고는 했다. 연애도 많이 해보지 않았다는 엄마. 과수원집 아들과 선 자리가 나와도 아빠와 함께했다는 엄마. 사랑 얘기를 해달라고 하면 병구 얘기와 아빠 얘기만 하는 엄마. 엄마는 미숙하게 찾은 사랑을 성숙하게 만들었다. 이런 엄마야말로 가장 완전한 사랑을 하는 사람이지 않을까. 아직 엄마의 사랑 성장판은 닫히지 않았기 때문에 엄마는 자신이 더욱 성장할 것이라 말한다. 나 역시 언젠가 미숙한 사랑을 찾아 성숙하게 만들 수 있길, 사랑의 성장판이 열리기를 기다린다.

김병섭
인천영종고등학교

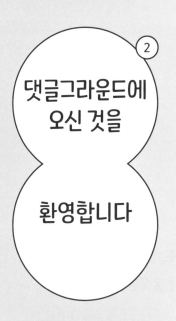

2

댓글그라운드에 오신 것을

환영합니다

협력과 공유의 배움을 열어가는
온라인 모둠 수업,
소설 토론 배틀

댓글그라운드, 온·오프라인
독서-토론-논술 모둠 수업

학교가 존재하는 이유는 배움이고, 오늘의 배움은 협력과 공유를 지향한다고 나는 믿는다. 그래서 내가 운영하는 수업의 기본 방법은 모둠 수업이다. 교사와 학생 사이의 관계의 힘을 넘어서 학생과 학생 사이의 관계의 힘으로, 협력과 공유의 즐거움을 체험하면서 협력과 공유의 능력을 키우는 수업. 그래서 마침내 우리 학생들에게 자신이 잘하는 것과 좋아하는 것을 찾는 데 도움이 되는 수업. 그런 수업을 시도하는 것이 학교의 역할이라고 나는 믿는다.

그러나 지금은 감염병의 시대, 생존이 위협받는 시대, 2020년

11월 22일 기준으로 미국에서만 25만 명, 유럽에서는 35만 명이 전염병으로 사망한 시대다. 이를 이유로 현재까지 모둠 수업은 금지되고 있다.

동의한다. 생존은 배움에 우선한다. 하지만… 코로나 시대에도 여전히 학교의 존재 목적은 협력과 공유다. 방역이 목적이라면 학교는 폐쇄가 답이다. 아무리 촘촘하게 방역 지침을 만들고 지침에 따라 철저하게 학생들을 통제한다고 해도, 사람과 사람을 직접 만나게 한 이상 학교의 방역은 등교 중지의 효과를 넘어설 수 없다. 방역을 동반한 보육만이 목적이라면 학교는 재미도 의미도 필요도 없는 프로그램을 사무적으로 진행하면 그만이다. 그런데 그것이 다일까? 그것이 정말 최선일까? 비대면 시대에 협력과 공유는 정말 불가능할까? 협력과 공유의 수업이 불가능한 시대에 협력과 공유를 도모하는 수업은 과연 어떻게 가능할까?

이런저런 시도를 했다. 실패했고, 실패했다. 여전히 실패 중인 가운데 그럭저럭 잘 고쳐 쓰면 다음 수업에는 활용할 수 있지 않을까 싶은 온·오프라인 독서-토론-논술 모둠 수업이 있다. 이른바 '댓글그라운드'다.

댓글그라운드는 독서-토론-논술을 온·오프라인으로 진행하는 수업이다. 8차시에 걸쳐 단편소설을 읽고, 질문 게임을 하고, 논제를 만들어 토론하고, 이를 바탕으로 수행평가와 지필평가를 진행하는 수업이다. 1회 고사와 수련회 대체 프로그램 때문에 매주 한두 시간씩 애매하게 흩어져 있는 수업들, 거기에 일주일 온라인까지 걸쳐 있는 시간표를 보며 이 수업들을 대체 어떻게 엮어야 하나 고민하다 꾸린 수업이었다. 매력적인 단편소설이 갖고 있는 이야기의 힘, 거기에 학생들이 이미 갖고 있는 이야기의 힘, 그들이 만나고 부딪히고 스며들면 흩어진 수업들이 오히려 풍요로운 시간으로 확장될 수 있지 않을까 하는 기대로 만든 수업이었다.

여기에 학생들 사이에 크게 인기를 얻고 있는 온라인 슈팅게임 배틀그라운드의 이미지를 더했다. 배틀그라운드는 일정한 공간에 100명의 플레이어가 최후의 승자가 남을 때까지 싸우는 서바이벌 슈팅게임이다. 기존의 게임과 다른 것은 일정한 시간이 지나면 플레이어가 움직일 수 있는 공간이 점점 좁아진다는 설정이다. 이 설정을 따르면 게임 속에서 살아남은 이들은 시간에 따라 모여들고, 결국 싸울 수밖에 없다. 시간에 따른 공간의 축소가 참가자들의 만남을 강제하는 것이다. 이 설정이 게임에 긴장을 더했고, 승리의 쾌감을 높였다.

매력적이었다. 왠지 토론 수업에 어울리지 않을까 싶었다. 토론은 결국 협력이지만, 그 시작은 먼저 싸움이기 때문이다.

배틀그라운드를 닮은 토론 수업은 어떨까? 시작할 때는 학생들이 각자 원하는 논제에 자리 잡게 해야지. 각자 마음껏 이야기를 나누는 거야. 그러다가 시간이 지나면 논제가 축소되고, 흩어져 있던 참가자들이 서로 만날 수밖에 없도록 하는 거지. 시간에 따른 논제의 축소가 토론자들의 만남을 강제하는 시스템. 그런 시스템이 가능하다면, 평소의 토론 수업보다 더 재밌지 않을까?

여기에 최근에 배운 패들렛이 손에 잡혔다. 패들렛은 온라인 협업을 위해 간단하고도 직관적인 메모를 공유하는 온라인 메모 공유 시스템이다. 비대면 시대에 서로 직접 얼굴을 보며 대화하는 것은 불가능하니, 패들렛을 이용해서 온라인 댓글 토론을 하면 어떨까? 내가 존경하는 어느 선생님은 카톡 오픈채팅방으로 모둠별 토론 수업을 즐겁게 하셨다는데, 패들렛을 활용하면 나도 그런 수업 근처에 가볼 수 있지 않을까? 몽글몽글 피어오르는 상상에 두근두근, 뭔가 가슴 한쪽이 우르릉했다. 당장 수업 설계에 들어갔다.

작품은 김세희 작가의 〈가만한 나날〉[4]을 골랐다. 최근의 키워드들이 매력적으로 배치되어 있는 작품이었다. 뒷광고, 위장 블로그, 20대 취업, 사회적 참사, 가습기 살균제 피해자, 기업 범죄, 개인과 공동체, 책임과 윤리, 그리고 '프로'. 주인공 경진의 이야기가 '프로'라는 낱말을 중심으로 펼쳐져 있었다. 개인주의 시대, 능력주의 시대에 가장 널리, 가장 강력하게 펼쳐져 있는 판타지 '프로'. 프로란 무엇이며 프로는 어떻게 해야 되는 것일까? 누구나 동경하지만 누구도 제대로 말해본 적 없는 이야기. 8페이지의 짧은 이야기 속에 크고 넓은 이야기가 밀도 있게 담겨 있었다.

이 정도의 매력이면 학생들을 토론 수업으로 다시 또 다시 불러도 즐거울 수 있지 않을까. 뭐, 교실에 들어서면 와장창 부서질 기대였지만 일단 지금은, 마음이 부푸는 대로 두고 싶었다. 그런 달콤함마저 없다면 새로운 수업을 시도하는 일이란 불가능할 테니까. 그렇게 댓글그라운드가 시작되었다.

모둠 구성의 한 방법: 무책임하게 책임지기

1차시. 모둠을 구성했다. 모둠은 네 명씩 여덟 개를 만들기로 했다. 먼저 각 모둠의 장이 되고 싶은 학생을 선정했다. 지원자가 여덟 명 이상이면 모둠장이 짝꿍을 한 명씩 지정하고, 남은 학생들이 여덟 모둠 중 한 모둠을 선택하게 했다. 그러나 모둠장 지원자가 여덟 명이 안 되면 그냥 무작위로 모둠을 구성하겠다고 했다. 무작위는 보통 뽑기를 하는 것인데, 나는 인터넷에서 48면체 주사위를 사서 학생들이 직접 던지게 했다. 내가 해본 모둠 구성 방법 중에서는 이것이 제일 좋았다.

이 방법의 가장 결정적인 매력은 교사가 모둠 구성의 책임에서 벗어날 수 있다는 것이었다. 무책임한가? 무책임하지 않다. 수업에 참여하려는 학생들의 열기가 부족한 경우라면, 이것이 교사가 할 수 있는 최선의 방법이라고 나는 생각한다. 모둠 구성의 책임을 학생에게 돌릴 수 있기 때문이다. 이런저런 모둠 구성을 시도해보고 내린 나의 결론은, 모둠 구성에 교사의 손길이 많이 갈수록 교사에 대한 원망이 더 커진다는 것이었다. 아무리 교사가 섬세하게 모둠 인원을 배치한다고 해도, 학생들의 수준과 호감과 '케미'와 과거를 모두 완전하게 고려하여 배치하기란 불가능했다. 모둠 활동은 결국 불편함을 감당하는 활동이다. 나와 다른 사람이 함께 하는 활동이니까. 모둠 활동에 참여하면서 학생들이 어떠한 불편도 참지 않겠다는 태도를 보인다면 모둠 구성은 가능할 수 없다. 내가 모둠장으로 기대했던 여학생이 모둠장을 거절하거나, 내가 친하다고 짐작했던 남학생들이 서로 등을 돌리고 앉아 원망의 눈길로 나를 볼 때 그 갈등을 수습하기란 쉽지 않았다. 무엇보다 괴로운 순간은 학생 사이의 갈등이 교사에게 옮겨질 때였다. 학생들 사이에 갈등이 있어도 교사는 수업을 진행할 수 있다. 그러나 학생들의 갈등이 교사에 대한 원망으로 번지면 그 수업을 진행하기란 거의 불가능하다. 모둠 구성을 위해 주사위를 던질 때 주사위를 던지는 사람은 학생 자신이다. 따라서 다른 이를 원망하기 어려웠다. 이 부분이 중요했다.

물론 주사위를 던져도, 뽑기를 해도 학생들의 불만은 있다. 모둠에 큰 편차가 생길 수 있기 때문이다. 그래서 보완한 방법은 트레이드 회의였다. 모둠장은 이끔이라고도 하는데, 이끔이는 먼저 모둠원 트레이드 회의에 참여할 수 있다. 다만 현재 모둠을 옮길 수는 없다. 이끔이가 트레이드 회의에서 내는 의견은 단 두 가지. 가장 케미와 능력이 뛰어난 모둠과 가장 케미와 능력이 부족한 모둠을 선정하는 것이다. 이 두 모둠을 선정하는 일에는 이끔이 모두의 동의가 필요했다. 이렇게 선정된 두 모둠에서 각 모둠의 이끔이가 서로의 모둠에서 원하는 사람 한 명씩을 뽑아 트레이드를 진행한다. 이 트레이드가 결정되면 각 모둠의 이끔이가 서로 상대 모둠의 학생을 찾아가 정중하게 부탁하도록 했다. 물론 초코파이라는 부상이 있었다. 겨우 초코파이이긴 했지만 눈앞의 초코파이를 애교로 받고 웃으며 자리를 이동하는 학생들이 대부분이었다. 나는 깊이깊이 고마움을 전했다. 물론 거절하는 학생도 있었다. 학생의 뜻이 분명하다면, 아쉽지만 그 의견을 따라야 했다.

모둠을 정하고 나서 모둠원의 역할을 정했다.

- 이끔이: 패들렛 댓글 토론을 진행하는 사람. 모둠원이 돌아가며 자신의 의견을 밝히면 그것에 대해 다른 모둠원이 공감, 동의, 질문을 하도록 권유, 설득, 진행함. 또한 다른 모둠원의 활동을 모두 도와야 함.
- 기록이: 패들렛 댓글 토론에서 모둠 댓글 토론 후 모둠 발표문을 작성하는 사람. 모둠원이 한 말을 모조리 옮겨 적는 것이 아니라 모둠에서 하나의 해석, 하나의 결론, 하나의 입장을 정하여 발표문을 작성함.
- 큰입이: 패들렛 댓글 토론에서 자신이 출연하는 모둠 발표 영상을 만드는 사람. 발표 영상에서 큰입이는 기록이가 써준 발표문을 읽고 발표문에 달린 댓글 질문에 대한 답을 발표해야 함. 발표 영상은 노트북의 웹캠으로 촬영하고 발표문 아래에 더하기 버튼을 클릭하여 업로드함.
- 나름이: 패들렛 댓글 토론에서 발표문에 관련한 자료를 찾아 발표문 아래에 첨부하는 사람. 동영상 링크도 좋고 신문 기사, 영화, 칼럼 등의 링크도 좋음. 또 한가지 중요한 일은 모둠원의 모든 글에 응

원과 공감과 격려의 댓글을 써주어야 한다는 것.

이렇게 각자가 해야 할 최소한의 역할을 주고, 그 역할을 넘어서 서로 도와주고 협력하고 공유하며 미션을 해결해 나가기를 바랐다.

이해하려 애쓴 후에야
사랑할 자격을 얻는다

2차시는 소설 읽기. 학생들이 학교에 정상 등교를 할 때 수업을 시작했다. 먼저 정확하게 읽어야 한다. 정확하게 읽어야 정확하게 이해할 수 있다. 정확하게 이해해야 정확하게 사랑할 수 있다. 단편소설을 나누어주고 개인별로 읽게 했다. 학생의 개인차를 인정했다. 뛰어난 학생들이 먼저 깊이 읽도록 두고 부족한 학생들을 돕고 싶었다. 나는 학생들 사이를 거닐며 학생들이 읽기에 집중할 수 있도록 도왔다. 대략 40분이면 대부분의 학생이 다 읽는다. 다 읽은 학생에게는 여덟 개의 칸이 비어 있는 '질문 게임' 학습지를 주었다. 그리고 사실 확인 질문을 최소한 두 개 이상 만들게 했다. 물론 답도 만들어야 했다. 그리고 자신이 만든 질문에 중요도에 따라 별 한 개부터 세 개까지 별점을 쓰도록 했다. 이 과정을 통해 학생들이 중요한 사실을 다시 확인하기를 바랐다.

사실 확인 질문은 말 그대로 사실을 확인하기 위한 질문이다. 소설 〈가만한 나날〉의 주인공 이름이 경진인지 예린인지, 경진이 읽을 수 없게 된 책의 제목은 채털리 부인의 '연인'인지 '여인'인지, 예린이 퇴사를 한 이유가 이 회사의 이익 추구 방식에 대한 윤리적인 성찰 때문인지 아닌지, 그런 것을 뒷받침할 만한 대사와 행동이 이 소설에 있는지 없는지, 소설을 보면 너무도 또렷해서 누구도 반박할 수 없게 만드는 명확한 질문들.

이러한 질문들을 '닫힌 질문'이라 한다. 닫힌 질문은 그야말로 '닫힌' 질문이다. 폐쇄적이다. 이 작품 안에서만 이 질문들은 의미가 있다. 이 작품을 넘어서는 순간, 이 질문들은 의미가 없다. 확장성이 없다. 그러나 닫힌 질문은 중요하다. 닫힌 질문은 열린 질문의 바탕이기 때문이다. 우리가 명확히 확인한 닫힌 질문들은 앞으로 우리가 해나갈 '열린 질문', 곧 비판-추론-상상의 기둥이다.

열린 질문의 해답은 다양할 수 있다. 다양하므로 토론을 거쳐야 한다. 토론은 기본적으로 싸움이다. 싸움이어서 거칠고 아프다. 그것은 때로 몸싸움만큼이나 격렬하다. 거친 감정적인 말도 오가기 때문이다. 이 격렬함을 견뎌내려면, 이 싸움을 이겨내려면 나의 비판과 추론과 상상은 근육만큼이나 튼튼한 사실에 근거해야 한다. 그 어떤 대단한 비판이나 추론이나 상상도 사실을 바탕으로 하지 않으면 질문의 풍파에 서 있을 수 없다. 아니, 서 있을 수 없어야 한다. 만일 그렇지 않다면, 그 토론은 위험하다.

토론 수업에서 교사의 역할은 여기에 있다. 어떠한 비판이나 추론이나 상상도 허용하되, 그들에게 근거할 만한 사실이 있는지 조심스럽게, 그러나 단호하게 물어야 한다. 만일 근거할 만한 사실이 없는, 그저 발표자의 편견이거나 오만이거나 심지어 폭력이라면, 조심스럽게 그러나 단호하게 그것을 폐기해야 한다. 근거 없는 비판과 추론과 상상은 대화를 파괴하기 때문이다.

결국 중요한 것은 소설의 인물들이 아니다. 우리는 그들에 대해 이야기하지만, 이야기가 끝나도 그들은 변하지 않기 때문이다. 정말 중요한 것은 우리다. 이야기가 끝나면 우리는 변하기 때문이다. 우리가 그들에 대해 근거도 이해도 논리도 없이, 이익이나 취향이나 편견에 따라 결론을 내린다면, 그렇게 이야기하는 것에 우리가 익숙해진다면, 우리는 그렇게 변한다. 이것은 누구보다 먼저 우리에게 위험한 일이다. 그것은 내 곁에 있는 사람들에게 상처를 주는 일이기 때문이다.

그러므로 교사는 토론 수업을 진행할 때, 학생들이 최대한 사실을 명확히 한 후에야 결론에 이르도록 해야 한다. 사실이 명확하지 않다면, 머뭇거리게 해야 한다. 머뭇거림도 우리가 익혀야 할 중요한 덕목이다. 정확하게 말할 수 없다면, 정확하게 머뭇거려야 한다. 사실을 정확하게 본 후에야 우리는 정확하게 비판하고 정확하게 추론하고 정확하게 상상할 수 있다. 그 정확함이, 정확함에 대한 노력이 우리의 결론에 몸을 줄 것이다. 우리의 결론이 현실 속에서 걷고 말하고 손을 내밀어 우리의 현실을 변화하게 할 것이다.

질문 게임:
오프라인에서 온라인으로

3차시에는 학생들을 데리고 컴퓨터실로 이동했다. 대면 수업 기간에 컴퓨터실에서 수업을 진행하면서 독서-토론 수업에 대한 학생들의 참여를 실행함과 동시에, 앞으로 진행할 온라인 수업을 훈련하기 위해서였다. 질문 게임 학습지를 완성한 학생들만 컴퓨터를 켤 수 있게 했다. 이 학생들에게 패들렛을 소개하고 댓글그라운드 패들렛 교실로 따라오게 했다. 댓글그라운드 패들렛 교실의 인터넷 주소를 온라인 클래스에 공지했다. 연초에 학교 구글 계정을 학생들에게 모두 만들어놓은 것이 큰 도움이 되었다. 가입을 마친 학생들에게 1차 미션을 주었다.

1차 미션은 '사실 확인 질문' 게임이었다. 학생들이 패들렛의 첫 번째 칼럼에 '사실 확인 질문-대답'을 한 개 만드는 것이다. 지난 시간에 작성한 학습지를 참고하여 그중에서 중요한 질문을 한 개 골라 쓰도록 했다. 그러고 나면 다른 학생들이 만든 질문 중 세 개를 골라 댓글로 답을 쓰도록 했다. 그리고 각각의 질문에 별점 평가도 가능하게 했다. 문제를 풀어보고 나서 중요한 질문에는 별 다섯 개, 사소한 질문에는 별 한 개를 주게 했다.

학생들이 만든 질문 게임에 나도 참여했다. 학생들의 질문이 칼럼을 따라 아래로, 아래로 계속해서 생겨났다. 나는 학생들의 질문을 따라가며 학생들을 격려하는 댓글을 쓰고 중요도를 평가하며 별점을 클릭했다. 중요도를 넘어서서, 학생들의 그 모든 노력에 고마움과 응원을 전하려고 애썼다. 코로나가 오기 이전에 마스크 없이 마음껏 침을 튀기며 흥분할 수 있었을 때, 우리의 수업을 달궜던 그 퀴즈의 열기가 온라인 화면에서도 느껴지기를 간절히 바랐다. 그와 함께 바랐던 것은 나의 댓글을 통해 학생들이 중요한 질문과 중요하지 않은 질문, 간단하지만 중요한 질문과 복잡하지만 사소한 질문, 쉽지만 중요한 질문과 어렵지만 중요하지 않은 질문을 구별할 수 있기를 바랐다. 이렇게 1차 미션을 완수한 학생은 바로 2차 미션으로 넘어갔다.

2차 미션은 '비판-추론-상상 질문' 만들기다. 열린 질문이다. 학생들은 사실 확인 질문 게임 칼럼의 바로 옆에 마련된 두 번째 칼럼에, 소설에 대한 비판 혹은 추론 혹은 상상의 질문을 한 개 이상 만들어 댓글로 제시한다. 선착순이다. 다른 학생이 자신이 하려던 질문을 먼저 했다면, 다시 새로운 질문을 만들어야 한다. 그러므로 가능한 한 빨리 작품에 몰입해야 했다.

질문을 만드는 단 한 가지 조건은, 소설을 통해 이야기를 나눌 수 있는 질문이어야 한다는 것이었다. 소설을 통해서는 도저히 알 수 없는 질문은 이 수업에 허용될 수 없다. 그래서 주인공 경진이 아이돌 그룹 중 누구와 닮았을까 같은 질문은 인정받을 수 없다. 정말 이 질문을 하고 싶다면, 최소한 소설 안에서 경진의 외모가 언급된 대사와 지문을 찾아내서 제시

다시다시 **+ 43** · 3개월

질문이 있는 소설수업-13반
인천영종고 1학년 국어- 논술토론글쓰기 수업

---

1. 사실확인 질문-정답 2개 이상(선착순) ⋮

다시다시 3개월

작성방법안내

가. 소설을 읽고 본문을 통해 확인할 수 있는 질문-정답을 만들어주세요. 닫힌질문-사실확인질문만 가능합니다. (퀴즈문제를 만든다고 생각하시면 되어요) 열린질문-비판주론상상 질문은 안됩니다. ^^

나. 문제출제의 기준은 '중요도' 입니다. 이 소설을 읽었다면 이건 꼭 기억해야지 싶은 사실들을 확인하는 질문과 대답을 만들어 주세요.

다. 학생 여러분은 질문-정답을 각자 2개 이상씩 만들어 주세요. 그리고 자신의 문제의 중요도를 판단해서 별점을 주세요. (너무 중요해서 기말고사에 나올 것 같은 문제는 별 5개-중요하지 않지만 재미로 만든 문제는 1개..라고 여기시면 됩니다 ^^)

라. 단, 선착순입니다. 다른 학생이 자신이 만드려고 한 문제를 먼저 만들어 올렸다면, 새로운 문제를 만드셔야 합니다 ^^

마. 아래 + 버튼을 클릭하고 작성하시면 됩니다. 제목에 질문을 적고 본문에 답을 적어주세요 ^^.

---

2. 비판/추론/상상 질문 1개-해답 2개(선착순) ⋮

다시다시 3개월

작성방법안내

가. 소설을 읽고 소설에 대한 '비판 or 추론 or 상상' 질문을 선생님 한 분이 1개씩 만들어 주세요. 열린질문-비판추론상상의 질문만 가능합니다. 닫힌질문-사실확인질문은 불가능합니다 ^^

나. 문제출제의 기준은 '중요도' 입니다. 이 소설을 읽었다면 이건 꼭 묻고 답해야 한다고 생각하시는 중요한 비판-추론-상상의 질문들을 제시해주세요.

다. 학생 여러분은 각자 1개씩 만들어 주시면 됩니다. 답을 몰라도 좋습니다. 하지만 질문은 한 사람마다 한 개 이상씩 꼭 해 주셔야 합니다 ^^

라. 선착순입니다. 다른 학생이 자신이 만드려고 한 문제를 먼저 만들어 올렸다면, 새로운 문제를 만드셔야 합니다 ^^

바. 아래 + 버튼을 클릭하고 작성하시면 됩니다. 제목에 질문을 적어 주세요 ^^

사. 질문을 만드신 이후에는 다른 학생들이 질문 중 최소 2개 이상 골라

+   +

댓글그라운드의 시작, 질문 게임

해야 한다. 그런 예시 하나를 제시할 수 있다면, 그건 해볼 만하다. 정답은 몰라도 된다. 질문을 만든 것만으로 성공이다. 학생들과 함께 만든 논제 8개는 다음과 같다.

1. 경진이 예린에게 자신은 이 회사가 적성에 맞다고 했던 말을 정정하고 싶었던 이유는?
2. 경진이 팀장에게 가습기 살균제 참사의 원인이 되었던 제품 '뽀송이'를 우리도 광고한 적이 있다고 했을 때, 팀장이 그 일에 대해 더 많은 대화를 하지 않은 이유는 무엇일까?
3. 알고리즘이 바뀌지 않아 광고 대행사가 망하지 않았다면, 경진은 회사에 계속 다녔을까? 그 이유는?
4. 프로는 어떤 사람을 말하는가? 이 소설에서 프로는 누구인가?
5. 가습기 살균제 참사의 피해자들에게 합당한 보상은 어떤 것이어야 할까?
6. 경진이 《채털리 부인의 연인》이라는 책을 다시 읽을 수 없게 된 이유는 무엇일까?
7. 팀장이 자신의 새로운 회사에 경진을 데려가겠다고 했을 때 경진은 왜 수치심을 느꼈을까?
8. 소설의 마지막 부분에 등장하는, 세상을 덮은 듯했지만 금방 녹아버린 첫눈은 어떤 의미일까?

학생들이 만든 비판-추론-상상 질문에 나도 참여했다. 학생들이 질문을 댓글로 올리면 학생들을 격려하는 댓글을 쓰고 중요도를 평가하며 별점을 썼다. 아직도 닫힌 질문(사실 확인 질문)을 올린 학생에게는 질문을 만들어 올린 그 열정을 칭찬하면서 이 질문의 의도와 성격에 대해 이야기를 나누고, 그다음에 열린 질문(비판-추론-상상 질문)을 다시 요청했다. 소설을 바탕으로 이야기를 나눌 만한 비판-추론-상상 질문을 만든 학생에게는 그들의 이름을 불러주며 댓글로 열렬히 칭찬했다. 그러다 정말 멋진 질문을 만나면 그대로 복사하여 바로 옆에 새로운 칼럼을 만들어 제시했다. 한 개 또 한 개, 그렇게 여덟 개의 논제가 모일 때까지 학생들에게 질문을 계속하게 했다. 답은 하지 말고 계속 질문만 하게 했다. 답을 하고 싶어도 참으라고 했다. 그 조바심이 모여 더 큰 활력이 되기를 바랐다.

여럿이 함께 한 혼잣말은
대화가 아니다

4차시다. 자, 이제부터 본격적인 모둠 수업. 그러나 모둠 수업을 진행하면서 꼭 전해야 할 것이 있다. 여럿이 함께 한 혼잣말은 대화가 아니다. 이것을 학생들에게 명확히 전하는 것이 모둠 활동을 진행하면서 가장 마음을 쏟아야 할 부분이었다.

모둠 활동을 시작하면서 학생들은 먼저 논제를 선택해야 했다. 이끔이들에게 미션을 제시했다. '댓글그라운드 페들렛에서 모둠별로 논제를 선택해야 한다. 단, 선착순이며 원하는 질문 칼럼 밑에 더하기 버튼을 클릭하여 모둠원의 이름을 모두 써야 그 논제가 그 모둠에게 지정된다. 자, 그럼 지금부터… 시~작!!' 했더니 학생들 사이에 우당탕쿠당탕 작은 소동이 일어났다. 야, 빨리, 뭐가, 근데, 어쩔? 아놔, 아앗, 안 됐! 뭐 하냐고! 아아…. 그렇게 여덟 개 논제의 주인이 정해지고, 모둠별로 댓글 대화가 시작됐다.

이때 교사의 개입이 필요하다. 이때 개입하지 않았다가 수업이 망한 적이 있었다. '대화' 때문이었다. 학생들에게 대화를 가르치지 않았기 때문이었다. 아주 많은 학생이 대화하는 방법을 모른다. 그제야 알았다. 아주 많은 학부모님도, 아주 많은 어른도, 안타깝지만 아주 많은 선생님도 대화하는 법을 몰랐다. 얼굴을 마주 보고 말을 하지만 대화를 하지는 않았다. 학생들이 그랬다. 학생 네 명에게 댓글로 대화를 나누라고 하면 먼저 학생 A가 자기 말을 한다. 그것도 짧게 한다. 그다음 B가 자신의 말을 한다. 그리고 C와 D. 그리고 끝. 끝? 끝! 이

댓글그라운드 -13반
이천열종고 1학년 국어- 논술토론글쓰기 수업

📶 다시다시 + 21 · 26일

댓글그라운드 1차 예시 ⋮

🔘 다시다시 3개월

7페이지 첫 눈이 상징하는 것
은?

☆ 평가

🔘 댓글 추가

🔘 다시다시 3개월

0모둠 10000 김병섭 10001 고
명원 10002 김은영

☆ 평가

댓글 11개

🔘 다시다시 3일
첫눈을 왜 이 장면에 넣었을까요?

🔘 다시다시 3일
첫눈이 내리면 어떻게 되나면... 세상이
한 덩어리로 보이죠. 눈이 오기 전에는
이 건물, 저 건물, 이 아파트, 저 아파트,
온갖 간판에 브랜드에 자동차에 온갖 이
름으로 나뉘어져 있던 것이 눈이 오면,
한 덩어리가 되죠. 음...그리고 이것이 첫
번째라는 거...이런 거랑 뭔가 관계가 있
을 거 같은데... 명원쌤 은영쌤 생각은 어
때세요? ^^

💧 flyhwon 3일
살다보면 나의 인생에서는 너무 중요한
깨달음의 순간이 지나가고 있는데, 나를
제외한 세상은 똑같이 돌아가고 있음을
느낄 때가 있거든요. 주인공은 '별것도
없이 해왔던 자신의 행동이 누군가에게
엄청난 피해를 입혔음을 알게되고 큰 충
격을 받았지만, 바로 이어지는 다음날
울근 퉁겨준 '지난밤 그대로'인 모습도
보여주고요. 그 해의 첫눈은 사실 아무
것도 아닌 사건이지만 두 번 외어난 스

댓글그라운드 1차논제2 ⋮

댓글 1개

💬 익명 2개월
"발표문 아님"

🔘 댓글 추가

🔘 11325 정수민 2개월

발표문

근거 페이지 : 10
외쪽에서 위에서 8번째 줄
근거내용 요약 : 예린이는 이 일과 작
성에 맞지 않다고 했다. 그때 경진이
는 입가를 떠오르는 우월감을 최대
한 억제하며 마음속으로 비아냥 거
렸다. 경진이는 이 일이 작성에 잘 맞
다고 했다.

예린이 경진에게 자신이 이 일에 맞
지 않는다고 했을때 경진은 우월감
을 최대한 억제하며 마음속으로 비
아냥 거리면서 예린에게 자신은 이
일과 맞는것 같다고 했는데, 그때 경
진은 자신이 괜히 예린 보다 더 잘나
보이고싶고 대단해 보이고 싶은 마
음에 잘 맞는지 안맞는지도 모르면
서 예린에게 자신은 이 일에 잘 맞는
것 같다고 말한 것 같아서 정정하고
싶어하는 것 같다 . 그리고 정정 한다
면 예린이 일을 잘 못하고 적응을 잘
못한다는 말을 듣고 나는 그런말을
안듣는거보며 이 일과 잘 맞는구나

댓글그라운드 1차논제3 ⋮

...근거 김예린이 문제가 생겼을 때 그
문제의 책임이 팀장님에게 많다는
생각에 팀장님은 그 부담감으로 이
문제를 회피했을 것 같다.
또한 만약 이 일을 크게 키운다면 그
때에 있을 기업의 타격이 두려워 팀
장님께서 이 문제에를 듣고도 회피
했을 것 같다.

-팀장님을 긍정적인 측면으로 바라
봤을 때
대답 회피가 아닌 그 기업의 또 다른
일들로 인해 바쁜 와중에 그 일까지
신경을 쓸 겨를이 없어서 팀장님께
서 대답을 하지 못했을 수도 있다.

☆ 평가

🔘 댓글 추가

💬 익명 2개월

발표영상

11301 강기운

WIN_20201117_16_21_45_Pro
01:03 video

댓 ⋮

댓글그라운드의 1차 논제들이 하나씩 늘어간다.
마지막으로 발표문과 발표 영상까지 올리게 했다.

댓글그라운드 1차논제6 :

세네요 열지 않은글을 쓰려하는건 아닌가요? 자기자신에게 화가 나는 것은 거 짓으로 올린 블로그 때문 인가요?

💬 **11327 정혜원** 2개월
'나'(경진)가 쪽지를 받고도 이 문제를 해 결하려하지 않고 오히려 피하려고만 하면서 '나'가 자기 자신에게 쓸모감을 느낀 것입니다.

🅰 댓글 추가

😀 익명 2개월

발표 영상

11326 정찬영

trim.6B7F996C-637C-4759-9714-1FE4B...
03:18 video
padlet drive

☆ 평가

댓글 1개

💬 **다시다시** 2개월
우아...세상에...멋지다 멋져 찬영아 이렇게 발표를 잘 하는 사람이었다니 세상에... 이럴수가. 어마어마하구나. 목소리도 멓고 성량도 멓고 발음도 정확하고 세상에...이럴게 역량 있는 살마를 내가 그 동안 몰라보았구나. 세상에...고맙다 찰 돌았엄 ^^

댓글그라운드 1차논제7 :

하나 변하지 않았다고 생각하고, 분제가 있는 상품에 관하여 얘기하는 사람의 말을 무시하였기 때문이고, 자신만을 위하고 자신만을 우선하며 자신이 해야 할 일만 꼭 하고, 멘탈이 강하며 쓸데없는 일에 상종도 안하기 때문에 일을 잘 하는 것 같은 팀장이 프로라고 생각한다.

사회의 측면: 예린인 것 같다. 자신이 찬밥취급을 받고도 구박을 받아 가면서 까지 일을 해야 할 이유는 없다고 생각했는지 작장에서 나왔기때문이다.

☆ 평가

🅰 댓글 추가

😀 익명 2개월

WIN_20201117_16_16_38_Pro
00:42 video
padlet drive

☆ 평가

🅰 댓글 추가

댓글그라운드 1차논제8 :

취하지 않았기 때문에 '가만한 나날'이라고 글의 제목을 지은 것 같다.

🅰 **다시다시** 2개월
우아...쫄라운 통찰이네요 웅...그럼 작가는 경진를 비판하고 있는 걸까요? 작가가 말하고 싶은 것은 무엇일까요?

🅰 **다시다시** 2개월
채언, 서연, 인욱이의 의견도 듣고 싶어요 ^^

💬 **11331한채언** 2개월
"가만하다" 를 국어사전에서 찾아보면 '움직이지 않거나 아무 말도 하지 아니한 상태에 있다.'라는 뜻으로 나온다 우리 모두는 일상생활를 많은 것들을 겪으며 상처받는다. 그리고 그 과정을 겪으며 우리는 그크기에 상관없이 상처를 받는다 그리고 상처받지 않기 위해 아무것도 하지 않는 상태를 지칭한다 '가만한 나날'은 그런상태를 말하고 있는 것이 아닐까 생각한다 우리 모두가 상처받지 않기 위해 보내는 나날들 말이다

💬 **11335 권인욱** 제목의 대한 생각과,샘의 질문:경진이 기억도 못하는 과거의 팬동,들 때문에 다른사람에게 어떤피해가 가는것을 알지도못하였다가 더일을 알고 자신의 잘못을 알고도 가만히, 즉'움직이지 않거나 아무 말도 하지 아니한 상태 이럴게 평동을 하는것에 마지막 '자신은 일이 적성에 맞는다고 답했던 것를 정정하고 싶다'는 대사를 통하여 경진의 지난 가만한 팬돔들을 비판하는것 같습니다. 그리하여 글의 제목도 '가만한 나날' 이지 않을까 생각해봅니다.

💬 **11331한채언** 2개월
개인적인 생각으로는 작가가 경진 한영를 비판한다기 보다는 요즘 사회의 잘못된 도덕성,블로그(sns)의 악용 들을 비판하는 것 같습니다

😀 익명 2개월
11329 최서연 과거에 자신 때문에 별어

게 끝이다. 이게 대화입니까? 이런 게 대화 아니에요? 돌아가면서 각자 말을 하는 것. 얼굴을 마주 보며 자기 말을 하는 것. 그것은 언뜻 대화처럼 보인다. 하하호호, 중간중간 웃음이 넘치고 많은 말도 오간 것 같다. 그런데 그런 말을 하고 듣고 돌아서 나오면 마음이 허하다. 무언가 남은 것 없이 쓸쓸해진다. 다른 이유 때문이 아니다. 대화인 줄 알았으나, 그것은 대화가 아니었기 때문이다.

그것은 혼잣말이다. 여러 사람이 함께 한 혼잣말. 돌아가며 말을 했다고 해도, 서로 얼굴을 보며 말했다 해도 그것은 혼잣말이다. 혼잣말은 혼잣말이다. 혼잣말은 대화가 아니다. 우리의 혼잣말이 대화가 되려면 말하고 얼굴을 보는 것만으로는 부족하다. 더 필요한 것이 있다. 그것은 동의와 공감 그리고 질문이다.

이 중에서도 질문에 집중하고 싶었다. 대개의 경우 상대의 이야기에 대한 질문은 가장 적극적인 동의이며 가장 열정적인 공감의 표현이기 때문이다. 정확하게 질문해야 정확하게 이해할 수 있고, 정확하게 이해해야 정확하게 동의하고 정확하게 공감할 수 있다. 먼저 정확하게 묻고 정확하게 답하려 애쓴 후에야 우리는 이해하고 공감하고 상상할 자격을 얻는다. 먼저 정확하게 이해하려 애쓴 후에야 우리가 누군가를 사랑할 자격을 얻듯이.

학생들에게 요구했다. 학생 A가 댓글로 먼저 의견을 내면, 남은 B, C, D가 그에 대한 질문과 공감과 동의를 반드시 표현해야 한다. 그것이 없으면 대화로 인정할 수 없다. 그렇게 질문과 대답과 공감을 나눈 후에야 다음 사람으로 넘어간다. 대화가 익숙하여 자연스러운 모둠은 굳이 이런 형식을 따르지 않아도 되지만, 대화가 어색하거나 시작을 잘 못하겠다는 모둠이 있다면 이 형식을 꼭 지켜달라고 부탁했다. 대화의 진행은 무조건 이끔이의 책임이므로 이끔이는 먼저 모둠원들에게 질문을 해야 한다. 질문에 대한 답을 듣고 그 답에 대해 다시 질문을 꼭 해야 한다. 이것이 기본이다. 예를 들면 다음과 같다.

이끔이 : 자, 그럼 먼저 A에게 묻겠습니다. A는 프로란 어떤 사람이라고 생각하나요?

A : 음… 나는 프로는 일을 잘하는 사람이라고 생각해.

이끔이 : 일을 잘한다는 게, 어느 정도로 잘하는 걸 말하는 거예요?

A : 음… 연봉 1억 정도?

B : 그건 받는 돈이지, 그게 일을 잘하는 것을 말하는 건 아닌데?

A : 그런가? 어떤 분야에서 음… 상위 5% 정도?

교사 : 프로는 그냥 일을 잘하는 정도보다는 더 뭔가 센 거 같아요. 뭔

가 그 업종을 대표할 만한 어떤 리더십이나, 윤리적이고 과학적인 판단이나 해석이나 예측을 해줄 수 있는 그런 사람이 진짜 프로가 아닐까요?

　나의 설명을 듣고 아하 하는 표정으로 금방 댓글로 이야기를 시작하는 모둠이 있었다. 고마웠다. 하지만 여전히 이게 뭔 소리야 하는 표정의 학생들도 있었다. 나는 그런 학생들을 찾아다니며 힘이 닿는 데까지 설명했다. 설명하고 얼마간 시작하는 대화를 나누었다. 그러고 나서 스윽 자리에서 물러났다. 몇 걸음 걷다가 돌아서 슬쩍 그 모둠의 학생들이 대화를 이어가고 있는지 확인했다. 조금씩 학생들의 목소리가 커지기 시작했다. 어느새 우렁우렁, 교실에 학생들의 목소리가 가득했다. 나는 즐거웠다. 내가 분명히 교실에 있는데, 내가 교실에 있는 것에 아무도 관심을 두지 않는 시간. 내가 가장 사랑하는 시간. 나는 이 시간을 즐기며 충분히 쉬었다.
　학생들의 질문이 있으면 기꺼이 달려가 대화를 나누었다. 질문을 듣고 내 이야기를 전하고 다시 질문을 부탁했다. 더 이상 질문이 없으면 으레 이 말을 들을 수 있었다. "고맙습니다." 그 말에 나도 고마웠다. 그렇게 우리는 서로 고마워하며 다음 이야기로 몰입했다. 고마움이 다른 고마움으로 이어지는 상황. 내가 교실에서 만들고 싶은 가장 즐거운 상황이다.

그렇게 남은 질문이 없을 때까지 대화를 하고 나서, 발표문을 정리하도록 했다. 곧 다른 모둠의 질문 공격이 있을 것임을 예고했다. 다른 학생들이 자기 모둠의 발표문을 보고 이것저것 꼬치꼬치 마구마구 질문을 할 것이다. 그러므로 먼저 발표문을 논리적으로 잘 써야 한다. 논제를 밝히고, 작품 안에서 근거가 될 부분을 찾아 페이지 수를 밝힌 후 정확히 인용하고, 인용한 부분의 상황과 의미를 밝히고, 이를 바탕으로 자신들의 논리를 명확히 전해야 한다. 이것은 일종의 진지 구축이다. 다른 모둠의 질문 공격을 미리 예상하고 대비하여 최대한 치밀한 발표문을 써주기를 바랐다.

드디어 4차시의 하이라이트, 댓글 공격 시간이 되었다. 주어진 시간은 10분. 싸움 시간이며 토론 시간이다. 지금까지 학생들은 자기 모둠의 논제에 대해서만 댓글을 쓰고 토론을 하고 발표문을 정리했다. 그러나 지금부터는 다른 모둠의 발표문에 댓글을 쓸 수 있다. 상대방 모둠의 논제를 읽고 발표문을 파헤쳐 논리적 오류와 부족한 근거에 대한 해명을 요구할 수 있다. 최대한 상대방이 답할 수 없는 치밀하고 날카로운 질문을 부탁했다.

이때 다시 교사가 나서야 했다. 학생들이 모둠 대화에 몰입

다시다시 2개월
하원이 선우 수민이의 의견도 듣고 싶다
ᄼᄼ

익명 2개월
11319 송하원 예린이 저는 이일이 적성에 맞지 않은거 같아요. 이일이 좋아지지가 않아요. 이말에서 경진은 예린에게 우월감을 느꼈다. 이 우월감으로 경진은 이 일에 적성이 맞는거 같다고 얘기했다. 경진은 이말을 정정하는 회사를 다니면서 여러 안좋은말을 들었지만 나는 그런말을 듣지 않았으니깐 자신이 이말을 잘한다고 또는 잘 맞다고 생각해서 잘맞다고 얘기해버렸다. 사실 나도 내가 이일을 잘 맞다고 생각하는지 잘 모르겠다. 이렇게 정정해서 말하면 좋을거 같다.

익명 2개월
11325 정수민 예린이가 자신이 이일에 맞지않다고 말했을때 경진은 우월감을 느껴서 경진이는 정정하고 싶어했을것 같다. 왜냐하면 예린이는 좋지않은 말을 들었고 경진이는 그런게 없었기때문에 경진이가 자신이 프로라고 생각했기때문이다.

김도희 2개월
11302 강선우예린은 이 일이 자신에게 맞지 않아요, 이일이 점점 싫어져요 라고 말 했을때 경진은 자신은 이 일과 맞는다고 말을 하였던 것을 정정하고 싶어했을것이다. 왜냐하면 그 때 당시 경진은 자신이 이 일에서 프로라고 생각을 하였기 때문이다.

강선우 2개월
11302 강선우예린은 이 일이 자신에게 맞지 않아요, 이일이 점점 싫어져요 라고 말 했을때 경진은 자신은 이 일과 맞는다고 말을 하였던 것을 정정하고 싶어했을것이다. 왜냐하면 그 때 당시 경진은 자신이 이 일에서 프로라고 생각을 하였기 때문이다.

11318 소재현 2개월 ⋮
11318 소재현 아마도 그때 당시에 그 사실을 외면하고 싶어서 더 많은 대화를 하지 않았다고 생각한다. 솔직히 사업을 하다 보면 외부에서 알려지고 싶지 않은 사실들이 있다. 영화 '삼진그룹 영어토익반'을 보며 주인공이 공장에 폐수가 나온다는 사실을 알았을 때, 밝혀내려고 했지만 회사에 의해 그 사실이 은폐된 것처럼 만약 그 사실이 외부에게 알려진다면 회사에 대한 이미지나 신뢰도가 떨어진다고 생각하여 더 많은 대화를 하지 않았던 것 같다.

다시다시 2개월
우아..멋진 통찰. 재현아 고맙다 ᄼᄼ 그런데 음...소설의 어느 부분을 통해서 이런 결론을 내린 것인지 궁금하다 ᄼᄼ

다시다시 2개월
기운이 성준이의 의견도 궁금하다 ᄼᄼ

11324 장성준 2개월
11324 장성준 자신의 광고 업체에서 현재 논란이 되고 있는 뽀송를 광고했다는 것이 밝혀지게 된다면 회사에 큰 타격이 올지도 모르는 것이기 때문에 뽀송이 광고에 대해 모른척하고, 그것에 대한 많은 얘기를 하고 싶지 않았던 것 같다.

익명 2개월
11301 강기은 당시 뽀송이와 관련된 안 좋은 뉴스가 떠돌고있었다. 만약 뽀송이를 광고했다는 사실이 밝혀진다면 회사는 큰 타격을 얻을것이기때문에 팀장이 대화를 나누며 모르는척 하고 싶을것이다 .

익명 2개월
짝짝짝 호우호우호우호호우와

댓글 추가

11314 백지선 2개월
평생을 의료 기기에 의지해 살아가하는 뽀송이 피해자들과, 그 곁을 지야 하는 남은 가족들 모두에게 합당보상이라는 것은 있을 수 없다. 뽀송를 만들고 판매한 기업 뿐만 아니라 가를 해 준 연구소에게도 잘못이 있보며, 특히 기업이 피해자들과 그 가들의 남은 삶 동안의 생계 유지를 위경제적 지원을 해주어야 할 뿐만 아니사과하는 마음도 계속 가져야 한다각한다.

익명 2개월
11309 김태건 뽀송이로 인해 평생 지내지 못하게된 피해자들을 다시주지 못하는한 완벽한 보상이라는 없다. 그러므로 연구소와 기업사과를하고 피해자들이 병원에있을계속해서 경제적으로 지원해줘야으로 살아가는 교육들을 모두 지켜주어야한다.

다시다시 2개월
우아 지선아 태건아 고맙다. 멋진 통멋진 결론이다. 민재와 승영이의 의궁금하다 ᄼᄼ

다시다시 2개월
지금까지 나온 보상이란 기업과 연에 대한 처벌+ 유가족에 대한 경제적상/ 사과. 여기까지. 질문은 두 가지것을 구체적으로 어떻게 해야 할까?벌은 어느 정도? 보상은 어느 정도?과는 어느 정도 어떤 방식으로 어떻이것만 하면 보상이 다 될까? 또 다상은 없을까? 유가족들이 원하는 것이것이 다 일까? 궁금해 ᄼᄼ

11322 이승영 2개월
연구소는 피해자들에게 의료적 지원더 나아질 수 있는 방법을 찾고 연구가 이 제품을 정상적인 방법으로 넘지않았을거기에 이 제품을 검사한 사람냥 넘긴 사람들을 찾아 그 사람들에중징계를 내린다 그리고 연구소 총자연결도 짓결은 내린다

모둠별 댓글 대화.
공감과 질문들이 넘쳐나는 즐거운 순간이다.

하는 동안 충분히 쉬면서 고마움과 에너지를 충전한 나는 학생들의 발표문과 댓글의 질문들을 읽고 댓글을 쓰며 학생들의 논쟁이 내가 바라는 질문을 향하도록 애썼다. 나의 역량을 넘어서는 관찰과 통찰과 위트가 넘치는 질문들에는 그저 감탄과 격려와 감사를 전하는 것만으로 충분했다. 나는 다만 질문이 없어서 방황하거나, 사소한 논쟁에 감정적인 반응만 남거나, 사실이 아닌 것에 주목하여 비약해버리는 질문들을 찾아 그것을 바로잡으려고 애썼다. 훈계나 비판은 비효율적이었다. 이 수업은 독서 수업이고 토론 수업이며 무엇보다 온라인 수업이었다. 학생들의 자발성에 전적으로 의지하는 수업이었다. 학생들의 열의를 꺾지 않으면서, 학생들의 자존감을 해치지 않으면서, 학생들이 자신의 결론을 다시 돌아보게 할 방법이 필요했다.

나에게 그것은 질문, 오직 질문밖에 없었다. 학생들의 오류에 나는 최대한 친절함을 유지하며 되도록 날카롭게 질문하려고 애썼다. 학생들이 그 질문에 답하는 사이 스스로 자신의 오류를 발견하기를 바랐다. 결국 최후에는 내가 직접 학생들의 오류를 밝히는 강의를 하더라도 최대한 그렇게 하려고 애썼다. 나도 늘 그랬기 때문이다. 남이 찾아주는 결론보다 내가 찾아낸 질문이 더 깊고 더 강력하며 더 오래 남았다.

당신은 프로인가

5차시. 온라인 기간이다. 학생들은 집에서 온라인 클래스에 접속하여 패들렛으로 건너온다. 학생들이 쓰는 글을 바로 볼 수 있기 때문에 실시간 수업도 가능하다. 학생들이 들어온 패들렛 창에는 8개의 논제가 적혀 있다. 학생들은 안내문에 따라 그중 한 개의 주제를 선택하여 해당 칼럼 아래에 더하기 버튼을 클릭하고 자신의 이야기를 쓴다. 자신의 모둠에서 열심히 논의했던 내용을 써도 되고, 다른 모둠이 먼저 선택해서 논의하지 못했던, 그러나 자신이 내내 고민하여 생각이 머물렀던 주제를 써도 된다. 다른 학생의 글을 참고해도 되고, 질문을 해도 되고, 다른 자료를 찾아봐도 된다. 온라인 수업이다. 무엇이든 할 수 있다. 학생의 마음에 불꽃이 하나 시작되기만 한다면 구할 수 있는 자료는 온라인에 넘치고 넘친다. 그 불씨 하나, 그 하나를 기대하며 패들렛 수업을 준비했다. 부디 애써주기를.

학생들의 글이 시작되었다. 여기저기에서 낱말들이 하나씩 둘씩, 화면에 떠오른다. 학생들이 그렇게 애쓰는 가운데, 내가 학생들이 함께 고민해보기를 바랐던 질문은 이것이었다.

"당신은 프로인가?"

이것을 묻고 싶었다. 당신은 프로인가? 이에 답하기 위해서는 먼저 물어야 한다. 프로란 무엇인가? 프로는 누구인가? 수업을 진행하며 이 질문이 나오기를 간절히 바랐다. 학생들 중 누군가가 이 질문을 꼭 해주기를 바랐다. 정 없으면 내가 슬쩍 질문에 넣을 생각으로 기다렸다. 고맙게도 네 반 중 세 반에서 이 질문이 자연스럽게 나왔다. 단 한 반에서만 이 질문이 없었다. 그러나 문제가 되지는 않았다. 결국 내가 바라는 질문을 논제에 실었으니까. 나는 한 학생과 댓글로 대화를 나누며 슬쩍 이 질문을 흘렸고, 그 학생은 정말 궁금하다며 이 질문을 과제로 제출하는 것에 동의해주었다. 나는 이 학생에게 칭찬과 고마움을 전하며 다른 학생들에게 이 학생의 이름으로 당당히 모둠 토론 논제로 공개했다. 이 논제를 선택한 학생들의 토론이 이어졌다. 진지하고 치열했다. 그러나 논의가 일정 수준 이상으로 뻗어 나가지 못했다. 자연스러운 일이었다. 개념에 대한 정의가 없었기 때문이다. 이 소설의 어디에도 '프로'의 개념을 명확히 말하는 부분이 없다. 개념은 어두운 토론의 세계를 비추는 등대다. 교사가 필요한 순간이었다.

이 소설에서 인물들은 프로가 되고 싶어 한다. 프로는 '프로페셔널(professional)'에서 온 말로, 어떤 일을 전문적으로 하는 사람을 뜻한다. 주인공 경진을 통해 우리는 프로의 두 가지 속성을 추론할 수 있다. 첫째, 우리가 동경하는 프로도 결국 '프로-레타리아트(pro-letariat): 자본주의 사회에서 자신의 숙련된 노동력을 자본가에게 팔아 생활하는 노동자'라는 것이다. 둘째, 프로페셔널은 프로페스(profess)에서 온 말로, 이는 앞에서(pro-)와 말하다(-fess)를 뜻하는데, 이를 통해 우리는 프로가 공동체에 의견을 제시하는 사람으로서 책임과 윤리의식이 필요한 사람이라는 것을 알 수 있다.

너 자신을 프로라고 생각하는 거야.
공과 사를 더 구분하려고 하는 편이야.
나는 더 잘 해내고 싶었다. 왜냐하면 나는 스스로 프로라고 여겼으니까.

경진은 블로그 광고 회사에 입사했다. 생애 첫 입사였다. 거짓으로 블로그를 개설하고 매력적인 인물과 정보로 신뢰를 얻어 광고를 싣는 일이었다. 기업의 홍보보다 개인의 후기를 더 믿는 시대에 태어난 광고였다. 경진은 자신을 프로라고 여기며 이 일에 몰두했다. 자신에게 주어진 일을 더 효율적으로, 더 완벽하게, 더 효과적으로 해내고 싶었다. 그것이 프로이기 때문이었다.

이래도 되는 건가? 그러나 곧 그 감각도 사라졌다.

쓸모 있는 존재라는 느낌. 고백하자면, 나는 적성에 맞는 일을 찾았다고 생각했다.

나는 스스로를 기계라고, 다이얼을 돌리면 다른 채널로 바뀌는 머신이라고 중얼거렸다.

이 일은 고된 일이었다. 일에 익숙해지면서 경진은 한 번에 수십 개의 블로그를 연출해야 했다. 그것은 수십 명의 인생을 연출하는 일이기도 했다. 수십 명의 인물에게 각자 다른 일상과 각자 다른 고민을 부여하고 각자 다른 정보를 업로드했다. 사람들에게 신뢰를 얻어야 했기 때문이었다. 고된 일이었다. 그러나 한편 뿌듯한 일이었다. 경진은 이 회사에서 쓸모 있는 존재가 되어가고 있었으니까. 심지어 경진은 기계에 견줄 만큼 능숙해졌다. 그러다 어느 날부터 경진은 기계처럼 일하게 되었다. 아니, 기계처럼 일해야 했다. 그래야 이 많은 블로그를 유지할 수 있었다. 이 많은 광고를, 인정을, 쓸모를, 이익을 유지할 수 있었다. 그렇게 경진은 이 업계에서 숙련된 노동자가 되었다. 프로가 멀지 않았다.

그러나 경진에게 그보다 더 고된 것이 있었다. 이래도 되는 건가? 경진은 자신이 하고 있는 일에 대한 의심이 들었다. 잘하고, 능숙하고, 심지어 기계처럼 일할 수 있는 경지에까지 도달했다. 프로라 할 만한 경지였다. 그러나 여기까지 오는 동안 문득 의심도 들었다. 어찌 되었든 이 일은 사람들을 속이는 일이었다. 사람들은 경진이 만든 사람과 매력과 정보와 후기가 모두 현실이라고 믿었다. 하지만 아니었다. 사실 같은 거짓이었다. 아주 근사하고 정확한 사실 같지만, 그것은 모두 아주 근사하고 정확한 거짓이었다. 이것이 경진을 망설이게 했다. 프로에 거의 다가간 듯한데, 누구에게도 당당하게 자신이 프로라고 말하기가 어려웠다.

하지만 그곳에서 있었던 일들은 입에 올리지 않게 되었다.
나는 어디에서도 《채털리 부인의 연인》을 좋아한다고 하지 않는다.
나는 그런 사람이 되었다.

경진은 결국 자신이 프로였다고 말하지 않게 되었다. 프로가 아닌 것만이 아니라, 자신이 그런 일을 했다는 것조차 말하지 않게 되었다. 심지어 자신이 가장 사랑했던 작품을 사랑하지 않게 되어버렸다. 자신이 만든 블로그가 가습기 살균제 사건이라는 사회적 참사와 이어졌음을 알게 된 후의 일이다.

우리는 모두 프로가 될 수 있다. 어떤 분야, 어떤 종류의 노동에 대해서 우리는 최선을 다해 열심히 노력하면 숙련된 노동자가 될 수 있다. 그러나 그것만으로 우리가 프로에 부여하는 권위를 모두 얻는 것은 아니다. 그들에게 더 필요한 한 가지가 있다. 그것은 윤리다. 프로는 숙련된 노동자로서 얻은 신뢰를 바탕으로 자신의 의견을 말할 수 있어야 한다. 공동체에게, 공동체를 위하여, 공동체가 나아가야 할 방향과 해야 할 일을 제시할 수 있어야 한다. 그럴 수 없다면, 그들은 아직 프로는 아니다. 그저 숙련된 노동자일 뿐이다. 노동을 숙련하는 일의 고됨을 폄하하려는 것이 아니다. 숙련된 노동자의 귀함과 필요를 모두 인정한다. 다만, 숙련된 노동자가 모두 프로의 권위를 받는 것은 아니라는 것이다. 그리고 이 작품을 통해 우리는 경고를 하나 더 얻을 수 있다. 윤리라는 방향을 갖지 않는다면 그 어떤 노동도, 그 어떤 숙련도 프로에 이를 수 없다.

'재미'와 '의미'와
'평가'의 선순환

학생들과 나눈 이 이야기들을 수업 속 이야기만으로 남겨놓고 싶지 않았다. 학생들과 나눈 이 이야기들을 평가로 이어지게 하고 싶었다. 수업에 적극 참여하여 함께 깊이 고민을 나눈 학생들이 평가에서도 높은 성취를 인정받도록 하고 싶었다.

고백하자면 나 역시 프로가 되고 싶었다. 학생들과 나눈 대화가, 학생들과 나눈 수업이 자연스럽게 평가로 이어져 학생들이 더욱 배움에 몰입하게 만들고 싶었다. 기계처럼 정확하게 학생들의 재미와 의미를 평가로 이어지게 할 만한 숙련은 아직 내게는 한참 멀었지만, 그래도 학생들의 재미와 의미를 평가로 이어지게 하는 작업을 내내 시도하고 싶었다. 그런 마음으로 만든 평가는 다음과 같다.

수행평가 안내
- 독서토론논술 수행평가 1차(5점): 논술 주제 여덟 개 중 두 개를 선정하여 각각 600자 이상의 논술 쓰기
- 독서토론논술 수행평가 2차(10점): 논술 주제 두 개 중 한 개를 선정

수행평가는 3차시로 진행했다. 1차시에는 먼저 패들렛을 다시 돌아보며 모둠별로 발표를 했다. 학생들에게는 이 수업이 평가 전 마지막 시간이므로 더 집중해서 참여해주기를 바랐다. 발표가 끝난 후에는 서로 질문하게 했다. 그리고 2차시에 진행할 수행평가를 예고했다.

2차시에는 수행평가 1차를 진행한다. 모둠별로 한 개씩 맡아 나누었던 모둠 토론 여덟 개 중에서 가장 하고 싶은 말이 많은 논제 두 개를 골라 각각 600자 이상의 글을 쓰는 것이다. 써야 할 글의 내용은 정해져 있었다. ① 논제 쓰기, ② 근거 쓰기, ③ 근거 해설, ④ 예상 반론, ⑤ 최종 논리.

3차시에는 수행평가 2차를 진행한다. 2차시에 썼던 글 중에서 더 할 말이 많은 논제를 한 개 선택하여 1200자 이상의 논술문을 완성하는 것이다. 써야 할 글의 내용은 정해져 있었다. 이미 2차시에 연습한 주제여서 학생들에게 낯설지 않았다. 다만 1200자의 분량이 문제였다. 더 치밀하고, 더 정확하고, 더 튼튼한 설명과 해석과 논리가 필요했다. 정확히, 나와 동료 선생님들이 원하는 것이었다.

지필평가에도 출제했다. 학생들과 함께한 독서-토론-논

술 모둠 수업에 대한 약속이었다. 더불어 나의 속상하고 간절한 마음이기도 했다. 아주 많은 학생과 아주 많은 학부모님, 더구나 아주 많은 선생님까지도 우리의 수업이 지필평가에 반영되지 않으면 그것을 좋은 수업으로 인정하지 않았다. 수행평가로 충분히 활동을 진행해도, 그것을 높은 수준의 수업이라고 인정하지 않았다. 그동안 여러 결과물로 설득해보려 했지만 그들의 평가는 분명했다. 지필평가에 반영되지 않는 수업은 좋은 수업이 아니다. 한때 속상하고 더러 분했지만, 상황을 받아들여야 했다. 그렇다면 우리의 수업을 지필평가에 반영하는 수밖에 없었다. 선택형과 논술형의 지필평가를 기획했다(참고자료).

온·오프라인을 넘나들며 독서–토론–논술 모둠 수업에 학생들이 얼마나 참여할지는 학생들 개인의 선택일 것이다. 나날이 학생의 자율성과 자존감을 강조하는 교육 정책이 실현되면서 수업에 참여하지 않는 학생들에게 교사가 개입할 수 있는 여지는 더욱 작아지고 있다. 이것이 아쉬울 수 있지만, 한편 반가운 것은 수업에 적극적으로 참여한 학생들에게 교사가 도움을 줄 수 있는 여지는 더 많아지고 있다는 것이다. 할 수 없는 것은 할 수 없는 것으로 인정하고, 할 수 있는 것에 더 집중하고 싶었다.

나는 학생들의 참여를 설득하고 응원했다. 진심으로 수업에 참여할지 결정하는 것은 오직 학생들 자신이라는 것을 인정했다. 나는 학생들의 결정을 인정하고 싶었고, 그 결정에 따라 온라인이든 오프라인이든 수업에 적극적으로 참여한 학생들에게 높은 평가를 받을 가능성을 높이고 싶었다. 때로 실패하겠지만, 멈추고 싶지 않았다. 학생들이 모두 진심으로 배우는 그 수업을 향해 오늘, 단 한 발자국이라도 나아가고 싶었다. 교육의 질이 교사의 질을 넘어설 수 없다면, 배움에 대한 교사의 꿈이 결국은 우리의 교실을 배움의 터로 회복하게 하리라고 나는 믿는다.

<보기>

이 소설에서 인물들은 프로가 되고 싶어 한다. 프로는 '프로페셔널
(professional)'에서 온 말로, 어떤 일을 전문적으로 하는 사람을 뜻한
다. 경진을 통해 우리는 프로의 두 가지 속성을 알 수 있다. 첫째, 우리가
동경하는 ⓐ **프로도 결국 '프로-레타리아트(pro-letariat): 자본주의 사
회에서 자신의 숙련된 노동력을 자본가에게 팔아 생활하는 노동자'라는
것이다.** 둘째, 프로페셔널은 프로페스(profess)에서 온 말로, 이는 앞에
서(pro-)와 말하다(-fess)를 뜻하는데, 이를 통해 우리는 ⓑ **프로가 공동
체에 의견을 제시하는 사람으로서 책임과 윤리의식이 필요한 사람이라
는 것을 알 수 있다.**

1. 〈보기〉를 바탕으로 ㉠ ~ ㉤에 대해 설명한 것으로 적절하지 않
   은 것은?(3.7점)

① ㉠**공과 사를 더 구분하려고 하는 편이야:** 나는 회사의 일에 집중
   하고 긴장하며 일을 완수하는 것과 사적인 자리에서 여유 있고
   자유롭게 행동하는 것을 구별하는 것이 프로라고 생각한다.

② ⓛ나는 스스로 프로라고 여겼으니까: 나는 회사가 나에게 요구하는 업무와 관계없이 자신의 취향에 따라 자신의 스타일로 일을 완수하는 것이 프로라고 생각한다.

③ ⓒ이래도 되는 건가?: 나는 최선을 다하겠다는 자신의 열정이 공동체의 윤리를 어기는 잘못된 방향으로 가고 있다는 것을 어렴풋이 느끼고 있었다.

④ ⓔ쓸모 있는 존재라는 느낌: 나는 공동체에 대한 책임과 윤리의식을 갖춘 진정한 프로가 되고 싶어 한 것이 아니라 자신의 능력과 가치를 인정받고 싶은 열망에 더 충실했다.

⑤ ⓜ나는 스스로를 기계라고, 다이얼을 한 칸 돌리면 다른 채널로 바뀌는 머신이라고 중얼거렸다: 회사의 일을 최선을 다하여 완수하는 것에 몰입할수록 나는 자신을 점점 사람이 아닌 기계로 여기게 되었다.

서답형 1. 위 글에서 Ⓐ에 가장 적절한 인물을 선정하여 다음의 조건에 따라 논술하시오.

1-1. 위 글의 등장인물 중에서 Ⓐ에 가장 어울리는 인물 한 명을 선택하여 쓰시오.(1.0)

1-2. 근거가 되는 문장을 위 글에서 찾아 정확하게 옮겨 쓰고(1.0), 문장의 의미를 해설하시오(1.0).

1-3. Ⓐ에 가장 가까운 인물로 자신이 선택한 인물이 가장 적절하다는 주장을 논리적으로 증명하시오.(2.0)

서답형 2. 위 글에서 ⑧에 가장 적절한 인물을 선정하여 다음의 조건에 따라 논술하시오.

2-1. 위 글의 등장인물 중에서 ⑧에 가장 어울리는 인물 한 명을 선택하여 쓰시오.(1.0)

2-2. 근거가 되는 문장을 위 글에서 찾아 정확하게 옮겨 쓰고(1.0), 문장의 의미를 해설하시오.(1.0).

2-3. ⑧에 가장 가까운 인물로 자신이 선택한 인물이 가장 적절하다는 주장을 논리적으로 증명하시오.(2.0)

김애연
백운고등학교

"당신은
나를

더 좋은 사람이
되게 해요"[5]

마음이 따뜻해지는,
자기 슬픔을 담은
시 쓰기 수업

"나쁜 일은 바꿔라, 더 나은 것으로"

누구에게나 슬픔이 있다. 하지만 자신의 슬픔을 다른 이에게 말한다는 것은 쉬운 일이 아니다. 내 슬픔이 약함이나 결함으로 비칠까 두렵기 때문이다. '사는 일은 고단하고, 작은 일에도 쉬이 마음이 꺾이며 자주 숨고 싶은 마음'[6]이 들지만, 슬픔을 들키지 않으려고, 의연한 어른처럼 보이려고 애쓰며 우리는 살아가고 있다.

　아이들도 마찬가지다. 멀리선 모두 잘 지내고 괜찮은 것처럼 보여도 조금만 가까이 들여다보면 저마다 슬픔이 있다. 아이들이 쓴 글에서 종종 그것을 본다. 아이들은 특히 시를 통해 자신의 슬픔을 발견하고, 그것을 글로 곧잘 써낸다. 자신의 슬픔과 닮은 글을 보면서, 가슴속에 꾹꾹 눌러두었던 아픔을 글로 쓰면서, 외로움과 고통이 덜해졌다고 말한다. 그 슬픔이 조금 더 견딜 만한 것이 됐다고 한다. 그래서 나는 늘 아이들과 시집 읽는 시간이 좋았다. 올해엔 어떤 아이들을 만나게 될까, 어떤 시집을 함께 읽을까. 학교 도서관에 들러 여러 책을 둘러보고, 새로 들이면 좋을 시집을 신청했다. 책이 도착하길 기다리고, 아이들이 학교에 오길 기다렸다. 하지만 휴업에 이어 온라인 수업이 계속되었다.

아이들도 힘든 시간을 보내고 있었다. 종일 모니터를 보며 혼자 공부했다. 학급 친구들의 이름도 잘 몰랐다. 입학식도 못한 채 집에서 혼자 교복을 몇 번이나 입어봤다고 했다. 몇 달째 편의점에서 끼니를 때우는 아이도 있었다. 지난해에 가르쳤던 제자에게, 작년이 너무 그리워서 눈물이 난다는 문자를 받았다. 그해 종업식 때 아이들과 함께 봤던 영상을 다시 보았다. 체육대회, 학급 여행, 축제와 합창대회. 사진 속 아이들의 생기와 미소가 눈부셨다.

그래, 우리는 화면 속 음 소거된 작은 네모로 존재하는 게 아니라, 이렇게 저마다 자신만의 이야기와 반짝이는 순간을 지닌 존재였지. 텅 빈 교실에 앉아 대답 없는 화면을 마주할 때면, 어떻게 하면 우리가 실재와 연결돼 있음을 느낄 수 있을까 고민이 깊어졌다. 나쁜 소식이 이어지고 마음에 그늘이 드리우기 쉬운 시기. 교실을 가득 채운 시집에 파묻혀 시를 읽는 경험을 누리진 못하더라도, 시를 통해 자신과 타인을 만날 수 있다면 온라인에서나마 서로를 느낄 수 있지 않을까. 보르헤스가 말했듯이.

> 한 번 읽은 뒤 절대 잊어버리지 않는 말이 있다. 보르헤스의 말이다. "우리 인생에는 약간의 좋은 일과 많은 나쁜 일이 생긴다. 좋은 일은 그냥 그 자체로 놔둬라. 그리고 나쁜 일은…" 여기서 잠깐 멈추고 스스로에게 질문을 던져보라. 대체 나쁜 일은 어떻게 해야 할까? "나쁜 일은 바꿔라. 더 나은 것으로. 이를테면 시 같은 것으로."
>
> – 정혜윤,《아무튼, 메모》[7]

그래서 이 감염병 시대에 아이들과 함께 시를 읽고, 슬픔의 가치를 토의하고, 자신이 경험한 슬픔을 글로 쓰고, 이를 바탕으로 시를 썼다. 친구들이 만든 시화를 보고 답글을 달면서 시에 담긴 마음을 가늠했다. 시 수업이 마무리될 즈음이면 슬픔이 나의 결함이 아니라, 우리의 일부가 돼 있길 바랐다.

단계	개요	차시	활동 내용	기타
1	슬픔에 관한 시 읽기 1 <슬픔이 기쁨에게>	1-2	• 토의 - 슬픈 경험, 슬픔의 가치 토의 - 시 해석하기	활동지 오픈채팅 줌
2	슬픔에 관한 시 읽기 2 <남신의주 유동 박시봉 방>	3-4	• 토의 - 경험 글(산문)과 시 비교하기 - 시 해석하기	활동지 오픈채팅 줌
3	경험 글 쓰기	5-6	• 쓰기 방법 안내 • 예시 글 읽기 • 자신의 슬픈 경험 글로 쓰기	줌 네이버폼
4	내가 고른 좋은 시 토의	7	• 토의 - 그 시가 좋은 이유 - 그 시를 시적이게 하는 부분 - 좋은 시란, 좋은 시를 쓰려면	활동지 줌 오픈채팅
5	시 쓰기	8	• 시 쓰는 법 안내 • 패들렛에 시 쓰기	활동지 줌 패들렛
6	시화 만들기	9	• 관련 사이트와 앱 소개 • 패들렛에 시화 올리기	망고 보드 미리 캔버스 패들렛
7	시 나눔	10	• 시화 감상 후 댓글 달기	패들렛

온라인에서 아이들과 함께한 시 수업을 소개한다.[8]

슬픈 경험과
슬픔의 가치 나누기

먼저 교과서에 실린 정호승의 시 〈슬픔이 기쁨에게〉를 함께 읽었다. 그리고 슬픈 경험과 슬픔의 가치에 대해 토의했다. 교실 수업을 할 수 없어서 온라인에서 모둠 토의를 해야 했다. 카카오톡의 오픈채팅[9]은 좋은 대안이 되었다. 실시간으로 모둠별 토의 상황을 한눈에 볼 수 있기 때문이다. 또한 카카오톡은 누구에게나 익숙한 도구라 피로도가 낮다. 그리고 학생들의 연락처를 몰라도 채팅방을 만들 수 있다. 채팅방 주소만 상대에게 알려주면 된다(채팅방에 들어온 학생들끼리도 연락처는 공유되지 않는다. 수업 시간에 맞춰 입장하고 퇴장하면 된다). 가장 큰 장점은 답장 기능이다. 상대의 말풍선을 누르면 답장을 쓸 수 있는데, 실시간으로 감탄, 질문, 유머를 주고받다 보면 채팅창을 보며 미소 짓고 있는 자신을 발견하게 된다.

오픈채팅을 활용한 모둠 토의 방법은 다음과 같다. 먼저 오픈채팅방을 네 개 만든다. 교사 모니터에서 채팅창을 모두 띄워놓았을 때 한눈에 보기 가장 적절하기 때문이다. 모둠원과 모둠장도 미리 정해둔다. 실시간 수업 시 온라인 학습방이나 줌 채팅창에 모둠과 해당 링크를 안내한다. 모둠원들이 채팅방에 입장하면 모둠장이 질문 순서에 따라 토의를 시작한다. 이때 토의할 질문들을 채팅방 공지에 올려두면 편리하다. 토의가 시작되면 교사는 채팅창을 두루 살피면서 학생들의 멋진 발언을 칭찬해주거나, 토의가 잘 안 되는 모둠에게 도움말을 준다.

토의 전에 학생들에게 다음 사항을 당부해두면 토의가 원활해진다. 모둠장은 '그렇게 생각한 이유는 뭐야?', '○○의 생각은 어때?'와 같이 대화를 이끌 것, 모둠원들은 카톡 답장 기능을 활용해 말하는 사람에게 호응과 질문을 할 것, 자신의 생각에 구체적인 근거를 들어 말할 것, 문장을 계속 이어 쓰기보다 줄 바꿈을 할 것.

처음 온라인 토의를 한 날, 아이들은 어색해하면서도 반가워했다. 아직 서로 낯선 시기였던 터라 채팅이 잘 이뤄질까 걱정했는데 결과는 만족스러웠다. 교실 수업에서 이뤄지는 토의와는 다른 활력과 밀도가 있었다. 그 후로 학생들은 오픈 채팅 토의를 기다리고 즐거워했다. 친구들과 대화에 몰입하며 지적 자극과 사고의 확장을 경험하기 때문이다. 아이들이 나눈 토의 질문은 다음과 같다.

1. 최근 자신이 겪었거나, 보고 들은 세상일 중 슬픔을 느낀 경험을 한

사람씩 이야기해보자.

1) 자신이 슬픈 일을 겪었을 때 힘이 돼준 게 있다면 무엇인지 이야기해보자.

2) 자신이 경험한 일이 아닌데도 보고 들은 세상일에 우리가 슬픔을 느끼는 이유는 무엇일까?

2. 슬픔은 피하고 참아야 하는 부정적 감정일까? 슬픔에도 가치가 있다면 무엇일까?

학교에 가고 싶었는데 개학이 연기돼 슬펐다는 반응부터 코로나19로 인한 사회적 고통, 이천 화재 사건 등 최근 사회문제까지 다양한 이야기가 오갔다. 대부분 슬픔이 가치 있는 감정이라는 데 공감했다. 열일곱 살 아이들에게서 사려 깊고 따뜻한 말들이 나왔다.

처음 오픈채팅으로 모둠 토의를 나눈 소감을 아이들은 다음과 같이 적었다.

- 코로나 때문에 요즘 친구들도 못 만나고 세상과 단절된 기분이었는데 오랜만에 모둠 활동을 해서 좋았습니다.
- 줌으로 수업을 해도 혼자 공부한다는 느낌은 항상 남아 있었는데 친구들과 같이하니까 오랜만에 같이 공부하는 느낌이었어요.

영윤

슬픔이 있어서 다른 사람에게 공감하고 도울 마음을 가질 수 있다고 생각하기 때문이야.

따뜻한 사회랄까?

우진

나는 슬픔은 반드시 필요한 감정이라 생각해. 물론 대부분의 부정적인 상황에서 슬픔이 찾아오는 것은 맞지만 그렇다고 슬픔까지 부정적이며 피해야 한다고 생각하지는 않아. 오히려 그 부정적인 상황을 극복하게 만들어주는 것이 슬픔이라고 생각해.

진영

나는 슬픔은 누군가를 위한 공감의 표시이자, 나의 감정을 드러내는 수단 중 하나라고 생각해. 그래서 그 가치는 우리의 삶에 꼭 필요한 행복한 감정과 견줄 수 있다 생각해!

서정

아니 나는 오히려 슬픔을 어떤 일에 대한 애도의 방식 중 하나라고 생각해. 슬픔이 슬픔을 겪어 이겨낸 만큼 성장하게 하는 것이 슬픔의 가치인 것 같아.

현정

나는 성장을 위해 꼭 겪어야 한다고 생각해! 영화 <인사이드 아웃>에서도 슬픔이라는 감정을 배제했을 때, 그 감정으로부터 얻고 배웠던 모든 것이 없어졌어. 그래서 슬픔은 고난 뒤의 성장이라는 가치를 가진다고 생각해.

- 시는 함축적이고 말하고자 하는 바를 시에 그대로 드러내지 않아서 해석하기 어려운데 친구들의 다양한 관점이 시를 이해하는 데 도움이 되었어요.
- 채팅 토의가 굉장히 참신하고 재밌었어요. 글을 쓰면서 생각을 정리할 수 있었어요.

온라인 수업에 적응하느라 몸과 마음이 지쳐가고 있었는데 아이들이 남긴 한마디 한마디에 힘이 났다. 아이들의 긍정적인 반응은 이후 온라인 수업에서 토의를 이어갈 수 있는 발판이 됐다. 아이들과 시를 읽고 토의를 하다 보니 어쩌면 시가 소설보다도 더 대화가 필요한 갈래일지 모른다는 생각이 들었다. 시인이 꾹꾹 눌러놓은 시어를 함께 펼쳐보며 시를 더 잘 이해하고 감동할 수 있었기 때문이다.

백석의 시 〈남신의주 유동 박시봉 방〉도 그랬다. 시적 상황, 태도, 작가가 하려는 말 등을 토의하게 했는데, 아이들은 있는 그대로 시를 읽고 친구들과 대화를 나누면서 '자신들의 언어'로 시를 이해했다. 어려운 단어가 많아 이해하기 힘들지 않을까 걱정했는데, 아이들이 나눈 대화를 보고 놀랐다.

남신의주 유동 박시봉 방

백석

어느 사이에 나는 아내도 없고, 또,

아내와 같이 살던 집도 없어지고,

그리고 살뜰한 부모며 동생들과도 멀리 떨어져서,

그 어느 바람 세인 쓸쓸한 거리 끝에 헤매이었다.

바로 날도 저물어서,

바람은 더욱 세게 불고, 추위는 점점 더해 오는데,

나는 어느 목수네 집 헌 샅을 깐,

한방에 들어서 쥔을 붙이었다.

이리하여 나는 이 습내 나는 춥고, 누긋한 방에서,

낮이나 밤이나 나는 나 혼자도 너무 많은 것같이 생각하며,

질옹배기에 북덕불이라도 담겨 오면,

이것을 안고 손을 쬐며 재 위에 뜻 없

이레

뭔가 여태 느끼던 슬픔을 이길 이유나 힘(?) 같은 게 생긴 거 같아. '그러나 잠시 뒤 고개를 들어' 여기에.

금희

후회에서 의지를 갖고 슬픔을 이겨 나가려는 태도로 변했는데, 나는 이게 화자의 생각에 영향을 받았다고 생각해. 생각의 힘이라는 게 많은 것을 바꾸잖아. 같은 상황이라도 어떤 생각을 하냐에 따라서 느끼는 감정과 대처하는 태도가 달라지는 것 같아.

재용

나는 화자가 후반에 갈수록 굳게 마음먹은 것 같아. 드물다는 굳고 정한 갈매나무를 생각하는 것을 보고 마음이 단단해진 것 같다고 생각했어.

이 글자를 쓰기도 하며,

또 문 밖에 나가지도 않고 자리에 누워서,

머리에 손깍지 베개를 하고 굴기도 하면서,

나는 내 슬픔이며 어리석음이며를 소처럼 연하여 새김질하는 것이었다.

내 가슴이 꽉 메어 올 적이며,

내 눈에 뜨거운 것이 핑 괴일 적이며,

또 내 스스로 화끈 낯이 붉도록 부끄러울 적이며,

나는 내 슬픔과 어리석음에 눌리어 죽을 수밖에 없는 것을 느끼는 것이었다.

그러나 잠시 뒤에 나는 고개를 들어,

허연 문창을 바라보든가 또 눈을 떠서 높은 천장을 처다보는 것인데,

이때 나는 내 뜻이며 힘으로, 나를 이끌어 가는 것이 힘든 일인 것을 생각하고,

이것들보다 더 크고, 높은 것이 있어서, 나를 마음대로 굴려 가는 것을 생각

혜원

갈매나무가 고단한 상황에도 버티니까 힘든 화자의 상황에서 갈매나무를 보고 달라진 것 같아.

지성

나는 누구나 자신의 처지를 한탄하며 슬퍼할 수 있지만 거기서 그치지 않고 더 나아가 굳은 마음을 가지고 성장하는 사람이 되라는 마음에 시인이 이 작품을 쓴 것 같아.

본건

슬픔의 상황에서 읽은 사람에게 힘을 주는 거 같아.

하는 것인데,

이렇게 하여 여러 날이 지나는 동안에,

내 어지러운 마음에는 슬픔이며, 한탄이며, 가라앉은 것은 차츰 앙금이 되어 가라앉고,

외로운 생각이 드는 때쯤 해서는,

더러 나줏손에 쌀랑쌀랑 싸락눈이 와서 문창을 치기도 하는 때도 있는데,

나는 이런 저녁에는 화로를 더욱 다가끼며, 무릎을 꿇어 보며,

어느 먼 산 뒷옆에 바위 섶에 따로 외로이 서서,

어두워 오는데 하이야니 눈을 맞을, 그 마른 잎새에는,

쌀랑쌀랑 소리도 나며 눈을 맞을,

그 드물다는 굳고 정한 갈매나무라는 나무를 생각하는 것이었다.

금희

슬픔과 후회에 빠지지 말고 갈매나무처럼 굳건한 사람이 되어 무너지지 말라고 말하는 것 같아.

가윤

괴롭고 슬픈 일들을 후회하여도 언젠가는 그것을 받아들이고 살아야 한다는 생각이 들었어.

예린

화자는 외로워하고 자신을 반성하다가 어쩔 수 없는 것이 있다는 깨달음을 얻었던 것 같아. 그래서 시인은 세상에 이미 정해진, 어쩔 수 없는 것도 있다는 것을 알려주고 힘든 상황을 참고 이겨내서 굳은 갈매나무처럼 강인해지라는 말을 하고 싶었던 것 같아!

참고서에는 이 시의 주제가 '무기력한 삶에 대한 반성과 새로운 삶에 대한 의지'라고 나온다. 그런데 '세상에는 이미 정해진 어쩔 수 없는 일'이 있지만 '굳건한 사람이 되어 무너지지 말라'며 '생각의 힘', '내면의 힘'으로 '마음을 단단히 하라'는 아이들의 말을 읽으면서 코끝이 찡해지고 위로를 받았다. '어쩔 수 없는 일' 속에서도, 아이들이 말해준 대로 외롭고 추운 시간 속에서도 꿋꿋하게 서 있는 갈매나무를 생각하며, 나역시 할 수 있는 일을 찾고 시도해보려는 힘을 얻었다.

그런데 아이들은 이 시가 왜 시인지, 수필과 다른 점이 무엇인지 어려워했다. 그래서 자신의 경험을 일반적인 글로 풀어내는 것과 시로 풀어내는 것이 어떻게 다른지, 글이 시가 되는 과정을 알려주기 위해 백석의 시를 산문으로 재구성해 활동지로 만들었다. 이를 통해 아이들은 '갈매나무' 같은 함축적인 시어 사용, '~며'나 '~것이었다' 등의 반복을 통한 운율 형성, 시적 화자가 자신의 정서를 노래한 점 등 시라는 갈래의 특징을 잘 짚어냈다.

슬픔이 나에게,
경험 글 쓰기

이제 자신의 슬픔을 글로 쓸 시간. 먼저 예시 글 세 편을 함께 읽었다. 예시 글은 이전 '시 경험 쓰기' 수업의 학생 글 중 몇몇 글을 다듬어 보여줬다. 사랑했던 고모와 사별한 이야기, 다리를 다쳐 좋아하던 축구를 못 하게 된 이야기, 밤늦게까지 일하며 나와 형을 혼자 키우는 엄마 이야기 등 모두 세 편이었다.

글을 다 읽고 나자 주위가 고요했다. 화상 수업이지만 학생들이 글에 몰입하는 걸 느낄 수 있었다. 가장 기억에 남는 이야기와 그 이유를 물었다. 아이들은 "비슷한 경험이 있어요", "그 상황과 마음이 생생하게 전달돼요"라고 대답했다. 나는 아이들에게 이번에는 자기 경험을 써보자고 했다. 그냥 슬픈 경험을 써보라고 하면 막막할 듯해서 미리 안내문을 만들어주었다.

'무엇을 쓸까'[10]

- 구체적인 상황, 있었던 일
- 기억에 남는 일이나 잊고 싶은 일을 떠올림

- 언제 어디에서 누구와 일어난 일인가. 왜 일어난 일인가.

- 왜 그런 생각을 하게 되었나. 그 일은 어떻게 마무리되었나.

- 그 일과 관련하여 내가 느낀 감정과 생각

- 그때 일이 지금의 나에게 여전히 미치는 영향

- 현재 그 일이 내게 어떤 기억으로, 어떤 의미로 남았는가.

- 그래서 나는 이제 무얼 어떻게 하고 싶은가.

아이들은 저마다 제 나이대의 슬픔과 아픔을 겪고 있었다. 특히 친구와 멀어지거나 또래들 사이에서 소외됐던 경험이 많았다. 답답하고 외롭던 마음을 썼다. 가까운 사람이 아프거나 가족과 사별하게 됐을 때의 기억, 부모님의 불화, 부모님이 이혼하기 전 일상에 대한 그리움을 쓰기도 했다. 그리고 자신에게 일어난 슬픔이 자기 탓인 양 가슴 졸이고 괴로워했다. 아이들이 쓴 글을 읽다가 가만히 멈추게 되는 순간이 있었다.

내 동생은 내가 일곱 살 때 돌이 지나기도 전에 머리에 물이 차는 병에 걸려 죽었다. 그날 나는 갑자기 동생이 없어져서 엄마 아빠한테 어디 갔냐고 물었더니 좋은 곳으로 갔다고 하셨다.

동생이 누워 있을 때 손이 너무 작고 예뻐 손을 잡고 있다가

손톱 옆에 튀어나와 있던 살을 뜯어주었는데 동생이 운 적이 있었다. 나는 그 일이 요즘도 가끔 떠오르곤 한다. 내 곁에 얼마 있지도 못했는데, 웃기만 해도 부족한 시간을 나 때문에 조금이라도 울었다는 것에 죄책감이 들었다. 하나님이 동생을 필요로 하셔서 먼저 데리고 가셨다고 생각하지만, 내가 행복할 때면 동생도 있었다면 얼마나 좋았을까 생각한다. (고1, 김○원)

2월 말, 엄마의 몸 상태가 좋지 않은 것 같아서 병원에서 검사를 받기로 했다. 나는 별일이 아니기를 빌었지만 검사 결과는 유방암 1기였고 엄마는 수술을 결정했다. 그리고 수술을 위해서 검사를 받던 도중 듣게 된 것은 암이 하나 더 발견되었다는 것이었다. 신장암이었다. 두 번째 암 소식에 나는 결국 눈물이 났다. 왜 좋지 않은 일들은 한 번에 오는 걸까라는 생각도 했다. 그런데 정작 엄마는 울지 않았다. 가장 힘든 사람은 엄마였을 텐데 오히려 울지 않는 엄마를 보고 나는 더 속상했다.

엄마가 유방암 수술을 받을 때 코로나 때문에 우리는 한 번도 병문안을 가지 못했다. 그래서 수술 소식을 전화로만 전해 받을 때는 정말 답답하고 속상했다. 영상 통화를 통해 보는 엄마의 얼굴은 많이 지쳐 보였다. 그런데도 엄마는 2주 간격으로 두 번의 암 수술을 받으면서 절대 나와 동생들 앞에서 눈물을 보이지 않았다. 수술이 끝나고 다시 2주 후부터는 항암 치료가 시작되었다. 1차와 2차 항암 치료를 묵묵히 이겨내는 엄마가 너무 대단했다. 아무리 아파도 매일 1만 걸음 이상을 걸으면서 운동을 하고, 맛없는 병원 밥을 다 먹고, 퇴원할 때마다 회사에 가서 일을 하기도 했다. 그렇게 잘 이겨내고 있다고 생각했는데, 하루는 엄마가 밤새 자면서 끙끙 앓았다. 그 모습을 보고 나는 엄마가 정말 많이 노력하고 있다는 것을 알게 되었다.

2차 항암 치료가 끝난 지 얼마 안 되었을 때 엄마의 머리가 빠지기 시작했다. 엄마의 머리를 밀어주는 아빠의 모습을 보며 나는 한참을 몰래 울었었다. 머리를 밀고 나온 엄마는 거울을 보며 굉장히 속상해하셨고, 그런 엄마에게 나는 세상에서 제일 아름답고, 두상이 세상에서 제일 예쁘다고 진심과 장난을 섞어 말하며 안아주었다. 그런 내 말이 위로가 되었는지 엄마는 많이 웃으셨다. 수술을 받거나 항암 치료하러 병원에 가는 엄마를 볼 때마다 암이라는 사실이 믿기지 않았는데, 머리를 밀고 나와서 속상해하는 모습을 보고 나는 엄마가 암에 걸렸다는 사실을 받아들일 수밖에 없었다.

얼마 전 엄마는 3차 항암 치료를 끝냈다. 앞으로 다섯 번의 항암 치료가 남아 있지만 나는 엄마가 잘 이겨낼 수 있을 거라고 믿는다. 고등학교에 입학해서 새로 시작하는 나처럼 엄마도 다 나아서 다시 시작하는 날이 얼른 왔으면 좋겠다. 앞으로도 엄마가 포기하지 않고 잘 이겨낼 수 있도록 옆에서 힘이 되어 야겠다. (고1, 이수현)

오직 겪은 사람만이 알 수 있는 슬픔의 옆모습을 보면서 읽기를 멈추는 때가 잦았다. 이렇게 글 쓰는 시간이 아이들에게 위로가 되길 바랐다.

내가 고른 좋은 시, 토의하기

스스로 좋은 시를 선택하여 왜 좋은지를 누구의 눈치도 안 보고 자신 있게 말하면 자신감이 생긴다. 그다음에 학생들과 재미있게 할 수 있는 시 공부는 마당에 쏟아진 깨알처럼 많다. 그리고 그 중심에 시 쓰기가 있다. (…) 시에 대한 두려움과 선입견이 사라지면 시 쓰기는 지극히 자연스러운 과정이다. 진솔하게 자신을 시 속에 드러내면 아이들은 누구나 시인이 되었다. 시라고는 처음 써본 아이들에게서 기다렸다는 듯이 아름다운 시가 툭툭 나오는 이유는, 시가 삶의 자유로운 표현이기 때문이다.

– 배창환,《내가 아직 어려서 미안해》[11]

아이들은 시를 써본 경험이 드물다. 시 교육이 주로 감상 위주이다 보니 시 쓰는 법을 배운 적이 거의 없다. 그러니 시 쓰기가 당연히 어렵다. 그래서 먼저 화자의 경험이 녹아 있으면서 아이들이 공감하고 좋아할 만한 시 열한 편[12]을 모았다. 그리고 이 시들을 읽으면서 좋은 시란 무엇인지, 이 시를 시답게 만드는 '시적'인 부분이 어디인지, 좋은 시를 쓰려면 어떻게 해야 하는지 모둠 토의를 했다. 이 수업은 배창환 선생님의 시 수업을 따랐다. 선생님은 평소 학생들이 좋아할 만한 시를 모아두고, 이를 읽은 학생들끼리 어떤 시가 좋은지 이야기하는 것으로 시 수업의 물꼬를 튼다. 나는 온라인 학습방에 다음과 같이 썼다.

좋은 시는 무엇일까요. 어떻게 해야 좋은 시를 쓸 수 있을까요. 우리는 자신의 경험 글을 바탕으로 시를 쓰는 활동을 할 예정입니다. 시를 쓰라고 하니 막막하고 걱정되지요? 그래서 여러분이 공감할 만한 시를 모아보았습니다. 세상에 좋은 시는 너무도 많지만 샘이 고르고 고른 열한 편! (아… 진짜 고르기 넘 어려웠어요.) 좋은 시를 많이 읽으면 좋은 시를 쓰는 데 도움이 된답니다.

우리 교과서에 실린 시는 두 편. 1년에 두 편밖에 시를 못 읽는다는 건 너무 슬픈 일이죠. 좋은 시를 많이 봐야 안목도 생기고 좋은 시를 써보고 싶어지는 법! 오늘은 이 시들을 읽고 좋아하는 시를 골라보세요. 어떤 부분이 이 시를 시답게 하는지 '시적'인 부분을 찾아보고, 좋은 시란 무엇인지 정리해봅니다. 활동지를 출력해 시를 읽고 물음에 답을 적어보세요. 출력이 어려운 사람은 가장 좋은 시를 공책에 적고 물음에 답해보세요.

아이들이 가장 좋아한 시는 정유경의 〈지는 해〉였다. 아이들은 이 시에서 보여준 '지는 것'에 대한 새로운 인식을 좋아했다. 경쟁에서 늘 이겨야 한다는 안팎의 압박 속에 살아가고 있는 아이들에게 이 시가 신선하고 아름답게 느껴진 모양이다(아이들이 이 시에서 시적이라고 느낀 부분으로는 '지다'라는 동음이의어를 활용해 예상치 못한 전개와 리듬을 만든 점, '분하다'와 '붉다'에 쓰인 '부-'라는 음, 종결 어미 '-네'의 반복을 통해 운율을 형성한 점 등을 들었다). 박준의 〈슬픔은 자랑이 될 수 있다〉도 비슷한 반응이었다. 슬픔도 '자랑'이 될 수 있다는 새로운 인식에 놀라고 위로받았다.

지는 해[3]

정유경

친구랑 싸워 진 날 저녁
지는 해를 보았네.

나는 분한데
붉게
지는 해는 아름다웠네.

지는 해는 왜
아름답냐?

지는 해 앞에 멈춰 서서
나는 생각했네.

지는 것에 대하여

우진

나는 '지는 해'라는 시가 인상 깊었어. '지다'라는 단어의 서로 다른 뜻을 이용해서 패배라는 의미의 긍정적인 면을 다시 생각하게 해주는 멋진 글이라고 생각해.

다연

'나는 분한데 붉게 지는 해는 아름다웠네' '분하다'와 '붉다'는 색이 비슷한 표현으로 느껴져서 시적이라고 느꼈어.

현주

나는 '지는 해'라는 시가 가장 좋았어. 친구와 싸웠던 일이 생각이 나기도 했고 그때 가끔은 지는 것이 이기는 것보다 더 나을 때가 있다고 생각했어서 공감이 돼서 더 좋았던 것 같아.

현정

오오!!

원준

오 나도 '지는 해'인데. 나는 언어유희를 한 게 재밌었던 거 같아.

지성

나는 '지는 해는 왜 아름답냐? 지는 것에 대하여'라는 부분이 '시적'이라고 느껴졌는데 감정을 직접적으로 드러내지 않고 어떤 현상에 대해 빗대어 표현한 것과 반복되는 '~네'의 반복이 운율을 형성한 것, 예상치 못한 전개가 '시적'이라고 느껴졌어.

영윤

나는 '지는 해는 왜 아름답냐?'라는 부분이 시적이라고 느껴졌어. 왜냐하면 우리가 원래 가지고 있던 지는 것에 대한 부정적인 인식을 바꿔준다고 생각했기 때문이야. '진다'라는 말이 가지고 있는 여러 의미를 활용한 것도 인상적이었어.

식구[14]

유병록

매일 함께 하는 식구들 얼굴에서
삼시 세끼 대하는 밥상머리에 둘러
앉아
때마다 비슷한 변변찮은 반찬에서

새로이 찾아내는 맛이 있다.

간장에 절인 깻잎 젓가락으로 집는데
두 장이 달라붙어 떨어지지 않아
다시금 놓자니 눈치가 보이고
한번에 먹자 하니 입속이 먼저 짜고
이러지도 저러지도 못하는데
나머지 한 장을 떼어내어 주려고
젓가락 몇 쌍이 한꺼번에 달려든다.

이런 게 식구이겠거니
짜지도 싱겁지도 않은
내 식구들의 얼굴이겠거니

서정

나는 '식구'라는 시가 가장 좋았어. 다른 시들은 살짝 연인간의 얘기 이런 것들이 좀 많은 것 같아서 공감이 안 되었어. '식구'라는 시를 읽으면서 너무 따뜻한 내용 이었고 어제 저녁에 반찬 중에 깻잎이 있었는데 아주 공감됐어. '나머지 한 장을 떼어주려고 / 젓가락 몇 쌍이 한꺼번에 달려든다'에서 가족에 대한 느낌을 밖으로 드러내지 않은 것 같으면서도 가장 와 닿게 표현한 것 같아.

승희

나는 '이러지도 저러지도 못하는데'라는 부분이 내가 정말 힘들 때 기댈 수 있을 곳이 가족밖에 없다는 걸 표현한 것 같아서 시적이라고 느껴졌어.

진영

오 완전 좋다.
나는 '짜지도 싱겁지도 않은 내 식구들의 얼굴이겠거니' 이 부분이 가족들은 매일 매일 봐도 질리지 않는다고 표현한 것 같아서 시적이라고 느껴졌어!

은정

이 시에서는 '~겠거니'가 반복돼서 운율이 느껴졌고 '~거니, ~하고'에서 유사한 통사구조가 반복됐던 것 같아.

이 시들을 읽고 난 후 아이들은 좋은 시란 무엇인지, 좋은 시를 쓰려면 어떻게 해야 할지 다음과 같이 말했다.

"좋은 시란 마음을 흔들 수 있고 여운을 남기는 시라고 생각해."

"재미와 의미를 동시에 주면서 이해할 수 있는 시가 좋은 시 같아."

"독창적 이미지와 새로운 인식을 주는 시가 좋은 시야."

"좋은 시를 쓰려면 일상에서 볼 수 있는 여러 사물을 관찰하고 다른 각도에서 봐야 해."

"자신이 하고 싶은 이야기가 정확히 뭔지를 판단하고 자신만의 단어로 잘 풀어 써야겠지."

"내 감정을 글로 담아내는 연습을 많이 하고, 많은 경험을 하고, 좋은 시를 많이 읽어야 할 것 같아."

경험 글을 시로 쓰기

경험 글을 시로 쓰는 방법은 배창환 선생님의《이 좋은 시 공부》[15]를 참고했다. 시인이기도 한 배창환 선생님이 오랜 시간 학생들을 가르치면서 쌓아온 시 쓰기 방법이 자세히 안내

돼 있다. 먼저 자신이 쓴 글을 읽고 경험과 관련된 느낌이나 감동을 다시 새겨본다. 예전에 만난 사람과 함께 걸은 거리에 가면 그때의 기억과 감각이 떠오르듯, 그 일과 관련된 장소에 다시 가보는 것도 여러 정서를 되살리는 데 도움이 된다. 생각나는 것을 빈 종이에 써보고, 말을 고르고 추리면서 줄거리를 잡아본다. 그리고 편안하게 가라앉은 마음으로 혼자 차분하게 앉아 첫 구절을 생각해본다. 이미지와 비유를 잘 살리고 리듬을 생각하면서 압축해 시를 쓴다. 여기서 중요한 것은 마무리다. 결론이나 설명을 피해야 한다. 시다운 맛을 떨어뜨리기 때문이다. 여운이 남고 인상 깊게 마무리하도록 한다. 그리고 최지혜 선생님의 시 수업 책《좋아하는 것은 나누고 싶은 법》도 참고해, 시 쓰기 활동지에 다음과 같은 안내를 했다.[16]

'어떻게 쓸까'

- 자신이 쓰려고 하는 경험과 생각, 감정을 담는다.

- 비유(은유, 직유, 의인 등) 활용하기, 감각(시각, 청각, 후각, 미각, 촉각, 공감각)
  적으로 표현하기

- 장면이 생생하게 그려지도록 표현하기

- 운율이 느껴지도록 쓰기(음운, 단어, 문장 구조의 반복)

쉽게 달아진 리본

- 원〇희(고2)

바닷물에 내 모습이 어른거려
바다 안은 남의 나라

대한민국인이란 슬픈 천명인 줄 알면서도
노란 리본을 달아 볼까

땀내와 사랑내 포근히 품긴
부모님의 사랑을 받아

요점 노트를 끼고
늙은 선생의 수업 들으러 간다.

생각해 보면 주위의 사람들
하나, 둘 슬픔에 젖어버리고

나는 무얼 바라
나는 다만, 열심히 공부하는 것일까?

유가족들은 살기 어렵다는데
리본이 이렇게 쉽게 달아지는 것은
부끄러운 일이다.

바다 안은 남의 나라
바닷물에 내 모습이 어른거리는데,

촛불을 밝혀 어둠을 조금 내몰고,
시대처럼 올 아침을 기다리는 최후의 우리

나는 그들에게 작은 손을 내밀어
눈물과 위안으로 잡는 최초의 악수

쉽게 풀어지는 마음

- 한〇련(고2)

창밖에 사람들이 속살거려
독서실은 남의 나라

학생이란 슬픈 천명인 줄 알면서도
이렇게 마음이 풀어지는 이유는 뭘까

부모님의 믿음, 기대, 사랑
가득 담긴 말씀을 듣고

가방을 메며
늙은 선생의 수업을 들으러 한다.

생각해 보면 막상, 책상에 앉으면
한 시간, 두 시간 죄다 흘러버리고

나는 무얼 바라
나는 다만 홀로 앉아 있는 것일까?

인생은 살기 어렵다는데
공부가 이렇게 안 되는 것은
부끄러운 일이다

독서실은 남의 나라
창밖에 사람들이 속살거리는데

빛나는 꿈을 바라보며 나약한 마음 내몰고
미래의 밝은 아침을 기다리는 최후의 나

나는 나에게 작은 손을 내밀어
눈물과 위안으로 잡은 최초의 악수

모방시 쓰기의 예시

- 흔하지도 멋 부리지도 않은 새로운 표현 쓰기

- 제목을 참신하고 개성 있게 붙이기

창작시가 어려운 학생은 모방 시를 쓰게 했다. 모방 시는 원작 시의 문장 구조는 그대로 살린 채 시어와 내용을 바꿔 쓰면 돼서 학생들이 쉽게 도전해볼 수 있다. 학생들에게 예시로 들어준 시는 윤동주의 〈쉽게 씌어진 시〉를 모방한 학생 시 두 편이었다. 하나는 세월호 추모 시이고, 또 다른 하나는 고등학생의 생활과 고민을 담은 시다.

시를 다 쓴 후에는 한 번 더 시를 고쳐 쓰게 했다.[7] 마지막으로 매우 시다운 처방, 다 쓴 후 소리 내어 읽어보기! 이렇게 고쳐 쓰기까지 마친 학생은 자신의 시를 패들렛에 올렸다.

시와 그림과 낙서가 어우러진
온라인 담벼락, 디지털 시화 만들기

'패들렛'은 온라인 수업에서 다양하게 활용할 수 있는 매력적인 도구다. 여럿이서 동시에 들어와 메모지를 붙이고 글을 쓸 수 있는 담벼락이라고 생각하면 된다. 쉽고 직관적이라 교사도 학생도 금방 익힐 수 있다. 교사는 원하는 디자인의 담벼락을 만들고, 방문자가 글을 작성할 수 있도록 권한 설정만 하면 된다. 학생 역시 별도의 가입이나 로그인, 앱 설치 없이 교사가 알려준 링크만 누르면 게시 글을 읽거나 쓸 수 있다. 담벼락이 다채롭고 아름다운데다 접근이 쉬워 아이들의 선호가 높다. '좋아요'나 '답글'을 실시간으로 주고받을 수도 있다. 학생들이 동시에 게시 글을 작성하는 모습이 화면에 그대로 보여서 교사가 그때그때 도움말을 주기도 좋다.

로그인이 필수가 아니기 때문에 유의해야 할 점도 있다. 담벼락에 작성한 게시 글은 작성 시 접속했던 기기(PC/휴대전화)로만 수정이 가능하다. 다른 사람들이 쉽게 편집하지 못하도록 하기 위해서다. 물론 교사에게는 모든 게시 글을 편집, 삭제할 수 있는 권한이 있다. 가입 없이 글을 쓴 경우 익명성을 띠기 때문에 댓글 작성 시 실명을 적도록 했다. 패들렛에 접속할 때 인터넷 익스플로러로 하면 글 작성이 안 될 때가 많으니 반드시 크롬으로 접속해야 한다는 점도 당부했다.

온라인 시 쓰기와 시화 만들기 활동에도 패들렛이 유용했다. 친구들의 시화를 한눈에 보며 댓글을 달아주면서, 시각적 즐거움과 시 감상을 동시에 누릴 수 있었기 때문이다.

시 수업의 마무리로 디지털 시화를 만들었다. 학생들에게

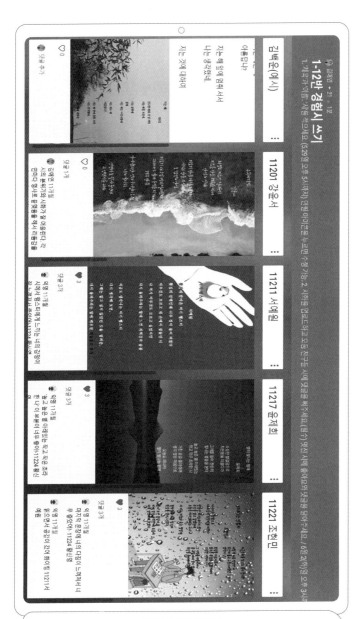

'경험 시 쓰기' 패들렛

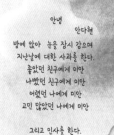

안녕
안다현

밤에 앉아 눈을 잠시 감으며
지난날에 대한 사과를 한다.
좋았던 친구에게 미안
나빴던 친구에게 미안
어렸던 나에게 미안
고민 많았던 나에게 미안

그리고 인사를 한다.
나빴지만 좋았던 친구, 안녕
나쁜 기억들, 안녕
소심했던 나, 안녕
죄책감도, 안녕
슬퍼했던 지난날, 안녕
투둑투둑두둑 허져나오는 소나기같은
눈물과 함께 흘려보낸다.
이젠 정말 안녕
이젠 정말 흘려보내련다.

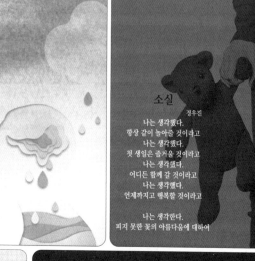

소실
정우진

나는 생각했다.
항상 같이 놀아줄 것이라고
나는 생각했다.
첫 생일은 즐거울 것이라고
나는 생각했다.
어디든 함께 갈 것이라고
나는 생각했다.
언제까지고 행복할 것이라고

나는 생각한다.
피지 못한 꽃의 아름다움에 대하여

단물 빠진 풍선껌
박서희

달콤하고 신기한 풍선껌
아이들의 관심에 대상

점점 단물이 빠져 질려버린걸까
껌을 짝짝 씹다 뱉어버리는 그 아픔

길게 박힌 이빨자국은 점차 나아질 기미는 안보이고
바닥에 홀로 쓸쓸히 뱉어 버려진 단물 빠진 풍선껌

점점 더 굳어져가네

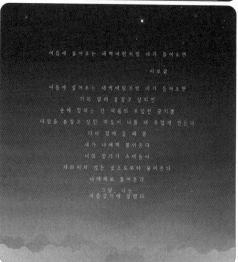

여름에 불어오는 새벽바람처럼 네가 들어오면

이보름

여름에 불어오는 새벽바람처럼 네가 들어오면
가지 말라 붙잡고 싶지만
손에 집히는 건 여름의 후덥한 공기뿐
너를 붙잡고 싶던 마음이 너를 더 투겁게 만드나
다시 잠에 들 때쯤
내가 나에게 불어온다
너의 향기가 스며들어
사라지지 않는 곳으로부터 불어온다
나에게로 들어온다
그날, 나는
여름감기에 걸린다

시화를 그려오게 하면 수고도 많이 들고, 시의 내용보다 그림 수준이 시화의 수준에 영향을 미치는 경우가 많다. 그런데 디지털 시화의 경우 다양한 앱과 프로그램을 통해 누구나 자신의 시에 어울리는 그림을 고르고 배치할 수 있다. 이 과정에서 시의 정서나 분위기에 대한 이해, 자신이 쓴 시에 대한 애정을 더할 수 있다. 학교에서라면 과제가 될 수도 있는 활동이었지만 온라인 수업이어서 오히려 가능한 활동이었다.

디지털 시화는 '글그램', '캘리랑'과 같은 앱, '캔바', '미리캔버스', '망고 보드' 같은 디자인 사이트에서 비교적 쉽게 만들 수 있다. 사용법을 안내한 영상을 온라인 학습방에 올려주었다. PPT나 한글 프로그램으로도 시화를 만들 수 있다. 기술적 화려함보다 중요한 것은 시와 그림의 어울림이란 점을 강조했다. 패들렛에 올린 자신의 시 아래에 시화를 첨부하게 했다. 그리고 친구들이 쓴 시를 읽고 모둠 친구들의 시에 필수적으로 댓글을 달게 했다. 아이들은 시화 만들기와 댓글 쓰기 활동이 무척 재밌었다고 했다.

"시화를 만드는 게 굉장히 재밌었고 다른 친구들의 시와 시화가 어우러지는 것을 보고 시를 더 깊이 있게 이해할 수 있었다. 이 수업을 통해 시를 더 배우고 싶다는 생각이 들었다. 더 배워서 내 감정을 잘 담아낼 수 있는 시를 완성하고 싶다."

"다른 친구들이 제 시에 써준 말을 보며 힘을 얻었습니다. 시를 쓴다는 것이 사실 막막하고 답답했지만 완성된 시와 시화를 보면서 마치 하나의 작품을 완성한 것 같아 뿌듯했습니다."

"친구들과 서로의 작품을 볼 수 있어서 흥미로웠다. 시를 읽으면서 친구들이 어떤 애들인지 조금 더 알게 되었고 조금 더 가까워진 기분이 들었다."

아쉬움을 딛고, 이 수업을 다시 한다면

한 가지 아쉬움이 있다면, 아이들이 자신의 경험을 풀어낸 글은 무척 생생했는데 시는 추상적으로 그치는 경우가 많았다는 점이다. 앞으로 이 수업을 다시 한다면 아이들이 경험 글로 썼던 인상적인 장면이나 표현이 시에도 잘 담길 수 있도록 더 열심히 도움말을 주고 싶다. 또, 아이들이 서로의 시를 함께 평가하고 고쳐 쓰는 기회를 꼭 갖도록 하고 싶다. 이번에는 아이들이 시를 처음 써보는데다 시 쓰기의 재미와 즐거움을 먼저 느끼길 바랐기에, 모둠원들에게 주로 공감과 칭찬의 댓글을 권했다. 자신의 시를 고쳐 쓰는 것은 혼자 점검표를 보고 해야 했기에 완성도 높은 작품을 써내는 데 한계가 있었다.

아이들과 더 많은 시를 읽지 못해 아쉽지만 한편으로는, 아이들의 마음을 두드리는 좋은 시 열 편만 있으면 시 수업을 시작할 수 있겠다는 용기를 얻었다. 평소 학생들이 공감하고 좋아할 만한 시를 꾸준히 모아두어야겠다고 생각했다. 배창환 선생님은 '어른들의 흉내를 낸 시가 아니라, 어른들이 흉내낼 수 없는 시'가 좋은 학생 시라고 했다. '앞 강물이 뒷 강물을 데리고 나아가듯이', '학생들이 쓴 좋은 시가 다른 학생들의 마음에 들어가서 더 좋은 시를 손잡고 데리고 나오는 것'이란 말이 기억에 남았다.

여러 아쉬움에도 수업 후기를 읽으며 내가 이 수업을 통해 전하고 싶었던 바를 아이들도 느끼고 가져갔다는 걸 알 수 있었다.

"처음엔 시를 쓴다는 것 자체가 부담스럽고 어려웠다. 하지만 여러 시를 읽고 좋은 시란 무엇인지 배우고 쓰니까 부담이 조금 덜어졌다.

그래도 여전히 쓰는 게 쉬운 일은 아니었지만 쓰고 나니 뿌듯했고, 시는 시인만 쓰는 게 아니라 우리 같은 학생들도 각자의 사연을 담아 지을 수 있다는 것을 알았다."

"좋은 시를 읽고 친구들과 토의를 하면서 나는 어떤 시를 써야 할지 더 확실히 알게 되었다. 다음에 기회가 된다면 더 좋은 시를 써보고 싶다. 전에는 시에 관심 없던 내가 시에 관심이 생겼다."

"길지 않은 글에 내 감정과 느낌을 담아내는 것이 어려웠지만 슬픈 경험을 시로 쓰면서 스스로 위로가 되는 느낌을 받았다."

'나는 좋지 않은 세상에서 당신의 슬픔을 생각한다'[18]

시 수업을 통해 아이들은 자기 슬픔을 자기 언어로 풀어보는 경험, 옆 친구의 슬픔을 시로 들어보는 경험을 했다. 그 과정에서 타인에게는 내가 모르는 부분이 있다는 것, 내가 보는 저 사람이 그의 전부가 아니라는 점, 저마다 슬픔을 간직하고 사는 존재라는 것을 알게 되길 바랐다.

수업 시간에 아무것도 하지 않고 늘 엎드려 자는 학생이 있었다. 시 수업 때 백지를 낼 줄 알았는데 1500자를 빼곡히 채워 냈다. 시를 읽고 글이 쓰고 싶었다고 했다.

엄마 아빠가 따로 살 것 같다. 나는 괜찮지만 어린 동생이 너무 걱정된다. 어려서부터 엄마 아빠가 싸워오는 모습을 보고 무엇을 느꼈을까. 나는 집 밖에선 항상 웃고 잘 지낸다. 하지만 누구에게 의지해야 할지 잘 모르겠다. (…) 지금 이 시간도 지나가겠지. 친구들도 힘든 점들이 있지만 견디면서 학교생활을 하고 있겠지. 묻어두었던 이야기를 쓰다 보니 마음이 편안하다. 시를 한 번 더 적어보고 싶다. '슬픔이 밀려와 그대 삶을 흔들고 귀한 것들을 쓸어가 버리면 네 가슴에 대고 말하라. 이 또한 지나가리라.' (고1, 이○진)

11년간 암 투병을 하던 아내와 사별한 작가 와카마쓰 에이스케는 '슬픔을 겪어보지 못한 사람은 아무도 없다고, 그러니 슬픔을 느낄 때 당신은 보이지 않은 형태로 세상과 깊게 연결되어 있는 것"[9]이라고 말했다. 시를 읽고 써도 고단한 삶은 계속된다. 세상에는 시마저도 위로할 수 없는 깊고 아득한 슬픔이 있다는 것도 안다. 그래도 나와 당신의 슬픔을 읽고 쓰면서 우리가 연결될 수 있다고 믿는다. 우리를 멈춰 서게 했던 시가 '어둑한 인생을 잠시 비추고, 그 빛을 잊었을 때조차 잔영은 남아 길 잃은 걸음을 비출 것'[20]이라 희망한다.

1. 오픈채팅을 활용한 온라인 토의

• 모둠장 역할

- 모둠원 확인: 모둠원이 모두 채팅방에 들어왔나 확인

- 토의 진행: 질문 순서에 따라 주어진 시간에 맞게 토의 진행

- 토의 질문을 채팅방 공지란에 올려두면 회의 진행 시 편함

- 질문으로 토의 활성화: '그렇게 생각한 이유는 뭐야?', '○○ 생각
  은 어때?'

- 토의 후 대화 내용을 저장할 경우: 메뉴〉대화 내용〉대화 내보
  내기

- 토의 내용 저장 후 채팅방에 올리고 나가기

- 파일명에 ○반 ○모둠(모둠원 이름)

• 모둠 토의 방법

- 반드시 실명으로 입장해야 친구들이 이름을 불러줄 수 있음

- PC로 참여할 경우 PC에 PC용 카톡 설치
- PC 카톡을 쓰는 경우에는 ctrl+enter를 쳐야 줄 바꿈이 가능
- 짧은 단어나 구절, 감탄사 대신 조금 더 길고 구체적으로 말을 하는 연습
- 자기 생각에 이유와 근거를 함께 말하기
- 말하는 사람에 대한 호응, 질문-카톡 답장 기능 활용
- 대화가 끝나면 반드시 채팅방에서 나가기(다른 반 수업에 영향)
- 토의에 참여하는 태도, 발언 내용, 좋은 질문은 교과 세부 능력 특기 사항에 기록

• **교사 유의점**
- 네 개의 오픈채팅방을 만듦. 한 화면에 보기 좋고 관리하기도 적절
- 모둠장과 모둠원을 미리 짜두고 온라인 클래스에 주소 링크
- 교사 안내가 있을 때 오픈채팅방에 입장할 수 있도록 하기
- 개인 생각을 정리할 시간이 충분하고 좋은 질문거리가 있어야 대화의 질이 높음
- 모둠별 대화 내용 공유 방법: 채팅 기록 공유, 모둠장이 발표(교실이나 줌 회의실), 대화 내용 캡처한 후 패들렛에 올리기, 교사가 정리된 내용 말이나 문서로 전달 등 다양하게 가능
- 질문 순서를 알기 쉽게 학습지에 번호를 매기거나 안내가 들어가면 좋음
- 학습지는 한글 파일, PDF 파일 모두 주기
- 교사는 사전에 그룹 채팅방의 알람을 꺼두기

• 기타

- 휴대전화 카톡으로는 부분을 지정해서 캡처하는 게 가능. 대화 쓰는 창 아래 '+' 버튼을 누르면 '캡처'라는 동그란 아이콘이 보임. 캡처 시작 부분이랑 끝부분을 정할 수 있음
- PC 카톡에선 메뉴〉대화 내용〉대화 캡처〉저장이나 복사 가능. 이때 '모자이크'를 누르면 이름을 가릴 수도 있음
- 멋진 대답은 패들렛 '명예의 전당' 활용 가능
- 대화 내용 파일 자동 전송 기능: 메뉴〉대화 내용〉대화 내보내기
- 대화 내보내기가 PC와 달리 휴대전화일 경우 학생들의 문의가 많음. '텍스트로 내보내기 / 모든 메시지 도큐먼트로 저장하기' 중 전자를 택하면 받는 사람 연락처(이메일)를 등록해야 함

2. 패들렛(https://ko.padlet.com) 활용

• 장점

- 학생이 로그인, 가입, 앱 설치를 할 필요가 없음. 링크만 공유하면 됨
- 디자인이 아름답고 사용법이 쉽고 직관적이라 학생들의 선호가 높음
- 다른 친구들이 작성한 게시물을 한눈에 볼 수 있음
- 작성한 내용이 자동 저장됨
- 게시글 아래 음성 녹음, 사진(JPG나 PDF), 링크 첨부 가능.
  예: 말하기 낭송 파일 업로드, 과제 사진 첨부, 관련 기사나 영상 링크 첨부

- 교사와 학생이 '좋아요'나 답글을 통해 피드백 가능

  예: 줌으로 패들렛 화면을 공유해 실시간 작성되는 글을 보면서도 피드백 가능
- 게시물을 문서(엑셀이나 PDF)로 저장 및 출력 가능(메뉴〉내보내기)

• 사용법 – 세 가지 아이콘만 알면 끝

- 교사가 패들렛에 가입 후 로그인
- 패들렛 만들기〉디자인 선택: 셸프(선반) 디자인이 학번이나 모둠 별 활동을 하기에 무난함
- **톱니바퀴** 아이콘(**설정**): 담벼락 이름(예: 1-3반 독서일지), 댓글 활성화 등을 설정
- **화살표** 아이콘(**공유**): 학생들에게 어떤 권한을 줄지 설정. 화살표〉 프라이버시 변경〉방문자 권한〉'읽기 가능 / 작성 가능' 중 선택
- **리메이크** 아이콘: 담벼락에 행 추가나 활동 설명 등 기본 세팅을 마친 후 리메이크 버튼을 누르면 담벼락이 복사됨. 한 반만 만든 후 복사를 통해 다른 반 담벼락을 쉽게 만들 수 있음. 이때 '게시물 복사', '사람 및 프라이버시 복사'에 체크하고 복사를 눌러야 동일 한 설정이 적용됨

• 알아두면 더 좋은 것

- 보통 첫 번째 게시물은 **활동 안내문**을 올려두면 좋다. 예를 들면 다음과 같다.

  1. 자기 이름 아래 + 버튼을 누르세요.

2. 제목란에 시 제목을 적으세요.

3. 시화를 업로드하고 친구들의 시화에 댓글과 좋아요를 남겨주세요.

- **게시물 복사 기능**: 일일이 모든 반에 활동 안내나 링크를 작성하기 번거롭다면 패들렛의 '게시물 복사' 기능을 쓰면 편리함. 복사하기 원하는 게시물 상단의 점 세 개를 누름〉'게시물 복사'를 누름〉복사를 원하는 패들렛을 선택

- **형광펜 기능**: 게시물에서 강조하고 싶은 부분에 굵은 글씨나 형광펜 표시를 할 수 있음. 교사가 피드백을 할 때나 아이들이 발표할 때 활용하면 좋다. 밑줄 친 부분을 돋보이게 해줌

- **화면 확대/축소**: ctrl + 마우스 휠을 앞뒤로 굴리면 전체 화면을 확대 또는 축소할 수 있음. 화면 공유를 통해 특정 부분을 크게 보여주고 싶을 때 활용하면 좋음

• **유의점**

- **크롬**으로 접속해야 작성이 원활함. 인터넷 익스플로러로 접속할 경우 글 작성이 잘 안 됨

- 작성 글은 작성 시 접속했던 기기(PC/휴대전화)로만 수정 가능

- 한 계정에 담벼락 세 개까지 개설 무료(지스윗 계정은 다섯 개). 유료(한 달에 9000원가량) 이용 시 일정 용량까지 자유롭게 사용 가능. 계정을 여럿 만들어서 무료로 여러 담벼락을 쓰는 방법도 가능

- 가입 없이 글을 쓸 경우 익명성을 띠기 때문에 **댓글 작성 시 꼭 실명**을 쓰게 함. 가입을 한 경우에는 댓글에도 이름이 표시돼 이러한 문제점을 해결할 수 있음

최지혜
단원고등학교

④

정의롭거나
비정하거나,

나를 둘러싼
것들

세상을 따뜻하게 하는
시 쓰기 수업

온라인 세계의 '킬러'로 살던,
내 10대의 밤

중학생 시절, 나는 아침마다 길고 곱슬곱슬한 머리를 질끈 묶었다. 악성 곱슬머리라는 이유로 두발 규제를 비껴갈 수 있었던 대신 한 올의 흐트러짐도 없이 머리를 바짝 올려 묶어야 했다. 그런 시절이었다. 귀밑 3센티미터를 넘지 않는 단발머리, 검은색 단화에 발목을 덮는 흰 양말, 짙은 색 계열의 가방, 줄인 데 없는 교복 차림을 매일 아침 검사받았다. 시간표에 따라 국어, 영어, 수학 수준별 교실을 옮겨 다녔고, 방과 후에는 학원에서 밤 10시까지 수학의 정석과 성문기본영어로 빡빡한 일과를 보냈다.

집에 돌아오면 늦은 밤이었으나 종종 온라인 게임을 했다. 친구들처럼 GOD나 신화를 '덕질'하는 것보다는 게임 채널에 접속하는 것이 더 재미있었던 나의 아이디는 킬러. 공격력 넘치는 이름이 필요했다. 팀플레이로 상대방에게 공격 아이템을 방출하면서 하루 중 받은 스트레스를 날렸다. 규율도 석차도 없는 곳에서 온라인의 킬러는 오프라인의 니보다 조금 더 자유로웠다.

당시 윈앰프(Winamp) 음악 방송을 하던 또래 친구 한 명과 자주 소통했다. 브릿팝에 빠져 있었으나 그 애정을 드러낼 곳 없었던 때에 소통의 창구를 만난 것이다. 뮤즈와 너바나를 좋아했던 나와 달리 그는 메릴린 맨슨에 심취해 있었으므로 사실 둘 사이의 음악적 간극은 넓었다. 뭔가 통했다기보다는 각자의 좋음을 발산할 대상이 필요했는지도 모르겠다. 덕분에 공허했던 사춘기의 마음 한 자리를 달랠 수 있었다.

교실 안에서는 나누지 못하는 이야기를 온라인에서는 할수 있었다. 그곳에서는 아이돌을 좋아하는 주류 무리 속 한명이 되지 않아도 되었고, 눈치 보지 않고 내 속의 다른 나를 꺼내어 활개를 치고 다니도록 내버려둘 수 있었다. 아바타의 차림은 어떤 구속도 받지 않았다. 그곳은 보아의 노래처럼 '보여지는 것이 나의 전부가 아닌, 우리만의 언어 우리만의 표현들로 가득 찬 우리만의 세상'(ID: Peace B)이었다. 규제와 억압의 일상에서 벗어날 용기와 자유가 있었다.

그 시절을 오랫동안 잊고 지냈다. 학생들과 상담하면서 아이가 주로 온라인 세계에서 시간을 보낸다는 말을 들으면 안타까움을 느꼈고, 언제부턴가 부정적인 판단이 앞서게 된 어른이 된 것이다. 그러니 온라인 세계의 킬러로 살던 내가 20여 년의 세월이 흘러 다시 온라인 세계에 교사로서 입문하게 될 줄을 짐작이나 할 수 있었을까.

시란, '두 번째로 슬픈 사람이
첫 번째로 슬픈 사람을 생각하며 쓰는 것'

2020년 새 학기, 고2 학생들을 대상으로 진로 선택 과목 '현대문학 감상'을 혼자 맡았다. 수업과 평가가 자유롭기 때문에 겨울방학 동안 아이들과 읽을 작품을 선정하고 수업을 구상했다. 단편소설을 읽고 모둠별로 대화하는 활동으로 학기를 시작할 생각이었고, 시간을 들여 고른 작품들을 소개할 생각에 무척 설렜다. 그런데 코로나19로 인해 개학이 연기되더니 결국 우리 모두는 원격 수업이라는 낯선 상황에 내던져졌다.

한 학기 수업의 밑그림부터 다시 그려야 했다. 네 사람씩 모여 앉아 같은 작품을 읽고 대화 나누는 소설 수업은 대면 수업이 가능할 때로 미뤄두는 것이 좋겠다는 생각이 들었다. 개별 활동과 모둠 활동을 상황에 따라 혼합해 진행할 수 있으면서 아이들 개개인의 고립감을 덜어줄 수 있는 수업이 필요했다. 그때 머릿속에 반짝 불이 들어왔다. 시 수업을 먼저 하자! 비대면 상황에서는 시공간의 제약을 받지 않으니 시 창작 수업에는 오히려 좋은 환경일 수 있다! 그래서 학기 중반 이후로 계획했던 시 수업을 맨 앞으로 당겨왔다. 시 쓰기는 개별 과제로, 온라인 합평은 모둠 과제로 할 수 있겠다 싶었다.

그리하여 조금 긴 호흡으로, 12차시 동안 시 쓰기와 합평을 온라인 수업으로 진행했다(아이들이 예상보다 온라인 시 수업에 열심히 참여해서 무척 기특했다). 첫 시간은 시인의 문장을 빌려 자신의 메시지를 표현하는 리라이팅[21]으로 열었다. 아이들이 느낄 창작의 부담을 덜어주기 위해서다. 이어서 부담 없이 글감을 떠올릴 수 있는 계절 시, 생활 시 쓰기를 앞에 배치했다. 여기까지는 지금까지 해봤던 시 창작 수업이었다. 여기에 이번 학기에 꼭 해보고 싶었던 수업 하나를 더했다. 바로 사회적 문제를 소재로 한 시 쓰기다.

기존의 시 창작 수업은 대체로 학생들의 생활 경험을 소재로 했다. 주로 학교생활이나 가족, 친구, 아르바이트 같은 생활의 영역을 다룬다. 아이들에게 친숙하니까. 이를 통상적으로 생활 시라고 한다. 그러나 시집을 읽다 보면 오늘날 사회문제를 문학적으로 형상화한 시가 꽤 많다는 걸 알 수 있다. 나는 학생들이 쓰는 시라고 해서 생활 영역에만 머무는 것이 아쉬웠다. 아이들과 친숙하지 않은 세계에 함께 발을 디뎌보면 어떨까. 사회의 모습을 담아내는 시를 써보자고 하면 어떨까.

사실 나는 사회문제에 대해 그리 대단한 인식이나 소명의식을 지닌 사람은 아니다. '모래야 나는 얼마나 작으냐…'라는 생각에 자주 잠기는 소시민에 가깝다. 그러므로 이 수업에서 거창한 것을 바란 것은 아니었다. 다만 아이들과 함께 시를 통해 세계를 확장하는 경험을 해보고 싶었다. 시의 영토는 넓으니까. '나'라는 틀을 열고 밖으로 나가면 우리는 무엇을 쓸 수 있을까. 무엇을 느끼게 될까.

심보선의 시 〈인중을 긁적이며〉[22]에는 '그들의 붉은 피가 내 손에 닿으면 검은 물이 되고/ 그 검은 물은 내 손톱 끝을 적시고/ 그때 나는 불현듯 영감이 떠올랐다는 듯/ 인중을 긁적거리며/ 그들의 슬픔을 손가락의 삶-쓰기로 옮겨 온다'는 구절이 있다. 여기서 '그들'은 '추락한 이들', '다친 이들'을 의미하며, 화자는 삶의 소명을 자기 이야기보다 '그들'의 이야기를 들려주는 데서 찾는다. 그의 다른 시 〈형〉[23]에 나오는, '두 번째로 슬픈 사람이/ 첫 번째로 슬픈 사람을 생각하며 쓰는 게 시'라는 구절은 지금도 가슴에 콕 박혀 있다.

시는 대체로 개인의 정서를 다루는 장르라고 생각하기 쉽지만, 시인은 자신만의 이야기를 하는 것이 아니다. 타자를 작품 속에 세우는 사람이기도 하다. 바깥을 내 안으로 받아들여 손끝에서 다시 태어나게 하는 이들이다. 지금 이곳에서 '두 번째로 슬픈 사람'은 어떤 시를 쓸 수 있을까. 연일 뉴스에서는 코로나19의 확산세를 보도하고, 사람들은 불안을 넘어 분노하기 시작했다. 인간은 재난 상황일 때 심리적으로 위축되고 폭력성이 더욱 강해진다고 한다. 대중의 분노는 대상을 옮겨가며 타올랐고 혐오와 낙인으로 번졌다. 그러나 시인의 눈으로 이 세상을 바라본다면 어떨까. 그들은 분노 뒤에 가려진 '첫 번째로 슬픈 사람'을 생각할 것이다. 문을 걸어 잠그고 타자를 밀어내기 쉬운 지금이야말로, 사회적 문제를 소재로 시 쓰기 좋은 때라는 생각이 더욱 강해졌다.

1차시	나를 둘러싼 것들 - 좋아하는 것들로 자기 소개하기 - 비스와바 심보르스카, <선택의 가능성>을 읽고 리라이팅하기
2차시	봄날의 시를 좋아하세요? - 봄 시 감상하기 - 계절 시가 많은 이유 생각해보기 - 좋은 시를 쓰기 위한 태도 찾기
3차시	내가 느낀 봄, 시로 쓰기 - 2차시 학습 내용을 바탕으로 봄 시 쓰기
4차시	힘 빼고, 눈은 크게 뜨고 - '구체적인 표현', '시의 마무리' 두 가지를 중심으로 퇴고하기
5차시	눈이 아닌 것으로도 보는 기분 - 시 읽고 쓰기를 위한 보는 '눈' 기르기 - 사진 읽기 연습을 통한 시 읽기
6차시	적당한 거리에 기대어 - 시에서 비유 읽기 - 비유를 활용한 시 쓰기
7차시	여름이 되면 수박을 먹듯이 - 여름 시에서 심상 읽기 - 구체적인 이미지를 활용한 시 쓰기
8-10차시	가려진 모습을 보여주는 시 - 사회문제를 소재로 한 시 쓰기 - 자료 활용을 통한 추가 과제 제시
수행평가 (2차시)	수행평가1: 시 낭독하기 - 낭독계획서 작성 후 구글 문서로 제출 - 실시간 줌 수업으로 낭독하기 수행평가2: 시 완성하기 - 고쳐 쓰기 도움말 제시 - 그동안 쓴 시 중 두 편을 골라 고쳐 쓰기

'가려진 모습을 보여주는 시' 읽기

시 수업은 감상과 창작 순으로 진행했다. 감상 수업은 등교 수업 기간에 했다. 작년에 아이들과 읽을 시를 골라 묶어둔 시 자료집이 국어과 교실 한쪽에서 펼쳐지기를 기다리고 있었다. 아이들을 만날 수 있어서, 직접 자료집을 줄 수 있어서 다행이라는 생각이 들면서도 라텍스 장갑을 끼고 책을 나누어주려니 내 모습이 우습기도 하고 씁쓸하기도 했다. 모둠을 만들어 서로의 생각을 나누게 하고 싶은데도 책상을 가까이 붙여도 될지 주춤하게 되었다. 결국 궁여지책으로 네 사람씩 방향은 서로를 향하되 띄엄띄엄 책상 사이의 간격을 벌려 어정쩡한 형태로 수업을 시작했다.

어느덧 시 수업이 8차시에 접어든 때라 아이들이 자연스럽게 자료집을 펼치고 시를 읽기 시작했다. 이번 시간에는 시 자료집에서 '가려진 모습을 보여주는 시'로 분류해 모아둔 시 열여섯 편[24]을 함께 읽었다. 사회적 문제를 소재로 한, 2010년대 이후 쓰인 시를 그때그때 모은 것이다. 물론 이전 시대의 작품 중에도 사회적 문제를 다룬 시는 많지만 최근작으로 엮은 이유는 지금 여기의 한국 사회를 이야기하는 작품을 보여주는 것이 더 의미가 있다고 생각했기 때문이다. 아이들은 각자 시를 읽고 그중에서 인상적인 작품을 하나씩 골랐다. 활동지에 인상적인 구절과 그 이유를 쓰고, 우리 사회의 어떤 모습을 반영하고 있는지 생각해보도록 했다. 아이들은 골똘히 시를 살폈다. 마스크를 쓰고 있어 잘 보이지는 않지만 무엇을 고를까 고민하는 눈동자가 예뻤다. 마음에 드는 시가 없다고 툴툴거리는 아이도 있어서 한 문장이라도 마음이 가는 걸 골라보라고 말해주었다.

1. 시 자료집에서 사회의 '가려진 모습을 보여주는 시'를 읽고 마음에 드는 시를 한 가지 선택합니다.

2. 시를 고른 이유는 무엇인가요?

3. 인상적인 구절을 옮겨 쓰고 그 이유도 써보세요.

4. 사회의 어떤 부분을 다루고 있는 시인 것 같나요?

5. 내가 우리 사회의 문제를 붙잡아 시를 쓴다면 어떤 이야기를 다루고 싶은가요?

30분 정도 감상 활동지를 작성한 후에는 각자 기록한 걸 모둠 안에서 이야기 나누어보도록 했다. 미정이는 오은 시인의 〈면접〉을 골랐다. '질문만 있고 답이 없는 곳에 다녀왔다'라는 구절이 인상적이라고 하면서, 졸업 후 취업을 고민하고 있는데 시 속의 막막한 상황이 남의 일 같지 않다고 했다. 진경이는 〈꿈꾸는 식물〉(김윤이)을 골라 '혼자 자라는' 아이의 모습을 안타까워했다. 시를 읽고 나서 방치된 아이들뿐 아니라 돌봄의 손길이 닿지 않는 곳에 있는 이들을 모두 떠올릴 수 있다고 했다. 채민이는 〈의자 들고 전철 타기〉(강지혜)를 골라 시에 등장하는 '의자'라는 시어를 휠체어로 해석했다. 특히 '의자의 부피와 무게보다 견디기 힘든 것은 전철 안이 매우 밝다는 것'이라는 구절은 남과 다른 점을 가진 사람들이 힘든 건 시선 때문임을 드러낸 부분이라고 했다. 사람마다 마음에 오는 시가 다르니 아이들의 이야기가 흥미로웠다.

　같은 시를 읽고도 다른 해석을 내놓는 경우도 있다. 예진이와 예슬이는 둘 다 〈얼굴 큰 사람〉(문보영)을 골랐다. 발랄한 시적 상상력을 펼치는 1990년대생 시인 문보영의 작품을 읽고 아이들은 무엇을 느꼈을까. 귀를 기울여보았다. 예진이는 이 시를 여성에게 가해지는 차별적 시선에 대한 글로 읽고, 'F에게만 없고 모두에게 허락된 무엇'에 대해 생각하게 된다고 했다. 예슬이는 F뿐만 아니라 A부터 E에 해당하는 이들 모두에게 관심을 두고 시를 읽었다. 2연에 나오는 사람들 모두가 평범하지 않고 독특해서 인상적이라고 하면서 '노력이란 건 브래지어 없이 불가능했다'라는 부분은 다양하게 해석될 수 있다고 말했다. '브래지어'를 정상성에 대한 다양한 강요로 바꾸어 생각할 수 있다는 것이다.

아이들의 목소리를 들으며 교실 안을 어슬렁거리다 지수의 목소리에 멈춰 섰다. 지수는 학교생활이나 공부에 관심이 없지만 소설 읽기를 즐기는 학생이다. 한 번은 카톡으로 자신이 쓴 웹 소설을 보내주기도 했는데, 꿈속을 여행하는 중세 유럽의 왕비 이야기였다. 내겐 낯선 장르의 글이었지만 문장에 군더더기가 없고 스토리 전개가 흥미로웠다. 그러니 다른 건 몰라도 창작 수업에는 참여하겠지 싶었는데, 지수는 단한 번도 줌에 접속하지 않았고 과제도 제출하지 않았다. 그저 EBS 온라인 클래스에 들어와 클릭으로 출석만 체크하는 듯했다. 그랬던 아이가 등교 수업을 하니 친구들과 함께 시에 대해 이야기를 나누는 것이었다. 〈슬픔의 자전〉(신철규)이라는 시를 고르고 "내가 이 시를 고른 이유는 딱 이 한 구절 때문이야. '그녀의 눈동자는 우물처럼 검고 맑고 깊다.' 가난한 사람들 이야기인 것 같은데, 이 구절 안에 다 들어 있는 거 같아" 하고 또렷한 목소리로 말했다.

나는 잠깐 망연해졌다. 원격 수업이 길어지면서 바뀐 환경에 적응했다 싶었고, 온라인 시 쓰기 수업에도 내 나름의 만족감을 느끼고 있던 터였다. 그러나 사실 한 반에 예닐곱 명씩 참여하지 않는 아이들이 존재했다. 실시간 수업에 참여하지 않거나 접속 후 화면과 소리를 모두 끈 채 머물기만 했다가 나가는 아이들. 1학기에는 실시간 수업이 필수적으로 이루어지지 않았기 때문에 온라인 클래스에 있는 대체 과제를 클릭하기만 해도 출석이 인정되는 상황이었다. 교실에 있다면 짐을 깨우고 딜래기도 하면서 어찌어찌 참여를 권했을 아이들이 원격 수업에서는 방치되고 있었다. 분명하고 불편한 진실이었다. 참여하는 아이들끼리만 신나게 이야기 나누는 온라인 수업에 대한 회의가 밀려오는 순간이었다. 잘하고 있다고 생각했다가 그 마음이 다시 무너졌다가, 이렇게 한 해 동안 몇 번이나 생각이 달라지고 감정이 오르내렸다.

기다렸던 온라인 시 노트

창작 수업은 원격 수업 기간에 하게 되었다. 등교 수업과 원격 수업이 격주로 이루어지는 블렌디드 러닝 기간에는 수업 계획을 세울 때, 무엇을 등교 수업에서 하고 무엇을 원격 수업에서 할지 고려해서 흐름을 짜야 했다. 아이들은 손으로 글씨를 쓰기보다는 엄지로 타이핑해서 언제든 열어볼 수 있는

웹을 편하게 여겼다. 그래서 가급적 창작 수업은 원격 기간에 맞춰 넣었다. 온라인에는 든든한 문학 노트가 있으니까.

원격 수업이 처음 시작될 때부터 아이들과 일대일로 공유할 수 있는 구글 문서를 노트처럼 활용했다. 어떤 글이든 초고를 공개된 자리에 내보이기는 부끄러우므로 완성 전까지 개별적 피드백 공간이 필요했기 때문이다. 단, 구글 문서는 구글 클래스룸과 달리 하나의 활동지를 학생들에게 일괄적으로 전송하는 기능이 없다. 노트를 하나씩 열어 활동지 내용을 직접 복사-붙여넣기 해야 하니, 교사는 길고 지루한 단순노동을 감수해야 한다. 대신 아이들은 하나의 문서를 열어 한 학기 동안의 기록을 열람할 수 있는 온전한 하나의 노트를 가지게 된다. 〈슬기로운 문학 생활〉, 〈그래도 괜찮은 하루〉, 〈고요할수록 밝다〉, 〈창작의 고통〉, 〈나의 사서함〉…. 이건 아이들이 아끼는 책이나 영화, 노래의 이름 등을 따서 붙인 문학노트의 제목이다. 노트를 열고 지난 차시 활동지의 마지막 질문이었던 '내가 우리 사회의 문제를 붙잡아 시를 쓴다면 어떤 이야기를 다루고 싶은가요?'를 떠올려 시를 쓰도록 했다. 계속 강조해온 구체적 형상화와 비유의 활용도 도움말에 덧붙였다.

다루고 싶은 사회문제를 소재로 한 편의 시를 써봅시다.

[도움말]

– 쓸 내용이 잘 떠오르지 않는다면 관련 주제어를 검색하여 사진, 영화, 신문 기사 등을 찾아보고 영감을 얻습니다.

– 추상적인 표현보다는 구체적인 언어로 시를 씁니다.

– 지난 수업에서 배운 '비유'를 적극적으로 활용하는 것도 표현을 살리는 데 도움이 됩니다.

과제를 내준 날이면 아이들의 구글 문서를 하루에도 몇 번씩 '새로 고침'했다. 특히 이번에는 처음 다루는 수업 주제였으므로 더욱 기대가 컸다. 이 주제로 어떤 시들이 나올까. 하나씩 도착하는 시들을 열어보기 시작했다. 나연이는 우울증을 앓는 이들에 대한 시를 썼다. '나는 왜 이렇게 못났을까/ 나는 왜 이것밖에 못 할까' 자조 섞인 독백이었다. 지현이는 심리적으로 꾸밈에 대한 압박을 느끼는 여성의 이야기를 썼다. '나는 사람들 앞에서/ 인형이어야 한다'며 꾸밈 노동을 하는 여성을 늘 웃는 인형으로 표현했다. 채민이는 진로 선택의 압박을 느끼는 청소년의 무게에 대해 썼다. '바뀌면 안 된다는 꿈/ 어깨가 짓눌린다'라는 표현이 솔직한 속내를 드러내고 있다. 그러나 아이들의 시를 읽으며 '이게 아닌데…' 싶었다. 대부분의 시가 대체로 '나'에서 벗어나지 않고 있었던 것이다. 아이들은 자신이 평소에 겪는 우울, 꾸밈 압박, 학업 스트레스에 대해 썼다. 이대로라면 이전에 쓴 생활 시와 다를 바가 없었다.

사회의 여러 가지 일 중에서 하나를 잡아 글을 쓰자고 해도 결국 자신의 고민에 머물기 쉽다는 걸 아이들의 글을 보며 알 수 있었다. 의식적으로 관심을 갖지 않으면 결국은 내 문제가 가장 크고 내 삶이 가장 고단한 법이다. 나의 삶과 사회의 문제가 만나는 지점에서 시를 탄생하게 하는 것도 멋진 일이지만, 한 발 더 나아가기를 바랐다. '나'에서 한 걸음 나아가 타인의 아픔에 대해 생각해보자는 것이 이 수업을 기획한 이유였다.

글감을 찾아서,
세상을 향해서

수업의 의도를 좀 더 분명하게 전달할 필요가 있었다. 처음부터 단단하게 마련된 판이 아니어서 아이들도 우왕좌왕했던 것이다. 다시 문을 두드렸다. 기존에 쓴 시로 활동을 이어가도 좋지만 이번 수업을 계기로 사회의 모습을 좀 더 탐색해보자고, 애쓰지 않으면 보이지 않는 아픔에 대해 찾아보자고 이야기했다. 신문 기사를 검색해 마음이 끌리는 사건의 링크를 스크랩한 후에 시를 창작하는 것으로 단계를 구체화했다. 이해를 돕기 위해 심보신의 〈갈색 가방이 있던 역〉[25]과 함께 관련 기사를 소개했다. 이 시는 2016년 5월 구의역에서 스크린도어를 수리하다가 참변을 당한 비정규직 노동자 19세 김 군의 사건을 배경으로 한다. 값싼 비용으로 사람을 부리고 고귀한 생명을 위험으로 내몰았던 사건이 문학으로 탄생한 예다.

지난 시간에 사회문제를 다룬 작품 쓰기를 해봤지요. 여러분이 고민하는 문제들을 선생님도 살펴볼 수 있었답니다. 사진, 뉴스, 영화 등의 자료를 활용해 시를 창작한 친구가 있을까 싶었는데 아쉽게도 대부분 생활 속 경험을 바탕으로 썼더라고요. 그래서 오늘은 한 가지 제안을 합니다. 지난번에 쓴 시를 제출해도 좋지만, 최근 우리 사회에서 일어나는 문제에 대한 관심이 높은 친구라면 해봤으면 해요. 실제 일어난 사건과 긴밀하게 연결되는 시를 써보는 거예요. 시인 중에서도 사회적 문제를 다룬 내용을 시로 표현한 이들이 많습니다. 먼저 심보선 시인의 〈갈색 가방이 있던 역〉을 읽어봅시다.

작업에 몰두하던 소년은

스크린도어 위의 시를 읽을 시간도

달려오는 열차를 피할 시간도 없었네.

갈색 가방 속의 컵라면과

나무젓가락과 스텐수저

나는 절대 이렇게 말할 수 없으리.

"아니, 고작 그게 전부야?"

읽다 만 소설책, 쓰다 만 편지

접다 만 종이학, 싸다 만 선물은 없었네.

나는 절대 이렇게 말할 수 없으리.

"더 여유가 있었더라면 덜 위험한 일을 택했을지도."

전지전능의 황금열쇠여,

어느 제복의 주머니에 숨어 있든 당장 모습을 나타내렴.

나는 절대 이렇게 말할 수 없으리.

"이것 봐. 멀쩡하잖아, 결국 자기 잘못이라니까."

갈가리 찢긴 소년의 졸업장과 계약서가

도시의 온 건물을 화산재처럼 뒤덮네.

나는 절대 이렇게 말할 수 없으리.

"아무렴. 직업엔 귀천이 없지, 없고 말고."

소년이여, 비좁고 차가운 암흑에서 얼른 빠져나오렴.

너의 손은 문이 닫히기도 전에 홀로 적막했으니

나는 절대 이렇게 말할 수 없으리.

"난 그를 향해 최대한 손을 뻗었다고."

허튼 약속이 빼앗아 달아났던

너의 미래를 다시 찾을 수만 있다면

나는 절대 이렇게 말할 수 없으리.

"아마, 여기엔 이제 머리를 긁적이며 수줍게 웃는 소년은

없다네."

자, 스크린도어를 뒤로하고 어서 달려가렴.

어머니와 아버지와 동생에게로 쌩쌩 달려가렴.

누군가 제발 큰 소리로 "저런!" 하고 외쳐주세요!

우리가 지옥문을 깨부수고 소년을 와락 끌어안을 수 있도록.

이 시는 2016년 5월 구의역에서 스크린도어를 수리하다가 참변을 당한 비정규직 노동자 19세 김 군의 사건을 배경으로 합니다. 7개월 차 초보였던 김 군은 경험이 많은 정규 인력 두 사람이 진행하는 일을 혼자 하다가 목숨을 잃었습니다. 이는 상부의 지시였습니다. 사회는 값싼 비용으로 사람을 부리고 고귀한 생명을 위험으로 내몰았습니다. 다음의 링크는 함께 읽어볼 만한 기사예요.

* 하이퍼링크:
탁지영 기자, 〈2017년 구의역 참사 1주기 151개의 메시지, "잊지 않겠습니다"〉, 《경향신문》, 2020년 5월 28일 자. http://news.khan.co.kr/kh_news/ khan_art_view.html?artid=202005280600001&code=940100

　신문 기사와 연계해 시를 다시 쓰도록 한 것은 선택 과제 였는데, 3분의 1 정도의 아이들이 새로 쓴 시를 업로드했다. 아동폭력 기사를 링크하고 〈숨바꿈질〉이라는 시를 쓴 은혜, 육아와 돌봄 노동의 현실을 다룬 칼럼을 링크하고 〈엄마의 커피〉라는 시를 쓴 은서, 광화문의 촛불 시위 기사를 링크하고 〈작은 불빛〉이라는 시를 쓴 민욱의 작품에 눈길이 오래 머물 렀다. 아이들이 사회로 시선을 돌려 시를 창작했다는 것에 감 동을 느끼면서도 쓰는 동안 얼마나 힘들었을까 생각했다.

숨바꿈질

은혜

5월 20일, 날씨 흐림

학교에서 선생님이 일기를 숙제로 내줬다. 오늘부터 오늘 있었던 일을 적어야 한다.

오늘은 숨바꿈질 아빠가 얼굴이 터질 듯이 빨개지면 술래.

집으로 들어오기 전에 나만의 비밀장소로 숨었다. 엄마는 미처 숨지 못했다.

결국

엄마가 술래에게 잡혔다. 술래는 초록색 도깨비 방망이를 휘두른다.

엄마가 술래에게 잡혔다. 와장창와장창 엄청난 번개소리

비가 오나?

슬며시 열어본 장면

엄마 손에선 빨간 눈물

어라?

술래가 잡혔다.

엄마의 커피

은서

"나도 먹을래, 나도 줘!"
바짓가랑을 붙잡고 울고불고
어흥 할아버지를 부를까
토닥토닥 달랠까

그깟 커피가 뭐라고
어린 것이 뭐 필요하다고
울다 지쳐 잠든 아이
등에 업혀 새근새근

자칫 아이 깨기라도 할까
짧디 짧은 휴식 끝나기라도 할까
얼음장처럼 식어버린 커피
한 모금 두 모금, 꼴깍꼴깍

마치 머리부터 발끝까지
카페인이 퍼지길 기다리는 듯이

투박한 커피잔을 들고 아주 천천히

한 모금 두 모금, 꼴깍꼴깍

작은 불빛

민욱

작은 불빛은

너무 작아서 잘 보이지 않는다

희미해서 잘 눈치 채지도 못한다

하지만 작은 불빛이라도

어두운 곳에 있으면 그 무엇보다도 밝게 빛난다

한 줄기에 그치는 작은 빛이지만

모이고 모여 색색의 밤하늘을 이룰 수도 있다

보잘것없어 보이던 반딧불이 모이면

공중에 빛을 아우르고

캄캄하고 어두운 밤 속

제 각자의 자리에서 간격을 두고 선

전봇대 조명이 빛나는 것처럼

칠흑 같은 어둠

밤의 찬 기운을 이겨내고

용기 있는 작은 불빛들이 모이면

한밤중에도 빛의 파도를 만든다

작고 숭고한 빛을 지나면

아침 해가 떠오른다

아이들의 작품 중에는 읽기 힘든 시도 있었다. 검색하면 나오는 인터넷 기사 중에는 잔혹하고 자극적인 내용이 많기 때문일까. N번방 사건을 비롯한 성범죄 사건이나, 코로나19로 인한 구별 짓기를 소재로 시를 쓴 아이들 중에는 일방적인 비난을 쏟아내기도 했다. 마음이 무거워졌다. 어쩌면 이번 수업이 자극적인 뉴스들을 소비하고 마는 시간은 아니었을까. 아이들이 활동을 할 때 사회적 문제에 대한 충분한 성찰과 고민을 하도록 단계를 더욱 세밀화했어야 한다는 아쉬움이 남았다. 다시 이 수업을 하게 되면 모둠별로 한 가지 주제(노동, 빈곤, 죽음, 생태 등)를 선정하고 관련된 글을 읽은 후 토론하는 시간을 추가하고 싶다. 이때 교사가 읽기 자료를 미리 준비한다면 더 깊이 있는 성찰과 대화를 이끌어낼 수 있을 것이다.

글에 대해 느낀 점을 정리한 후에 시적 상황을 새롭게 구성하여 시 창작을 이어가면 좋겠다. 긴 호흡의 수업이 되겠지만 말이다.

두근두근 온라인
합평 시간

내가 쓴 글을 남에게 보여주는 건 무척 부끄러운 일이지만 또 그만큼 설레는 일이기도 하다. 합평은 실시간 온라인 수업으로 진행했다. 매주 금요일 오후로 시간을 고정하고 줌에서 아이들과 만났다.

　모두 화면과 소리를 끄고 정해진 시간에 입장했다. 얼굴을 보며 이야기하는 활동이 주가 아니고, 줌은 본격적인 활동을 위한 대기실의 역할과 출석 확인의 공간으로만 기능하기 때문이다. 출석 확인 후 아이들에게 활동을 안내하면서 모둠 편성과 오픈채팅방 주소를 올리고 나면, 아이들은 해당 링크를 타고 오픈채팅방으로 이동했다. 그리고 그곳이 주 활동무대가 되었다.

줌(ZOOM)을 통한 활동 안내

1모둠: 전○○, 백○○, 김○○, 장○○(카카오톡 오픈채팅 주소 링크: https://open.kakao.com/o/*****)

(…)

맨 앞에 이름이 있는 친구가 오늘의 모둠장입니다. 한 사람씩 작성한 시를 올리도록 하고요. 시를 읽고 좋은 점 혹은 고쳐 쓸 때 수정하면 좋을 부분에 대해서 말해주세요. 피드백은 구체적일수록 좋습니다!

아이들은 한 명씩 순서를 정해서 자신이 쓴 시를 올렸다. 대부분 모둠장인 아이가 "그럼 내가 먼저 올릴게" 하고 시를 올리면 자연스럽게 합평이 시작되는 식이었다. 아이들은 웹에 있는 구글 문서를 열어 텍스트를 옮겨 붙였다. 한 사람의 시가 업로드되면 나머지 모둠원이 그 시의 잘된 점이나 고칠 점을 말해주면서 대화가 이어졌다. 처음에는 '친구의 시에서 마음에 드는 구절과 그 이유를 말하면?', '시가 구체적으로 느껴지는가? 그렇게 말한 이유는 무엇인가?' 하는 식으로 대화의 주제를 제시했으나, 여러 번 반복해서 진행하고 나니 아이들이 주체적으로 자연스럽게 잘된 점과 부족한 점을 주고받는 대화의 흐름이 잡혔다.

활동이 진행되는 동안 나는 모니터 속 대화를 관전했다. 대여섯 개의 모둠을 차례로 모니터 안에 정렬해두고서. 그리고 종종 정체되어 있는 모둠에 가서 대화에 합류했다. 교사의 개입 없이도 흐름이 자연스러운 모둠도 있고, 대화가 뚝뚝 끊어지는 모둠도 있었다. 전체적으로 공지할 사항이나 시간 안내는 줌에서 목소리로 전했다. 50분 수업이 넘어가도록 대화가 이어지는 모둠이 더 많았는데, 정해진 수업 시간이 끝나기 5분 전에 잠시 줌으로 넘어와 학번과 이름을 채팅창에 기록해 출석 체크를 하도록 하고 수업 마무리를 했다. 그런 다음에도 활동이 이어지는 모둠은 이야기를 독려하고 칭찬해주었다.

다음은 온라인 합평의 한 장면이다(은혜의 이 시는 초고 상태로서, 합평과 고쳐 쓰기를 거쳐 앞서 소개한 최종 시가 완성되었다).

숨바꿈질

은혜

2월 30일

학교에서선생님이일기를숙제로내줬다오늘부터써야한다.

오늘있었던일을적으면된다고하셨다.오늘은숨박꿈질을햇다.

은혜

이번엔 내가 올릴게. 얘들아 어떤지 한번 봐줘. 원래는 띄어쓰기를 뒤죽박죽하려고 했는데 그건 좀 아닌 거 같아서 맞춤법만 조금 이상하게 했어.

예진

와 일기 형식으로 적었다는 점이 참신하다. 그리고 정말 아이가 적은 것처럼 간간이 맞춤법 틀린 것과 띄어쓰기도 저렇게 된 게 더 리얼함을 살려준 거 같아! 그리고 내용이 너무 슬프다. ㅠㅠ

아빠가얼굴이터질듯이빨개지면술래가되는거다.그럼나는나만의비밀의장소에가서숨는다.

나는엄마한테말했다.엄마엄마엄마도숨어요!엄마가말햇다아가야아가야미안해여기서나오지마하고문을닫앗다.

결국엄마는술래한테잡혔다.술래는무시무시한초록색도개비방망이를들고다닌다.

엄마는오늘도술래한테잡혓다.와장창와장창엄청난번개가친거같아요

그래서궁금해서문틈으로봤어요.엄마랑눈이마주첫어요

엄마가울어요그러면서나오지말래요그럴수없어요술래는나를찾았어요.

이제나한테서붉은눈물이나와요

아야

경은

띄어쓰기를 안 해서 나는 조금 읽는 게 힘들었어. 그리고 아이의 감정이 잘 드러난 것 같아.

혜현

정말 아이가 쓴 것처럼 생생해. '아야'라고 한 것도 좋았어.

세연

주변에서 들었던 가정폭력 현실이 생각나고, 아이의 시선에서 폭력을 다룬 것이 너무 신박했어.

은혜

확실히 조금 띄어 쓰는 게 나을까?

경은

응응. 근데 이게 채팅으로 보는 거라 불편한 걸 수도 있어. 안 띈 것도 매력 있어서, 아이 같고. 한번 생각해봐~

혜현

도깨비방망이 표현도 잘 쓴 것 같아. 근데 슬퍼. ㅜㅜ

실시간 온라인 합평 분위기는 예상보다 훨씬 좋았다. 활동의 성공 요인을 몇 가지 뽑아보면, 첫 번째는 '모둠장 교육'이다. 모둠장을 희망하는 학생들의 자원을 받아, 첫 번째 합평시간 10분 전에 미리 줌에서 화면을 켜고 만나 활동의 흐름을 안내했다. 모둠장 교육은 전체적으로 전달하기보다는 따로 불러서 했을 때 아이들이 느끼는 책임감과 집중도가 높다. 그래서 교실에서도 따로 불러 진행하곤 했었다. 다른 학생들이 모두 퇴장한 후에는 모둠장들에게 수업에 대한 소감을 들었다. 아이들의 피드백을 통해 활동의 난이도나 시간 안배 등을 조절할 수 있었다.

두 번째는 오픈채팅 기능의 활용이다. 특히 '답장' 기능이 매우 유용했다. 답장 기능이란 상대방이 한 말을 따와서 그에 이어 붙여 답변하는 방식이다. 말할 타이밍을 놓쳐도 시간 차로 자신의 의견을 낼 수 있어서, 오래 생각하고 의견을 올리는 아이들이 자주 활용했다. '내보내기' 기능은 교사에게 유용하다. 아이들의 대화 내용을 매 시간 텍스트 파일로 다운로드할 수 있어, 생활기록부에 기재할 내용을 갈무리하고 근거 자료로 저장해둘 수 있다.

무엇보다도 세 번째가 핵심이다. 단순하다. 온라인 공간은 부끄러움이 덜하고 좀 더 자유롭다는 것.

"시를 창작하는 것을 잘 못하지만 쓴 다음에 선생남과 친구들이 피드백을 줘서 조금 더 좋은 시를 쓰는 것이 좋았다."

"시를 평소에 많이 읽을 일도 없었고 쓸 일도 많지 않았는데, 다양한 시를 읽어보고 이런 시도 있구나 접하게 되었다. 사회문제와 접목한 것이 의미 있어서 좋았다. 특히 글을 쓰고 공유할 때 내가 생각하지 못했고 캐치하지 못한 점을 다른 사람을 통해서 알 수 있어서 좋았다."

"코로나 때문에 요즘에는 친구들도 못 만나고 세상과 단절된 기분이었는데 같이 글을 읽고 쓸 수 있어서 좋았습니다."

"다양한 시를 읽을 수 있었다. 선생님께서 글을 쓸 때 진지하게 같이 고민해주시고 피드백 주셔서 감사했다. 단지 선생님만 피드백을 준 것이 아니라 친구들이 내 글의 독자가 되어 반응해주니까 글쓰기의 방향을 잡을 수 있었고 자존감도 많이 올라갔다. 시 쓰는 게 이렇게 즐거운 일인지 몰랐고, 온라인으로 이렇게 수업할 수 있다는 게 놀라웠다."

새로운 판, 다른 방식으로 보기

온라인 수업 세계로의 진입은 이제껏 익숙했던 것을 달리 보게 했다. 모둠 활동이 특히 그렇다. 냉정하게 돌이켜보면 교실 안에서 모든 모둠이 처음부터 잘 돌아가기만 하는 것은 아니었다. 사실 교실 수업에서 아이들이 목소리를 내서 말한다는 것은 아주 조심스러운 일이다. 내가 하는 말이 틀린 말은 아닐까, 선생님이 의도한 답에 가까울까, 친구들의 심기를 불편하게 하는 것은 아닐까, 이것저것 따져보아야 하니까. 눈치 볼 것이 한두 가지가 아니니까. 수업 상황에 편안함이 깃들기까지는 긴장이 흐른다. 학생들 사이, 교사와 학생 사이에 라포를 형성하기까지는 모둠 대화가 활기를 띠기 어렵다. 많은 교사들이 모둠 편성부터 고민을 하고, 모둠을 꾸린 후에도 아이스브레이킹으로 다양한 게임을 하며 몸 풀기를 하는 이유가 바로 여기에 있다.

그런데 온라인 채팅에서는 아이들이 오히려 낯가리지 않고 곧바로 소통을 시작했다. 성적이나 교실 내 서열로 위계화되지 않고 수평적 대화가 이루어진 점도 무척 인상적이었다. 아이들은 입을 열어 말하는 것보다 채팅으로 소통하는 것에 부담을 덜 느꼈고, 목소리가 크거나 성적이 우수한 학생의 답변에 묻어가기보다는 자기 나름의 생각을 표현하기 시작했다. 채팅과 댓글이 아이들에게는 더 편안한 소통 방식이었던 걸까.

2학기가 되어서도 학교는 여전히 온라인 수업과 등교 수업을 병행했다. 온라인 기간 동안 수필 감상과 초고 쓰기를 하고, 오프라인 기간에 합평하는 것으로 나누었다. 온라인에서 시 합평을 했던 경험이 있으니 대면 상황에서는 더 열띤 분위기가 되리라 기대했다. 첫 번째 글쓰기 주제는 '좋아하는 사람의 고생담'으로, 아이들은 길었던 추석 연휴 기간 동안 가족이나 친구를 취재해 글로 썼다. 어려움이 있었던 시기와 그 극복 과정에 대해 이야기를 듣고 풀어내는 것이다. 산길을 걸어 학교에 가던 엄마의 학창시절 이야기, 재계약을 해준다는 마트 사장의 약속에 속았던 아빠의 노동 이야기, 절친한 친구의 롯데리아 진상 손님 대응기 등 다양한 사연이 쏟아져 나왔다. 그런데 이게 웬일. 대면 수업으로 진행한 합평에서 아이들은 먼저 말하기를 주저했다. 칭찬도 제안도 조심스러워하는 것이 아닌가.

모든 학생이 중학 시절의 나처럼 온라인에서 해방감을 느끼지는 않을 것이다. 그럼에도 온라인에서 유리한 활동이 분명히 있다는 것을 배웠다. 어쩔 수 없이 시작한 온라인 수업이었지만 수업의 도구를 확장할 수 있는 계기가 되었다. 대면 수업으로 돌아간다고 하더라도 글쓰기와 합평만큼은 구글 문서와 오픈채팅을 활용하려고 한다.

지난 한 해는 분명 어려운 시기였다. 누적된 경험이 부족해 수업의 진행 단계에서도 시행착오가 거듭 발생했다. 그렇지만 그 속에 있었기에 할 수 있는 것이 있었다. 새로운 환경에서, 새로운 주제로. 아이들과 더불어 한 뼘 더 넓어졌음을 느낀다.

김영희
천천고등학교

5

랜선 위에 올라서면

나를 확장할 수 있지!

지구 끝까지 품어 안는 '실천',
환경 책 읽기와 글쓰기

갑자기 소환된 미래,
원격 수업 원년

2020년은 많은 교사에게 충격과 공포의 시기였다. 교사뿐이 겠는가. 코로나19가 모든 지구인의 삶을 전과 다르게 만들어 놓았다. 죽지 않아야 하는 사람들이 세상을 떠났고, 생계 수단 이 뿌리부터 흔들리는 이가 허다했다. 요즘은 식사 시간이 되 어도 손님 하나 없는 식당을 자주 보게 되는데, 그럴 때마다 가슴이 서늘하다. 이래도 되나, 이래도 사람이 살 수 있나. 앞 으로 세상이 더 나빠진다면 우리는 무엇을 붙잡고 살 수 있을 까. 매상을 올려줄 것도 아니면서 빈 상점을 들여다보고 있는 게 민망해 잰걸음으로 빠르게 지나치고 만다.

인간을 살게 하는 것은 무엇인가, 하는 질문을 자주 던져 보곤 한다. 내가 찾은 답은 '의미'다. 내가 하고 있는 일이 가치 있는 것, 작용하는 것이라는 확신이 들면 엄혹한 상황에서도 존재가 스러지지 않는다. 원격 수업이라는 갑자기 소환된 미래 앞에서(정말이지 나는 22세기에나 하게 될 줄 알았다) 쪼그라들지 않기 위해, 수업에 어떤 의미를 실을 것인지를 가장 힘주어 고민했다. 이게 유일한 정답이라 단언할 수는 없지만 적어도 나라는 존재의 부피가 줄진 않을 테니까.

원격 수업이 모든 공교육 기관에서 시행된 원년인 2020년의 다소 거칠 수밖에 없는 수업 사례를 군이 소개해야겠다고 마음먹은 이유는, 동료 교사들에게 도구에 휘둘리지 않아도 충분히 의미를 담은 활동을 할 수 있다는 확신을 드리고 싶어서다. 기기 활용이 능숙한 스마트 교사들은(부럽습니다!) 본인의 재능을 마음껏 발휘하면 된다. 하지만 분명히 존재할, 온라인 수업이 두렵고 버거운 동료들에게는 취향과 능력에 맞는 도구 두세 개만 쥐고 있어도 충분히 좋은 수업을 할 수 있다는 확신을 주는 사람이 필요하다. "숙제하듯 새로운 기술 공부를 하지 않아도 돼요. 멈춰 서서 크고 길게 숨을 고르세요. 그래도 괜찮아요"라고 말이다. 나아가 온라인 도구를 사용했기 때문에 발견할 수 있었던(소 뒷걸음질 치다 쥐 잡은 격이지만)

학생 능력 신장의 영역들을 알려드리고 싶었다. 교실에서 수업을 할 때 '이 활동이 정말 효과가 있나, 애들이 뭘 배우고 있는 게 맞나?' 하고 의문을 가졌던 부분에 대한 힌트를 원격 수업 상황에서 찾은 경우가 종종 있었다.

나의 자부심인 천천고등학교 2학년 학생들과 수업의 의미를 찾기 위해 '함께' 고민하고 실행한 결과를 소개한다.

얘들아, 이제 우리
책 읽을 때가 됐어

급박하게 원격 수업을 준비하게 된 4월(1학기에는 '문학'을 가르쳤다), 내가 가르칠 내용이 무엇이 되어야 할 것인지를 두고 무겁게 고민했다. 교사와 학생이 시공간을 공유하며 상호작용을 한다는 전제가 사라진 상황에서 지식 전달에 목표를 둔 수업을 한다면 "학원과 뭐가 달라?", "인강 퀄리티가 훨씬 좋은데?"라는 불만을 들었을 때 아무 말도 할 수 없을 것 같았기 때문이다. 그래서 나는 공교육 수업이 가져야 하는 의미에 대해 더 깊이 생각을 해야만 했다. 고민에 대한 답을 '그래, 가치를 이야기해야겠다'로 내리고, 학기의 큰 주제를 '고통을 통과

하는 법'으로 세웠다. 학기의 흐름과 초점을 명확히 세워두면 납작한 지식을 가르치는 방향으로 수업이 나아가지 않으리라 여겼다. 그리고 온라인 문학 수업의 큰 틀을 '활동지 작성-교사가 만든 안내 영상 보기-모둠 토의-글쓰기'로 진행했다.

작품 하나를 다룰 때는 평균 5차시의 시간을 들여, 교사가 내준 질문에 학생들이 충분한 시간을 갖고 자기 생각을 만들 수 있게 하려 했다. 앞의 3차시까지는 내용 학습에 사용했다. 학습시에 실린 질문들에 학생이 직접 답을 쓴 뒤, 교사의 해설 영상을 보면서 자신이 생각하지 못한 내용을 보충하는 방식이었다. 매일의 학습은 항상 그날의 주제에 대한 글을 쓰며 맺었는데, 그 덕에 학생들은 1학기에 거의 매일 짧은 글쓰기를 했다. 분량에 기준을 두지는 않았지만 아이들은 대부분 두세 문단을 써냈다. 내용 이해가 어느 정도 이뤄진 후에는 카카오톡으로 모둠 토의를 했고(4차시), 마지막 시간(5차시)에는 자신의 경험, 생각, 친구와 나눈 이야기를 작품을 이해한 결과와 엮어 한 편의 글을 써냈다.

교과서 외의 다양한 글을 읽힐 수 없는 상황이 아쉬웠지만, 교과서 지문에 내 나름으로 의미를 실어 전했고, 학생들에게 '생각-강독-토의-글쓰기'로 이어지는 활동을 재차 경험하게 했다는 점이 만족스러웠다. 소득도 있었다. 일반적인 모둠 토의를 할 때는 아이들의 발언을 모두 확인할 수 없어 개운치 못한 면이 있었는데('토의를 하고 있는 건지, 돌아가며 발표를 하고 있는 건지?', '한 명만 말하는 것 같은데?', '얘들 지금 산으로 가는 것 같은데?' 같은 생각이 은은히 그러나 매번 들곤 했다), 문자 채팅은 대화 상황을 내 눈으로 직접 확인할 수 있으니 필요한 시점에 개입해 적절한 힌트를 주거나 응원을 할 수 있었다. 토론 방법 교육에서는 오히려 오프라인 수업보다 정교하게 접근할 수 있는 면이 있었다. 특히 '답장'을 활용해 상대의 말에 반응하게 하거나, 진행에 도움이 되는 사회자의 발언을 명확히 알려줄 수 있다는 점 등은 오프라인 교실이었다면 쉽지 않았을 일이다. 또, 작품 공부를 마무리하는 글을 쓸 때도 모둠원과 나눈 대화가 문자로 남아 있으니 학생들은 그걸 활용해 좋은 결과물을 만들어낼 수 있었다. 게다가 10대는 손으로 글을 쓰는 것보다 타이핑을 할 때 더 좋은 글을 써낸다! 하나의 작품을 공부할 때마다 아이들이 꾸준히 써낸 글을 보며 사고력과 표현력의 발전을 확인할 수 있었다.

그러다 보니 1학기가 끝나갈 즈음 나는 콧대가 꽤 높아져 있었다. 미증유의 상황에서 생전 처음 만져보는 도구들로 이런 수업을 해냈다면 꽤 선방 아니냐고 여겼다. 심지어 '나는 사이버 교사가 체질이 아닐까?'라는 생각도 했다. 하지만 뭔가 계속 허전했다. 뭐지, 뭐지? 아주 중요한 걸 흘리고 지나간 느낌인데….

여름방학 동안 머리의 열을 한 김 식히고 나니 정신이 들었다. 헐, 우리 책 안 읽었잖아. 교과서 속 낱낱의 작품을 읽고 의미를 논하는 일도 그 나름의 멋짐이 있었지만, 단행본이 중심이 된 것과는 분명 달랐다. 우리가 나눈 이야기들을 하나로 묶어내는 진한 의미 부여는 책을 쥐고 있어야 가능했다.

2학기에 맡은 교과가 '독서'였으므로, 지난 학기에 책을 제대로 읽지 못했던 것을 만회하겠단 마음으로 엄청난 독서 수업 계획을 세워버렸다. 환경을 주제로 한 책을 읽은 뒤 친구들과 대화를 나누고 글을 쓰기. 원한다면 누구라도 자신이 읽은 책의 작가를 만나 이야기 나누기. 작가와 나눈 대화를 녹취해서 인터뷰 책자 만들기. 각 잡고 세운 우리의 책 읽기 수업 계획이었다.

원격 수업을 향해 내가 품은 기대는 이것을 '등교 수업처럼' 운영하는 것이 아니었다. 원격 수업은 원격 수업이고, 등교 수업은 등교 수업이다. '좋은 원격 수업'의 기준을 '등교 수업과 다르지 않은'으로 세워둔다면 난 언제까지고 만족하지 못할 것이다. "역시 등교 수업이 최고야. 그만한 게 없어"라는 아쉬움을 매 순간 가지게 된다면 스스로를 좀먹는 일이다.

차시	활동	수업 유형	설명	비고
1차시	책 고르기	원격 수업	- 교사가 제시한 책 중 마음에 드는 것 하나를 정하고, 선택 이유와 활동에 기대하는 바를 패들렛에 쓰기	
2~5 차시	독서 일지	등교 수업	- 책을 읽으며 독서 일지 쓰기	수행평가 10점
6~7 차시	모둠 토의	원격 수업	- 카카오톡을 활용할 수도, 줌 같은 화상회의 프로그램을 활용할 수도 있음. 단, 전자는 성적 반영과 학생부 내용 기재가 불가하고 후자는 가능함 - 토의의 내용은 성적에 반영하지 않고 구술 평가와 서평 쓰기 전 작품 이해를 심화하는 차원으로만 활용함	
8~10 차시	구술 평가	등교 수업	- 교사가 제시한 열 개의 질문 중 무작위로 두 개를 추첨한 뒤 자신의 생각을 구술함	수행평가 10점
11~14 차시	서평 쓰기	등교 수업	- 책의 내용을 깊게 이해하는 데 도움이 되는 질문 세 개를 직접 만들고, 그에 대한 답 쓰기	수행평가 10점
	저자 인터뷰	-	- 수업 시간에 읽은 책의 저자를 인터뷰함. '강의'가 아니라 '인터뷰'라는 점이 특징(이 수업에서는 여덟 명의 작가를 섭외했다). 저자를 줌으로 초청해 질문에 대한 답을 듣는 활동 - 인터뷰 전, 참여 학생과 교사가 모여 책 대화를 나눈 뒤 인터뷰 질문을 만듦 - 인터뷰가 끝난 후 정리 모임을 가지며 배우고 생각한 바를 나눔	희망자만 참여 (학생부 기재용)

책 만들 기		- 저자와의 대화와 학생들이 저자 인터 뷰 전후의 만남에서 나눈 생각을 녹취 록으로 만들어 책자로 만들기 - 수행평가 결과물로 제출한 서평을 수 정해서 인터뷰 책자에 함께 싣기	희망자만 참여 (학생부 기재용)

물론 대면 수업은 좋다. 학생들과 시공간을 공유하며 같은 것을 보고 함께 감탄하는 일은 얼마나 멋진가. 눈을 맞출 수 있는데! 하지만 그것이 불가능하다면, 온라인이기에 가능한 새로운 학습의 영역과 가능성을 찾아야 한다. 내가 발견한 것은 시공간의 한계가 옅어진다는 점, 학생들이 다른 사람 눈치를 덜 본다는 점(적극적 참여까지는 아니지만 덜 소극적인 모습을 보였다), 말하기와 글쓰기를 연습하는 데 탁월한 도구가 된다는 점이었다.

책 읽기: '지금 당장' 할 수 있는 실천은?

환경문제를 다룬 책을 읽기로 했다. 코로나19로 인한 여러 사태의 근본적 원인을 환경 파괴에서 찾을 수 있다는 시의성 때문이기도 했지만, 아이들과 함께 '개운하게' 책을 읽는 경험을 해보고 싶어서였다. 막연히 '책을 읽으면 좋은 사람이 되고, 세상이 좀 더 나아지는 일에 기여하지'라는 차원이 아니라, 책 읽기가 곧바로 실천으로 옮아가는 시점, 독자의 삶을 바꾸는 계기를 탐구해보고 싶었다. 학생들의 사고 과정을 조금 더 면밀히 바라볼 수 있는 원격 수업의 특성을 활용해서. "이 책이 너의 어떤 지점을 어떻게 바꾸어놓았어?", "그래서 앞으로 너는 어떤 사람이 되고 싶어?", "이 책이 일깨운 '너'는 어떤 사람이야? 이제 보니 너는 무엇을 지향하는 사람이었니?", "변화를 위해 구체적으로 실천하려는 바는 뭐야? 지금 당장 시작할 수 있는 것은?", "나 한 사람의 변화는 세계에 어떤 영향을 미칠까? 자신이 무엇을, 어디까지 해낼 수 있을지 궁금하지 않아?"라는 질문을 던지는 수업이 되길 바랐다. 이 질문은 나를 향한 것이기도 했다.

책을 읽고 얻은 깨달음을 실천으로 옮기는 일도 연습이 필요하다. 나의 변화가 적어도 내 삶 하나는 제대로 바꾸어놓았다는 확신을 갖는 일은, 내가 세계의 변화에 무엇이라도 기여할 수 있다는 믿음으로 이어진다. 이런 효능감이 쌓인다면 아이들은 세상을 좀 더 낫게 바꾸어 나가는 일에 꾸준한 관심을 갖게 될 것이다. 그런 연습을 하지 않으면 무관심하거나, 무력하거나, 혹은 냉소적인 어른이 되고 말 것 같다.

그동안의 독서 수업에서 나는 주로 학생들에게 사회의 전반적인 문제를 다룬 책을 소개한 뒤 소외된 존재의 삶을 이야기했다. 우리가 힘 쏟아야 할 지점을 함께 고민했지만, 청소년 입장에서 눈에 띄는 결과로 이어지는 실천을 즉각 하는 건 쉽지 않았다. 의욕을 품었으면 화르륵 불탄 상태에서 뭔가는 해야 하는데, '지속적인 관심을 갖자' 외에는 당장 할 수 있는 일의 목록을 만드는 것이 쉽지 않았다. 캠페인이나 투고, 청원 등의 활동을 할 수도 있지만, 지속적인 실천의 동력이 된다기보다 일단 내 마음을 흡족하게 만드는 이벤트가 되고 마는 것 같아서 그리 선호하지 않는다. 그래서 늘 아쉬웠다.

하지만 환경문제에 대해서는 당장 우리가 할 수 있는 일이 아주 많다! 나는 이 특징을 독서 수업의 큰 초점으로 잡았다. '환경은 소중한 것이니 지켜야 해'라는 차원을 뛰어넘어(솔직히 이거 모르는 사람이 어디 있나), 일회성 캠페인 이상의, 책을 통해 얻은 깨달음과 마음의 일렁임을 당장의 그리고 지속적인 실천으로 옮아가게 하는 수업을 하고 싶었다.

학생들에게는 다음의 책을 권했다. 공장식 축산과 환경오염은 분리될 수 없는 개념이므로 절반가량은 동물권을 소재로 한 것이었다(학생들은 동물을 다룬 책을 정말 잘 읽는다!).

원격 수업 기간에 각자 읽을 책을 택했다. 실시간 화상회의

번호	제목	지은이	출판사	난이도
1	나는 풍요로웠고, 지구는 달라졌다	호프 자런	김영사	상
2	고기로 태어나서	한승태	시대의창	상
3	묻다: 전염병에 의한 동물 살처분 매몰지에 대한 기록	문선희	책공장 더불어	중
4	아무도 미워하지 않는 개의 죽음	하재영	창비	중
5	두 번째 지구는 없다	타일러 라쉬	RHK	하
6	아무튼, 비건	김한민	위고	하
7	나의 비거니즘 만화	보선	푸른숲	하
8	우린 일회용이 아니니까	고금숙	슬로비	하
9	쓰레기책: 왜 지구의 절반은 쓰레기로 뒤덮이는가	이동학	오도스	하
10	무해한 하루를 시작하는 너에게	신지혜	보틀프레스	하

프로그램인 줌으로 만나 학생들에게 책 정보를 주고, 인터넷 서점이나 SNS 등을 직접 검색하여 읽고 싶은 책의 후보를 세 권으로 추리게 했다. 책을 읽고 하는 활동 중에 모둠 토의가 있으므로, 각자 3순위까지 책을 정하면 화상회의 프로그램의 소회의실에서 모둠원과 상의를 한 뒤 최종 한 권을 정하라고 일렀다.

모둠 구성을 할 때, 별것 아니지만 알아두면 도움이 되는 팁 한 가지를 소개한다. 온라인 환경에서 모둠 활동을 할 때는 친한 친구들과 하는 것이 좋다. 등교 수업에 비해 사람에 익숙해지는 시간이 오래 걸리기 때문이다. 하지만 "가까운 사람과 모둠을 만들어"라고만 하면 모둠 사이의 편차가 너무 커지고, 소외감을 느끼는 학생이 생길 수도 있다. 이런 문제를 해결하기 위한 방법이 있다!(난 사이버 교사니까!) 아이들에게 "같은 모둠을 하고 싶은 사람 두세 명이 모여서 명단을 보내"라고 주문한다(구글이나 네이버 설문 양식을 사용해서 수합하는 것이 좋다). 두세 명으로 구성된 소집단을 둘씩 조합하면 네다섯 명의 모둠 하나를 만들 수 있다. 아무 집단에도 끼이지 못한 학생도 조용히 배정할 수 있다. 학생 입장에서는 가까운 이와 함께할 수 있어 마음의 부담이 적고, 교사는 능력치가 고른 모둠 편성 결과를 얻어낼 수 있어 만족스럽다.

책 선택이 끝나면 학생들은 교사가 남긴 질문들에 대한 생각을 패들렛에 쓴다. 독서 수업이 모두 끝난 뒤에 일어난 변화를 좀 더 확실하게 확인해보고 싶어서, 아이들이 본격적인 활동을 시작하기 전에 환경문제에 대한 자신의 입장을 글로 남기게 한 것이다. 이 활동이 본인에게 어떤 영향을 미치길 바라느냐고 기대감을 따로 묻기도 했다. 학생들이 수업을 '시간표에 있으니 듣는 것'이 아니라 '본인의 변화와 발전에 영향을 미치는 것'으로 인식하길 바랐기 때문이다. 교사가 의욕을 갖고 새로운 활동을 시작하려 할 때 학생들의 기대를 듣는 일은 큰 힘이 된다. 학생들이 기대하는 바가 교사의 예상보다 크다는 걸 확인할 수 있기 때문이다. '아, 얘들은 더 나아지기를 바라는 존재구나, 나와 함께'라는 믿음을 갖는 일은 교사가 허리에 힘을 주어 수업을 밀고 나가게 하는 동력이 된다.

다음은 학생들에게 한 질문이다.

1. 평소 환경문제 앞에서 본인이 어떤 자세를 취해왔는지를 떠올려 정리해봅시다. 코로나19 사태를 거치며 어떤 생각을 하고 있어요?
2. 자신이 읽을 책의 제목을 알려주세요. 이 책을 선택한 이유는 무엇입니까? 나의 마음을 앗아간 요인을 알려주세요.
3. 이 책을 읽는 일을 통해 알고 싶은 것, 변화하고 싶은 방향에 대한 기대들을 정리해 써봅시다.

이에 대한 여러 답변들 중 인상 깊은 것 두 가지를 옮긴다 (원래는 문항별로 분리되어 있는 답변인데, 가독성을 높이려 한두 문단짜리 글로 편집했다).

환경문제에 대한 관심은 남들보다 높았다고 할 수 있다. 그렇지만 딱 관심까지였다. 정보를 많이 접하고 많이 슬퍼했지만, 부끄럽게도 그 와중에 실천은 없었다. 내가 알고 있는 실천 방법은 막연했고, 고기는 맛있었다. 그래서 내 다짐은 이 책을 읽고 실천까지 나아가는 것이다.

내가 선택한 책은 《고기로 태어나서》다. 사실 계기는 단순했다. '고기도 좋아하고 동물도 좋아하니까, 이 책을 읽으면 나한테 변화가 생기겠다'라는 마음으로 선택했다. 책을 검색하니 내용이 꽤 적나라하고 슬펐다. 나에겐 약간의 충격 요법이 필요한 것 같다는 마음에서도 이 책을 선택했다.

고통받다 죽을 운명으로 태어나는 건 어떤 의미일까. 이 책을 읽고 나의 동물에 대한 사랑이 내 옆에서 자고 있는 우리 집 강아지뿐만 아니라 축사에 있는 동물들한테까지 넓어졌으면 좋겠다. 그리고 항상 관심을 가져왔지만 차려주는 밥 먹는 사람의 입장으로서 실천하기 어려웠던 비건에 대해서 내가 더 적극적으로 변했으면 좋겠다.

(은서, 《고기로 태어나서》를 택한 이유)

환경 관련 글이나 다큐멘터리를 보며 환경문제의 심각성에 대해 느끼곤 했지만, 그것이 실생활에서까지 오래 지속되진 못했던 것 같다. 먹고 싶은 것을 먹고 내 몸이 추울 땐 따뜻하게 더울 땐 시원하게 하면서 생활 속에서 곧 환경오염으로 이어질 행동을 그저 '편리함'으로 여겼던 것 같다. 기본적으로 세상을 살아가면서 필요한 태도(분리수거, 물 절약)를 실천하나, 내 자신에게 직접 "어떻게 하면 환경문제를 해결할 수 있을까?"라는 질문을 던지진 않았고, 그저 따라가는 입장이었다.

나는《묻다: 전염병에 의한 동물 살처분 매몰지에 대한 기록》을 택했다. '환경문제'라는 하나의 카테고리를 넘어 생명에 관련된 문제까지 이야기하는 책이라서 나에게 더 와 닿을 수 있을 것 같았고, 이 책을 통해 환경문제와 생명의 소중함을 다시 한 번 나로 하여금 느끼고 사고하게 만들 수 있을 것 같았기 때문에 이 책을 선정하게 되었다. 이 책을 읽으며 우리의 삶과 환경문제, 심각성에 대해 조금 더 트여 있는 사람이 될 수 있길 소망한다. 나와 같이 한 사람 개인의 작은 변화가 사회에 선한 영향을 줄 수 있을 것이라고 믿는다. 어떤 문제에 대해 해결책을 열심히 따라가는 것도 중요하지만, 세상일에 조금 더 주도적인 사람이 되어 의견을 낼 수 있는 사람이 되고 싶다.

(현진,《묻다》를 택한 이유)

독서 일지: 책을 읽으며 정리하는 생각의 결에 대하여

본격적으로 책을 읽고 독서 일지(활동지)를 쓰는 일은 등교 수업 때 시작했다. 온라인 활동 중 직접 수행 여부를 확인할 수없는 것은 학기말 성적에 반영하거나 생활기록부에 기록할수 없었기 때문이다(즉 '독서 일지 쓰기'를 원격 수업 기간에 진행하면 이를 수행평가로 운영할 수 없다는 의미다. 원격 수업 기간에는 화상 회의 프로그램을 기반으로 한 토의나 구술 평가 혹은 본인이 등장한 동영상 촬영 결과물만을 성적 산출과 기록의 대상으로 삼을 수 있었다).

활동을 준비할 때 독서 일지에 담을 질문을 두고 고민했다. 그동안 '인상 깊은 글귀와 이유, 책과 관련한 경험과 사회문제'를 담아 물어왔는데, 이 수업의 목표는 앎을 실천으로 이끄는 발판을 만드는 데 있었으므로, 아이들의 사고를 '할 수 있는 일, 해야 할 일'을 궁리하는 방향으로 이끌어갈 필요가 있었다.

[1차시]

- 이 책을 택한 이유는 무엇인가요?

- 이 책이 본인에게 어떤 영향을 미치기를 기대하나요?

- 오늘 읽은 부분에서 작가가 전하고자 한 메시지가 집중적으로 담긴 부분을 두 개 찾아 옮겨 씁시다. 그것에 대한 자신의 입장도 정리해주세요.
- 오늘 읽은 부분에서 명문장은 무엇인가요? 그것이 멋지다고 생각한 이유를 알려주세요.

[2차시]
- 오늘 읽은 부분에서 작가가 전하고자 한 메시지가 집중적으로 담긴 부분을 두 개 찾아 옮겨 씁시다. 그것에 대한 자신의 입장도 정리해주세요.
- 오늘 책을 읽으며 새롭게 알게 된 점, 깨달은 점, 생각한 점은 무엇인가요?
- 오늘 읽은 부분에서 명문장은 무엇인가요? 그것이 멋지다고 생각한 이유를 알려주세요.
- 이 책에 대해 토의를 할 때 친구들과 대화 나누고픈 생각거리를 두 개 떠올려봅시다.

[3차시]
- 책을 읽으면서 알게 된 내용 중 생각과 행동에 변화를 일으킬 만큼 인상적이었던 것을 두 가지 정리해봅시다.

- 이 책을 읽는 일이 나에게 일으킨 영향과 변화를 구체적인 사례를 들어 이야기해주세요.
- 중요하다고 생각하는 바를 꾸준히 고민하고 그것을 글로 써 책을 만드는 마음은 어떤 마음일까요? 이 작가의 '실천'은 세상에 어떤 영향으로 남을까요?
- 여러분은 어떤 분야에 관심을 가지고 있어요? 본인이 '실천'하고 싶은 바를 알려주세요.
- 친구들과 토의를 할 때 이야기하고 싶은 질문을 한 가지 쓰고, 그것이 중요하다고 생각하는 이유를 알려주세요.

책을 거의 읽었을 즈음인 3차시 활동지에 '실천과 연결되는 질문'을 집중적으로 실어 물었다. 책을 읽는 일이 본인에게 일으킨 변화를 구체적으로 말하게 했다. 한발 더 나아가 이런 책을 쓰는 작가의 마음을 떠올려보라는 주문을 하기도 했다. 글을 쓰는 일과 읽는 일이 세상에 미치는 영향을 생각하게 만들고 싶었다.

학생들이 내 기대보다 훨씬 더 깊은 마음을 담아 답을 해주어 그걸 읽고 있자니 나까지 단단해지는 기분이 들었다.

[질문] 이 책을 읽는 일이 나에게 일으킨 영향과 변화를 구체적인 사

례를 들어 이야기해주세요.

우선 가장 먼저 바뀐 것은 빨대 쓰지 않기였다. 원래 집에서도 아이스티 마실 때 쌓여 있는 빨대를 굳이 뜯어 사용했는데 요즘엔 하지 않는다. 배달 음식을 시켜 먹을 땐 메시지로 "일회용품 안 주셔도 됩니다"를 덧붙여 집에 일회용품이 쌓이지 않도록 노력하고 있다. 책을 읽으며 나의 노력이 선택이 아닌 필수라는 것을 알게 되었다. 나의 풍요가 지구에 변화를 불러왔으며, 이러한 풍요로움이 지구를 해치는 것을 막아야겠다고 느꼈기 때문이다. 아직은 텀블러를 사용하는 것도, 육식을 과하게 하지 않는 것도 어색하지만, 차차 해내야 하는 과제라고 생각한다.

[질문] 중요하다고 생각하는 바를 꾸준히 고민하고 그것을 글로 써 책을 만드는 마음은 어떤 것일까요? 이 작가의 '실천'은 세상에 어떤 영향으로 남을까요? 여러분은 어떤 분야에 관심을 가지고 있어요? 본인이 '실천'하고 싶은 바를 알려주세요.

글은 생각의 정리에서부터 시작되고 생각은 고민에서부터 시작한다. 무언가에 대한 깨달음이나 문제의식이 없다면 생각을 하지 않게 되고, 그에 대한 행동도 없다. 그 때문에 꾸준히 고민한다는 것은 내 행동에 대한 검토다. 내가 잘하고 있나?

이게 진짜 옳은 게 맞나? 하는 고민이 생각이 되고, 그 생각을 정리하면 글이 되는 것이다. 그리고 그 글은 독자에게 전달되어 그들 나름대로 문제의식을 갖게 한다. 파장처럼 서서히 확장하게 할 수 있는 수단이다. 실천은 실천으로 이어지고, 우리 모두가 당연히 받아들일 수 있게 도와줄 것이다.

나는 세상일에 관심을 가지고 있다. 오늘은 누가 어떻게 죽었는지, 그렇게 죽는 게 당연한 거였는지, 내가 행동할 것은 없는지 생각하며 끊임없이 그들을 기억하려고 노력한다. 일종의 실천인 것이다. 앞으로도 나의 기억은 실천될 예정이다. 그들의 죽음을 기억함으로써 또 다른 죽음이 없도록, 더 나은 세상을 만들고 싶다.

[질문] 친구들과 토의를 할 때 이야기하고 싶은 질문을 한 가지 쓰고, 그것이 중요하다고 생각하는 이유를 알려주세요.

"이 시대에 환경문제를 줄이기 위한 실천은 과연 선택일까?"

→ 사람들이 환경문제에 무관심하고 실천하지 않는 건 선택이라고 생각하기 때문이다. 불편함을 감수할 수 있다면 실천하는 것이고, 감수하기 싫다면 실천하지 않을 것이다. 하지만 나의 편의보다 아프리카의 굶주림이 등한시될 수 있나? 비도덕적인 가축의 살생이 당연한 것이 될 수 있나?에 대해 고민

해봤을 때 나는 아니라고 생각해서 위와 같은 질문을 만들어 보았다.

(진화,《나는 풍요로웠고 지구는 달라졌다》를 읽고 쓴 독서 일지)

모둠 대화: "너무 어려워진 것 같아서, 생각이 복잡해졌어요"

책을 읽고 하는 평가가 개인 활동이라 하더라도 준비 과정에는 모둠 대화를 넣는 편이다. 같은 책을 읽어도 혼자 읽고 이해하는 것과, 친구들과 대화를 나눠보는 것은 사고의 폭과 깊이가 전혀 다르기 때문이다. '책 대화'는 구성원 모두 토의 주제를 두 개씩 만든 뒤, 각각에 대한 생각을 돌아가며 이야기하는 식으로 진행한다. 이를테면 이런 식이다(대화 전문은 '참고 자료' 수록).

책에서는 일회용품 용기를 줄이기 위해 룸메이트가 배달 음식을 먹지 못하게 하는 장면이 나오는데요. 가치를 추구할 때에, 타인에게 "너도 해"라고 말하는 일에 대해 어떻게 생각해요?

서린: 저는 어떤 것이든 남한테 강요해선 안 된다고 생각하는

데, 남에게 무언가를 강요하는 순간 상대가 그걸 좋게 받아들이고 수용하는 경우는 거의 없다고 생각하거든요. 어떤 가치관이든 "너 이거 해"라고 말하는 순간 역효과가 생길 수 있고 오히려 반감이 생겨서 거부할 수도 있는 거잖아요. 도덕적, 환경적 여러 면에서 봤을 때 완벽하게 옳은 일이더라도 타인에게 강요해서는 안 된다고 생각해요. 하지만 실천을 해야 하는 이유가 무엇인지, 이것을 함으로써 뒤따라올 혜택은 무엇인지 알려주는 식으로 권장하는 건 필요하다고 생각해요.

교사: 전략적 측면에서의 접근이구나?

서린: 네.

윤서: 환경을 지키겠다는 의도는 멋지지만 이걸 타인에게 강요해서는 안 된다고 생각해요. 제안을 하거나 "이거 어때?"라고 소개 정도는 할 수 있겠지만, "너 이거 하면 안 돼"라고 강제하면 서린이 생각과 마찬가지로 반감이 들 것 같거든요. "왜 네 생각을 나에게 강요해?" 그러면서 오히려 막나가게 될 것 같기도 하고. 아무리 멋진 일도 타인에게 강요하는 순간 그건 멋지지 않은 게 되는 것 같아요.

진화: 일단은 "~해" 혹은 "~하지 마"라고 하는 말을 들으면 거부감이 생길 수 있고, 그래서 다른 사람에게 옳은 일에 대해 권하는 말을 할 때에는 이런 카테고리가 있다는 식으로 유하

게 제시해주는 게 맞는 것 같은데, 하지만 저는 개인적으로 우리가 환경에 대한 실천을 너무 오래 유예해왔다고 생각하거든요. 환경문제가 너무 심각해서 이걸 바로잡을 시간이 얼마 남지 않았다고 봐요. 시간이 없다 보니 그만큼 분명한 태도와 입장을 가질 필요는 있다고 생각해요.

교사: 내가 궁금한 건 '어디에서부터 강제할 수 있을 것인가'라는 기준 설정의 문제였어. 예를 들어 사람을 죽이면 안 되잖아. 이건 강제해야 하잖아. 하지만 책에 나온 것처럼 우리가 비닐봉지를 막 써서 어딘가에선 어린이 45명이 죽는단 말이야. 내 눈에 안 보이는 거지 어딘가에선 분명히 영향을 미친 거고. 그런 지점들에 대해 기준 설정을 어떻게 해야 하는 것인지를 이야기해보고 싶었어. 내가 눈앞에서 사람을 죽였어. 그건 절대 안 되잖아. 설득의 문제가 아닌 거지. 그런데 눈에는 안 보이는데 내가 한 일에 영향을 받아서 누가 죽었어. 그렇다면 이 지점은 어떻게 해야 하는 거지? 생사여탈의 문제가 된다면 이건 취향의 문제가 아니잖아. 그럼 권유 차원으로 나이브하게 접근해도 되는 건가? 이런 의문이 든 거야. 그런 지점에 대해서 우리는 어디까지 이야기해야 하나, 할 수 있을까에 대해 같이 생각해보고 싶었어.

윤서: 저는 사실 이 책에서 어린이 45명이 죽는다는 게 잘 와

닿지 않았어요. (45명을 살리려면) 대한민국의 모든 사람이 비닐봉투를 단 하나도 사용하지 않았을 때 일어나는 일이잖아요. 전제 자체가 너무 이상적이라는 생각이 들었어요. 내가 쓴 비닐봉투가 어떤 과정을 거쳐서 저 먼 나라의 사람들에게 영향을 미치게 된다는 것인지, 이걸 정확하게 설명하지 않으면 설득력이 떨어진다고 봐요. 전 사실 납득이 잘 되지 않았거든요.

교사: 너무 전제가 이상적이라는 거지?

윤서: 네. 제 자신이 1년에 플라스틱을 사용하지 않았을 때 사람을 한 명 살린다고 한다면 내가 사람을 살린다고 인식하겠지만, '대한민국 모두가 하루 동안 단 하나도 사용하지 않았을 때'라는 상황이 실제로 일어날 수 없는 일이니까 와 닿지 않았어요.

교사: 그럼 좀 더 구체적으로, '내가 10년 동안 비닐봉투를 안 쓰면 사람이 두 명 산다'라는 문장으로 바뀐다면?

윤서: 그러면 노력을 할 수 있을 것 같아요.

교사: 그렇다면 내가 혼자 안 썼을 때 사람이 두 명 살아, 내 친구도 안 쓰면 사람이 두 명 더 사는 거잖아. 그렇다면 "쓰지 마!" 할 수 있는 것 아닌가?

윤서: 완전히 강경하게 "쓰지 마"라고 할 수 있는 건 아니지만, "네가 안 쓰면 사람이 한 명 산대, 어떻게 할래?" 은근히 설득

을 많이 할 것 같아요. 진짜 집요하게, 계속요.(웃음)

교사: 아, 내용의 문제가 아니라 전달법의 문제란 말이지?

윤서: 네, 그렇죠. 제가 하는 말은 완곡하겠지만, 귀찮을 정도로 계속해서 실천하게 만들기.

교사: 어, 아, 알겠다. 이해됐어.

교사: 분리될 수 없는 내용이긴 해. '당장 해야 하는 것'과 '타인에게 이야기했을 때 오히려 반감으로 다가오면 부작용이 생길 텐데 그렇다면 유하게 접근하자'라는 생각. 정답이 없지만, 너희가 그 기준을 어떻게 설정할 것인지 되게 궁금했어.

서린: 너무 어려워진 것 같아 가지고, 생각이 많아져요.

교사: 누군가의 생사여탈과 관계없다면 깔끔한 문제인데. 안 보이고 있던 지점까지 생각해버리면 복잡한 문제가 돼.

윤서: 사실 사람들이 쓰레기 때문에 누군가 죽는다는 생각을 안 하잖아요. 사실 동물이나 바다 오염 이런 건 확 와 닿는데, 쓰레기 때문에 사람이 죽어? 내가 쓰레기를 안 만든다고 사람이 산다고? 너무 거대한 말이라 잘 안 와 닿는 것 같아요. 인간의 목숨과의 연관성을 완전히 강력하게 제시를 하면, 납득할 수 있게 만든다면, 그러면 사람들 모두가 강제적으로 "일회용품 쓰지 마"라고 말할 수 있게 될 것 같아요.

교사: 지금은 납득이 돼? 쓰레기 때문에 사람이 죽는다는 게?

윤서: 사실 지금도 왜 죽는지를 설명해줘야 납득이 될 것 같아요. 막연히 일회용품 안 쓴다고 해서 사람이 산다고 하면 그 사이에 왜 그런지 모르잖아요. 하지만 사람의 목숨을 앗을 수 있다는 지점에 대한 이해를 했다면 저는 이 문제에 대해 강압적으로 말해야 한다고 생각해요.

(서린, 윤서, 진화와 교사가 《우린 일회용이 아니니까》를 읽고 나눈 대화)

원격 수업에서는 카카오톡 문자 채팅이나 줌 같은 화상회의 프로그램을 이용해 모둠 대화를 나누는데, 나는 등교 수업에서 모둠 토의를 할 때에도 카카오톡을 썼다(내 수업 시간에 이뤄진 모둠 토의가 감염병 전파 경로가 된다는 걸 상상만 해도 정신이 반쯤 나갈 것 같다!). 이 활동의 초점은 '대화 자리를 마련'하는 게 아니라, '생각이 부딪치는 경험을 일으키는 것'에 있다. 같은 책을 읽고 나누는 대화의 첫 번째 가치는 다른 생각의 존재를 확인하는 일이다. 하지만 냉정하게 말하면, 이것은 패들렛에 다른 학생이 쓴 글을 읽게 하는 것으로도 할 수 있다(오히려 그편이 더 많은 수의 생각을 만날 수 있어 유용하다). 이왕 토의를 한다면, 이것을 뛰어넘는 조금 다른 방향의 욕심을 품어보고 싶었다.

사실 앞의 대화는 정규 수업에서 나눈 것이 아니다. 저자 인터뷰에 참여하는 학생들이 작가를 만나기 전에 따로 줌으로 만나서 활동한 내용이다. 가치를 추구하는 이가 다른 사람에게 "그거 하지 마(혹은 해)"라고 말하는 일을 어떻게 보느냐는 질문에 두 학생은 '강요는 옳지 않다'라는 반응을, 다른 한 학생은 '너무 중요한 문제라면 강요할 수 있다'라는 입장을 보였다. 일반적인 수업이었다면 참여자들은 각자의 입장 차이를 확인한 뒤 다음 주제로 넘어가 새로운 이야기를 시작했을 것이다. 그랬다면 학생들은 활동 의의를 묻는 교사에게 "저와 다른 생각이 있단 걸 알게 되어 신기했어요"라고 답했을 테고.

대화의 흐름을 바꾸어놓은 대사는 교사의 "내가 궁금한 건 '어디에서부터 강제할 수 있을 것인가'라는 기준 설정의 문제였어"였다. 그때부터 학생들의 사고가 뒤엉키기 시작했기 때문이다. 다른 생각의 존재를 인식하는 것만으로는 부족하다. 누군가 던진 질문에 "응?" 하는 당혹감을 느껴야 한다. 그것을 통해 내 사고의 허점을 인식하고 논리를 보완하거나, 보완으로 해결될 일이 아니라면 처음부터 입장을 다시 세워보아야 하는 것이다.

원격 수업이기 때문에 조금 더 직접적이고 섬세한 접근이 가능했던 지점 중 하나는 토의 방법을 가르치는 일이었다. 1

학기에는 카카오톡 문자 채팅을 사용해 아이들 사이에서 일어나는 대화를 살피며 '좋은 토의'의 상을 세우는 활동을 했다. 구성원 사이의 의견 교환이 잘 일어나지 않거나 너무 단순한 생각만이 이어질 때에는 교사가 등장해 "이럴 땐 이렇게 하는 거야"라는 안내를 해주었다. 하지만 2학기에 작가 인터뷰 신청자들과 책 대화를 하다 알게 된 깨달음은, 교사의 지원보다 중요한 것은 '지적 자극을 주는 한 명'을 만드는 일이란 점이었다. 인터뷰에 지원한 학생들은 의욕이 강하고 책에 애정이 높은 친구들이었는데, 그 아이들도 교사가 없는 상태에서 대화를 했다면 찬/반으로 의견이 나뉘는 상황에서 입장의 차이만을 확인하고 대화를 마쳤을 것이다. 우리가 평소에 해온 토의는 그런 식이었으니까. 하지만 나는 현실의 문제를 조금이라도 나아지게 하려면 "나와 다른 생각이 있구나. 신기하다" 이상의 사고를 갖게 하는 대화가 필요하다고 본다. 나의 것과 다른 이의 사고가 뒤엉키는, "너무 어려워진 것 같아 가지고 생각이 많아"지게 하는. 그래야 책 대화의 본질적 목표에 도달할 수 있다.

아쉽게도 이 깨달음을 정규 수업 모둠 토의가 끝난 뒤 갖게 되었으므로, 다음부터는 '지적 자극을 주는 한 명'을 만들기 위한 사전 모임을 꾸려보려 한다. 모둠별 신청자를 한 명씩 받아 예닐곱 명 정도가 모여, 한 시간 동안 교사와 대화를 나누는 것이다. 다른 생각과 부딪치며 사고가 쑥 깊어지는 '당혹'의 순간, 이 책을 두고 나눌 수 있는 심화된 이야깃거리들의 존재를 체험해보면 참여자들이 자기 모둠에 돌아가 대화를 할 때 이를 적용할 수 있을 깃 같다. 못하면 어떤가, 한 학급에서 예닐곱 명의 학생이 '생각이 많아지는' 대화의 즐거움을 느껴봤다는 것만으로도 멋진 일인데!

'대표 학생이 그렇게 많이 나올까?'라는 염려가 들 수 있다. 하지만 원격 수업을 하며 발견한 또 다른 가능성 중 하나는 학생들이 다른 사람 눈치를 덜 본다는 점이다. 교사가 "이런 거 해볼래?"라는 제안을 했을 때 손을 드는 학생 수가 두 배 정도로 많아졌다. 학생들은 교사가 생각하는 것보다 '똑똑한 사람이 되고 싶다', '말 잘하는 사람이 되고 싶다', '글을 잘 쓰고 싶다', '어려운 글을 읽고 이해하고 싶다'라는 욕구가 꽤 강하다.[26] 물론 이때 가장 중요한 것은 학생들이 갖고 있는 발전에 대한 욕구나 바람과 부합하는 활동을 제시해야 한다는 점이다. 나는 이런 말로 학생들을 홀릴 예정이다.

"좋은 토의는 참여자들에게 지적 자극을 주는 것이거든. 그러려면 단순히 돌아가면서 의견을 말하는 것을 뛰어넘어야 해. 하지만 우리가 경험해본 토의가 그렇게 많지 않잖아.

'아, 이게 토의를 잘하고 나면 똑똑해진다는 거구나!'라는 체험을 한 번 하고 나면 그 후엔 토의 방향성을 주도할 수 있는 사람이 돼. 자기가 하는 말이 모둠에서 오가는 대화의 수준을 쑥 높이는 거지. 엄청 궁금하지? 모둠 책 대화를 하기 전에 모둠 대표들과 교사가 사전 토의를 해볼 생각이야. '아, 이거구나'라고 느낀 뒤에 그걸 각자 모둠 대화에서 적용해보는 거야. 너무 멋지지! 토의를 잘하는 사람이 되는 거야. 신청하고 싶은 사람은 나에게 개인 메시지를 보내세요. 물론 세속적인 특전이 있어. 교과세부능력 특기 사항에 내용을 기재해주고, 무엇보다 멋진 것은 나의 편애를 받게 된다는 점이지."(웃음)

구술: "나는 당장 움직일
      준비가 되어 있어요"

몇 해 전인가. 구술과 작문, 모둠 활동과 개인 활동을 각각의 평가로 만들어 수행평가를 구성했던 해에 나는 뜻밖의 결과를 받아보고 많이 놀랐다(당시 만난 친구들의 특성일 수도 있겠지만). 각 평가에서 최고점을 받은 학생이 한 명도 겹치지 않았기 때문이다. 이전까진 A항목 수행평가에서 만점을 받은 학생은 B, C에서도 좋은 성적을 거뒀다. 그리고 나는 그런 결과를 보고 "역시 ○○은 국어를 잘하는구나"라고만 생각해왔다. 그러다가 다양한 유형의 수행평가를 해본 학기에 처음 생각했다. 측정할 수 있는 언어 사용 능력은 정말 다양한데, 그동안 너무 읽기-쓰기만 바라봐온 것이 아닌가? 그 이후로 나는 꾸준히 '구술'을 수행평가에 넣는 교사가 되었다.

구술 평가는 교사가 제시한 열 개의 질문 중 학생이 추첨으로 뽑은 두 개에 답하는 방식으로 진행했다(이때 사용하는 질문은 송승훈 선생님이 만든 것을 거의 그대로 가져와 쓰고 있다).

1. 이 책을 이해하는 일에 도움이 되는 의미 있는 질문을 하고, 왜 그 질문이 의미 있는지 설명하시오.

2. 책에서 인상 깊은 한 문장을 말하고, 그 이유를 설명하시오.

3. 책의 저자가 하려는 말을 한마디로 정리하고, 그 한마디가 왜 핵심인지 설명하시오.

4. 책과 연관된 자기 경험과 그것을 통해 생각한 바, 그리고 이 책을 읽는 일이 나에게 미친 영향을 설명하시오.

5. 책과 관련된 세상일을 이야기해보시오. 여기서 세상일이란 언론, 예술, 다른 책에서 본 연관된 내용을 뜻합니다.

6. 독자가 이 책을 읽을 때 어디에 초점을 맞추면 좋은지 말하고, 왜

그런지 설명하시오.

7. 책에서 자기에게 특별히 와 닿는 부분을 이유와 함께 설명하시오.

8. 책에서 자신의 의견과 다른 점이 있다면 이야기해보시오. 자기 의견과 다른 부분이 없으면, 이 책과 의견이 다른 관점에 대해 설명하시오.

9. 책에서 개인 또는 사회 문제를 개선하는 데 도움이 되는 내용을 찾아 설명하시오.

10. 이 책이 가장 어울리는 사람 또는 집단을 든 뒤 그렇게 생각한 이유를 말하시오. 어떻게 그에게 이 글을 소개해야 그가 읽을지 이야기하시오.

하나의 질문에 답하는 시간은 90초 내외다. 교사와 학생이 복도에 앉아 문답을 하는 동안 다른 학생들은 교실에서 교사가 내준 과제(대체로 한 학기 동안 수업에서 경험한 것이 자신에게 미친 영향을 묻는 질문이 쓰인 종이를 주고 작성하게 한다)를 한다. 구술은 원격 수업에서도 운영할 수 있는 수행평가다. 학생의 직접 수행 여부를 확인할 수 있으므로 성적 반영과 학생부 기재가 모두 가능하다.

재차 강조하지만, 이 활동의 초점은 책을 통해 알게 된 바를 당장 몸을 움직이는 실천으로 연결 짓는 데 있었다. 그런

점에서 학생들이 구술 평가에 응시하며 한 말들은 내게도 꽤 큰 울림으로 남았다(구술을 할 때는 아이들이 긴장해서 목소리가 조금씩 떨리는데, 그래서 더 울린다고 느꼈는지도 모르겠다). 아이들이 "나를 변화시켜야겠다", "당장 뭐라도 해야겠다", "더 많은 정보를 찾아볼 것이다"라는 동사로 끝나는 다짐의 말을 하는 것이 좋았다. 꽤 오랜 기간 구술 평가를 해왔지만, 전과는 전혀 다른 느낌이었다. 머리와 몸이 함께 움직이는 문장이었기 때문이다. 이것이 '지금 당장 할 수 있는 것들을 이야기하는 일이 가진 힘이구나'라는 생각을 했다.

책을 읽기 전엔 고기를 되게 좋아했는데, 밥 먹을 때에도 고기 없으면 안 먹으려고 했거든요. 그런데 이 책에서 가축을 키우는 데 전 세계 곡물 생산량의 90퍼센트가 쓰인다고 하더라고요. 곡물의 10퍼센트만 사람이 직접 먹는다는 것 자체가 우리가 그만큼 고기를 많이 먹는다는 거잖아요. 가난한 나라의 사람들은 당장 먹을 것이 없는데, 동물의 먹이로 그만큼의 곡물이 쓰인다는 게 옳지 않다고 생각했어요. 그리고 가축을 많이 키우면 환경문제가 생길 수밖에 없잖아요. 소가 방귀를 뀌면 메탄가스가 나오고.
책을 읽으면서 평소에 고기 없으면 밥을 안 먹었던 행동들을 반성했고, 고기를 조금씩 줄이기 시작했고요. 그러면서 야채도 많이 먹게 되고, 샐러드도 요즘 잘 찾아 먹고 있어요.

《나는 풍요로웠고 지구는 달라졌다》를 읽은 병제의 말

작가는 '비거니즘이란 이런 것이다'라는 것을 알려주려고 이 책을 쓴 것 같아요. 비거니즘이 무엇인지, 비거니즘을 통해 우리가 무엇을 얻을 수 있는지를 꾸준히 이야기해요.

책에서 "이 소들도 나름의 살아갈 이유가 있다"라는 식의 문장이 있어요. 정확한 문장으로 떠오르진 않지만. 책 곳곳에서 '우리는 비건으로 살아야 할 의무가 있다'라는 뉘앙스가 드러나는데, 그게 불쾌하지 않았어요. 소도 나름의 삶이 있는 게 맞는 말이니까요.

이 책을 읽기 전까지는, '복지 농장'이라는 것의 존재 자체와 개념은 어렴풋이 알고 있었는데 비율이 이렇게 적을 줄은 몰랐어요. 그래서 개선 의지가 생겼어요. 소비자가 복지 농장을 향한 지지를 보내면 되는 거잖아요. 앞으로 '출처'에 대한 생각을 꾸준히 해나가겠단 생각을 했어요.

《나의 비거니즘 만화》를 읽은 희진의 말

동물은 너무 객체화되어서 존중을 못 받는 존재잖아요. '그 시각을 바꿀 수 있는 방법은 없을까'라는 질문을 하고 싶어요.

동물은 사람들의 이익에 의해 처참히 희생당하고 있어요. 동물 복지를 추구하는 농장이 있다고 하지만 그건 극소수잖아요. 사람들은 돼지를 보고 무슨 돼지, 무슨 돼지 분류해서 생각하지 않아요. 그냥 쟤는 돼지, 쟤는 소, 모두 고기. 이런 식이죠. 하나하나의 존재로 보지 않고 객체화시켜 버렸기 때문에 우리가 동물의 삶에 무감각하단 생각이 들어요. 그것을 어떻게 개선할 것인가를 다른 독자들과 이야기 나눠보고 싶어요.

이 책을 읽기 전까지 저는 비건이라는 말을 떠올렸을 때 약간 반항적인? 그런 이미지를 갖고 있었어요. 《아무튼, 비건》을 같이 읽었는데요. 그 책을 읽고 나서 비건도 하나의 캠페인이구나, 사회를 더 낫게 만들려는 운동이구나라는 생각을 했어요. 미국에선 연예인들이 비건 선언을 많이 하잖아요. 옛날에는 비건들을 보며 '그게 정말 좋은 일일까?'라는 의문을 가져왔는데, 이번에 책을 읽으며 이 사람들의 주장이 아주 중요하단 생각을 했어요.

그동안 채소를 먹는다고 하면 "다이어트 해?"라고 물었어요. 하지만 지금은 본인의 지향과 의지를 나타내는 하나의 방식이 된다는 걸 생각하게 됐어요.

《나의 비거니즘 만화》를 읽은 희민의 말)

서평 쓰기: 동료를 만들기 위해
우리에게 필요한 것은?

힘을 주어 진행한 활동은 대체로 글쓰기로 끝을 맺는다. 책한 권을 제대로 읽는 수업도 그렇다. '서평 쓰기'는 책 내용을 깊이 이해하는 데 도움이 되는 질문을 세 개 만들고, 답을 쓰는 방식으로 진행했다. 서평 지도에는 다양한 방법이 있지만, 나는 이것을 가장 애정한다. 책의 본질과 저자의 의도를 담아내는 글을 비교적 수월하게 쓸 수 있기 때문이다. 핵심을 담아내는 질문을 고민하고, 그것을 적절히 배치하고, 답안에 써넣을 정보를 찾기 위해 책을 펼쳐 주요 내용을 다시 훑는 과정이, "좋은 글은 이런 거야"라며 교사가 세세히 지도하지 않아도 아이들이 어느 정도 완성도 있는 글을 쓰게 한다.

지식 정보 도서를 읽고 쓰는 글의 경우, "이해하는 데 도움이 되는 질문을 만들어"라고만 하면 주요 정보를 줄거리 요약하듯 옮긴 결과물을 받아보게 된다. 그래서 학생들에게 "작가가 책을 쓴 의도, 그리고 너희가 실제로 받은 영향이 모두 담길 수 있는 질문을 만들어"라고 주문했다. 그리고 "열심히 썼는데 효용이 있어야지. 너희가 쓴 글을 읽은 사람이 어떤 생각을 하길 바라? 이 글이 누구에게 가닿길 바라?"라는 말도 자주 했다.

　글쓰기를 강조하는 것은 국어 교사로서의 관성일지도 모른다. 하지만 나는 내가 만나는 친구들이 꾸준히 글을 쓰는 사람이 되길 바란다. 자신을 내비치고 싶을 때, 혹은 세상을 향해 하고 싶은 말이 있을 때, 할 수 있는 일들의 선택지 중 하나를 '펜을 잡는 일'로 삼았으면 좋겠다(지금 세대라면 키보드나 스마트폰을 잡겠군). 나는 글쓰기가, 말하기보다 더 강력하고 적극적인 자기표현의 수단이 될 수 있다고 믿는다. 자기 말에 귀기울여주는 독자를 직접 찾는 행위이기 때문이다. '이 사람 나랑 닮았다', '가까워지고 싶다', '더 이야기해보고 싶다'라는 마음을 가진 사람들의 공동체를 만들어 그 안에서 자기 확신을 갖고 살길 바란다. 엄혹한 시절일수록 인간에게 필요한 것은 동료니까. 글을 써서 '멀리로' 보낸 생각이 가닿는다면 마음이 맞는 공동체를 만드는 일은 얼마든 가능하다.

　다음은 학생이 쓴 서평의 일부다. 이 친구의 목소리는 누구를 향하고 있는 것일까. 어떤 옳음을 추구하려는 힘을 얻으려는 중일까. 떠올려보는 것만으로도 가슴이 크게 부푼다.

1. 이 상황에서 우리가 바꿔야 할 것은 무엇일까?

　책에서 묘사되는 동물의 삶은 안타깝다. 비단 마지막 과정인 죽음뿐만 아니라 평소 숨을 쉬는 모든 공간이 지옥이다. 닭들은 좁은 케이지 안에 서너 마리가 들어 있다. 작가는 이 광경을 보며 "케르베로스 같다"라며 공포스러워하기도 한다. 돼지들은 몸에 꼭 맞는 스툴 안에서 일생을 보낸다. 개들은 '뜬 장'에서 평생 땅을 밟아보지도 못한 채 살아간다. 책에 나온 축산업자들이 이런 끔찍한 상황을 유지하는 이유는 효율과 이익 때문이다. 이런 축산의 형태를 공장식 축산이라 한다.

'공장식 축산의 문제섬은 무엇일까?'라는 질문은 바보 같다. 명칭만 보고도 파악할 수 있다. '공장식'이라는 표현이 생명체와 어울리지 않는단 점을. 공장식 축산은 사육 및 축산, 생산의 공정이 기계화, 자동화되어 있다는 의미다. 따라서 동물 자체를 기계 또는 상품 취급한다.

나는 이 책을 읽는 과정에서 스스로의 결함을 인식하곤 했다. 동물에게 가해지는 무자비한 상황을 눈을 찌푸리며 읽다가도 "이게 수익이 잘 나와!"라는 운영자의 말에 "아"라며 마치 이해한다는 듯한 반응을 보일 때가 있었기 때문이다. 물론 아주 잠깐 스치듯 지나간 상황이긴 했지만, 나를 화들짝 놀라게 하기 마땅했다. 이런 자본의 논리가 무의식 속에 숨어 있다는 점이. 하지만 이것은 나 개인의 인성적 결함이 아니다. 정부 정책부터가 문제였기 때문이다. 축산 농장의 대형화 장려, 케이지 사용의 법적 허용 등은 모두 인간이 동물을 상품 취급하는 것을 당연시하게 만들었다. 그런 문화 속에서 평생을 살아온 내 몸속에도, 대놓고 동물 학대를 하지 않아도 동물을 상품으로 여기는 인식이 녹아 있었을 것이다.

정부가 장려하고 소비자가 바라 만들어진 지옥이 펼쳐지고 있다. 우리는 편리한 변명으로 상황을 회피하곤 한다. "어쩔 수 없지, 우리가 고기를 안 먹을 순 없잖아", "축산업자들도 먹고 살아야지." 이 죽음 같은 삶 앞에서도 인간은 쉽게 스스로를 합리화한다. 그래서 아직 모두가 고통받고 있는 것이다. 우리가 바꾸어야 할 것은 바로 우리 자신이다.

2. 동물을 때리지 않으면 이 문제가 해결될까?

이 책을 단순하게 읽다 보면 일차원적인 시각에서 '축산 농가의 노동자들은 잔인하게 동물을 때리고 도축하는 존재다'라는 생각을 할 수도 있다. 실제로도 동물에게 직접적인 폭력을 가하는 것은 노동자들이니 틀린 말은 아니다. 하지만 우리는 더 나아가야 한다. 과연 '노동자가 문제다, 이들이 동물에게 폭력을 사용한다'라는 문장으로만 이 지옥 같은 상황을 요약할 수 있을까?

작가가 책에서 묘사하고 있는 노동자들은 열악한 환경에서 지내는 경우가 많았다. 사람을 혹사시키는 고된 노동은 매일 펼쳐진다. 몸에 쌓인 과도한 피로는 자신에게 주어진 일을 조금이라도 빨리, 편하게 끝낼 방법을 찾게 한다. 그리고 가장 쉬운 방법은 말을 듣지 않는 동물을 때려 빨리 업무를 수행하는 것이다. 그리고 우리는 이것이 '매일' 펼쳐진다는 말에 주목해야 한다. 반복은 인간을 무뎌지게 한다. 작가가 닭을 계속 죽이면서 가졌던 "이런 식이라면 사람도 죽일 수 있을 것 같았다"라는 생각은, 바로 이 '반복' 때문에 일어났다.

이런 상황을 만든 것은 누구일까? 먼저 '사장'을 떠올릴 수 있다. 그들은 돈에 가장 가깝고 민감한 존재다. 그들은 자신이 사육하는 동물과 동시에 노동자라는 동물도 희생시킨다. 특히 외국인 노동자의 경우는 더 심각한 대우를 받는다고 한다. 그렇다면 이런 비윤리적인 상황이 반복되는 이유는 무엇일까? '소비자'들의 수요 때문이다. 공급은 수요가 있을 때 일어난다. 우리의 식탁 위에는 고기가 놓이지 않는 날이 극히 드물다. 우리가 무의식적으로 먹는 고기-동물의 살점이 축산업자들이 공급을 늘리게 하고, 늘어난 공급에 일이 많아진 노동자들이 동물을 학대하게 만드는 것이다.

이 상황은 노동자들이 동물을 상냥하게 대한다고 해결될 문제가 아니다. 더 깊숙이 파고들어 문제의 밑바닥에 있는 우리 자신의 얼굴을 마주해야 한다.

3. 고기를 꼭 먹어야 할까?

모든 문제의 출발점이 소비임을 부정할 수 없다. 그러므로 우리는 가장 본질적이고 궁극적인 마지막 질문, '고기를 꼭 먹어야 할까?'에 답해야 한다.

내가 이 책을 감명 깊게 읽은 이유 중 하나는 작가의 솔직함이다. 작가는 모든 상황을 최대한 포장하지 않고 드러낸다. 심지어 자신의 폭력적인 면모까지도. 폭력에 익숙해지는 듯한 작가의 모습을 바라보며 독자는 충격을 받을 수밖에 없다. 하지만 이 의도하지 않은 듯 의도한 듯한 충격 요법은 인간을 향한 비난을 나에게도 나눠지게 한다. 인간은 얼마든지 폭력적일 수 있는 존재라는 것을 깨닫게 하기 때문이다.

나는 고기를 너무 좋아하는 사람이었다. 채식의 '채' 자조차 시도해볼 생각이 없었다. 하지만 이제 마지막 질문에 대한 나의 답변은 "아니!"다. 사고하는 동물인 인간은 얼마든 악해질 수도 있지만 동시에 무한히 발전할 수 있다. 단, 이때 필요한 것은 '사고하는 힘'이다. 그렇다면 잘못된 과거를 교정하고 더 나은 미래를 만들 수 있다. 우리는 고기로 태어난 동물의 고통을 이해할 수 있다. 그리고 고통을 받게 하는 구조를 가장 빠르게 바꿀 수 있는 방법을 알고 있다. 어렵지 않다, 실천하면 되는 것이다! 우리는 공급의 양을 조절할 수 있는 소비자이기 때문이다.

그저 일주일에 한 번, 한 끼 식사에 고기를 뺀다면 '고기로 태어난' 존재들을 줄여 나갈 수 있을 것이다. 매력적이고 쉬운 제안이 아닌가.

《고기로 태어나서》라는 책을 모두 읽고 덮으면 미묘한 찝찝함이 마음에 남는다. 나는 그걸 '세상을 알게 된 대가'라 말하고 싶다. 너무 늦지 않게 깨닫고 얻은 죄책감을 아름답게 사용해야 한다고 생각했다.

《고기로 태어나서》를 읽고 쓴 은서의 서평)

작가 인터뷰: 환경에 대해 이야기하는 일은 결국…

수업 시간에 읽은 환경 책의 저자 중 여덟 분을 초청했다. 인터뷰는 수행평가가 모두 마무리된 시기인 11월부터 시작되어, 기말고사 기간을 제외하고 거의 한 달 반 동안 매주 토요일과 일요일에 차례로 진행됐다(한 회당 열 명 내외의 학생이 참여했다). 덕분에 우리의 겨울은 촘촘한 환대와 연대로 가득 찬, 여느 때보다 따뜻한 시간이 되었다. 아 참, 간혹 "섭외의 비결이 무엇인가요?"라는 질문을 자주 받는데 특별한 비결은 없다. 우리의 활동에 대해 정성껏 이야기하고, 정당한 강사비를 드리면 된다(연초에 교과 예산을 세울 때 강사비를 포함해두길 당부한다).

겨울이 되자 코로나19의 위세가 더욱 강해져 작가와의 만남도 줌으로 진행할 수밖에 없었다. 섭외할 때 수도권에 살고 계신 작가들은 "학생들을 직접 만나고 싶다"라고 말씀을 해주셔서(감사해요!) 오프라인 만남이 예정되어 있었는데, 그것이 모두 무산되어 아쉬웠다. 아이들에게 신념을 실천하는 좋은 어른과 시공간을 공유하는 경험을 주고 싶었는데….

하지만 막상 온라인 인터뷰가 시작되니 오프라인 강연에 으레 따라 붙었던 관성적인 의전들이 사라져 오히려 더 산뜻한 자세로 본질에 집중할 수 있었다. 화상회의 프로그램에 접속한 상태로 모니터를 보면 한 화면 속에 작가, 교사, 학생의 얼굴이 모두 같은 크기로 담겨 나오는데('갤러리 보기' 기준), 참여자 모두가 대등한 관계를 맺는 구조가 학생들의 적극성에 미친 영향이 꽤 컸다. 아이들은 궁금한 점이 생기거나 보태고 싶은 말이 있을 때 망설이지 않고 손을 들어 정중하고 진지하게 이야기했다.

아름답고 감동적인 이야기를 듣는 강연도 의미가 있지만, 나의 목표는 '실천'에 있으므로, 학생들이 직접 몸을 움직여 바라는 것을 구하는 경험, 본인이 주체로 서는 경험을 프로그램 곳곳에 부려놓고 싶었다. 그래서 강연이 아닌 인터뷰를 택했다. 참여자들이 책을 읽고 대화를 나누며 함께 의미를 탐색하고, 그것을 바탕으로 인터뷰 질문을 마련하고, 작가에게 직접 궁금한 점을 묻고 답을 구하는. 정보 탐색과 이해, 협업, 훌륭한 사람을 찾아가 정보와 조언을 얻는 일의 경험은 이들이 앞으로 현실의 문제들을 마주했을 때 그것을 어떤 자세로 통과할 것인지에 분명 영향을 미치리라 믿었다.

여덟 명의 작가를 만나는 경험은 단순히 '유명인을 만났다', '내가 읽은 책을 쓴 사람을 만났다'의 의미로 그치지 않았다. 세상을 조금이라도 개선하겠다는 신념을 갖고 실천을 하는 이와의 대화는 신기하게도 하나의 초점으로 수렴했다. 다음은 《나의 비거니즘 만화》를 쓴 보선 작가와 나눈 대화의 일부다.

현민: 작가님이 생각하는 이상적 세계는 무엇인가요?

보선 작가: 그동안 인간이 환경을 많이 해쳐놨잖아요. 그동안

훼손한 환경을 복구하면서 그 안에 자연스럽게 동물도 살아갈 수 있는 상태가 되었으면 좋겠어요. 사실 제가 바라는 것은 너무 이상적이어서…. 제 책에서 잠깐 소개했는데, '동물 해방'이라는 개념이 있잖아요. 동물이 인간의 소유물이 아니라 삶의 주체로 살아가는 상태예요. 그게 제가 궁극적으로 바라는 이상이에요. "이상적인 미래가 올까?"라고 되물어보면, 솔직히 "과연 올까?" 싶어요. 확신이 들진 않고요.

비거니즘도 일종의 소수자라고 할 수 있거든요. 채식을 한다는 것도 식이 소수자의 입장이 되는 거니까. 우리 사회는 소수자들이 질타를 받기 쉬운 사회라는 생각을 자주 하게 돼요. 모두 같은 행동을 해야 하고, 주어진 틀에 맞춰 가야 하고, 줄에서 비켜서는 사람을 굉장히 유별나다고 보는 시선도 있거든요. 궁극적으로 다양성이 인정받는 사회가 되길 바라요. 비거니즘이든 무엇이든, 어떤 가치관을 지향한다면 그것이 다양성으로 인정받는 사회가 되었으면 좋겠어요.

비거니즘을 지향한다고 하면 "영양소 섭취할 수 있어?", "도덕적인 우월감 느끼는 것 아니야?", "네가 그런다고 달라지겠냐?"라는 식의, 비판적인 시각을 가장한 비난을 하는 사람들도 많다는 생각을 하거든요. 비거니즘이 수용되는 사회라면 다른 다양성도 마찬가지로 존중받는 사회가 되지 않을까, 하는 기대를 해요. 결국 제가 바라는 건 그런 사회에서 서로를 존중하며 사는 거예요.

윤식: 책을 낼 때 큰 결심을 하셨을 것 같단 생각을 했어요. "나는 앞으로도 비건으로 살 거야"라는 선언이기도 하니까요. 어떤 마음이셨어요? 글을 상당히 잘 쓰신다고 생각했는데 장르를 만화로 택한 이유도 궁금합니다.

보선 작가: 뭔가 큰 결심을 하고 작업을 시작한 건 아니고요. 이렇게 커질 줄 몰랐어요.(웃음) 처음에는 비건이 된 다음에 제 세상이 아주 넓어진 느낌이 드는 거예요. 연결된 존재가 많아지고, 내가 몰랐던 불편한 진실을 알게 된 순간도 너무 뜻 깊고. 제 삶의 방향을 어느 정도 틀어버릴 정도로 큰 계기였으니까, 이걸 공유해야겠다는 마음으로 인스타그램에 만화를 그리기 시작한 건데. 저도 만화를 비건 초보일 때 그리기 시작했으니까 어쩔 수 없이 공부를 할 수밖에 없었고, 그 과정에서 마음이 좀 단단해진 느낌이 들어요. 큰마음을 먹고 시작한 건 아니에요. 되게 자연스럽게 제가 비건이라는 걸, 사람들에게 알리기 시작한 거죠.

아무래도 소재가 동물권과 환경이니까 딱딱할 수밖에 없잖아요. 자칫 내용이 지루하게 느껴져서 사람들이 보지 않을까 봐

그게 제일 큰 걱정이었어요. 쉽게 접근을 하고 끝까지 내 이야기를 들어주었으면 좋겠다 싶어서 말랑말랑한 그림체의 만화를 선택했어요. 중간중간 제 일상 이야기를 에세이 같은 느낌으로 섞기도 했고요. 스탠스를 맞추는 걸 중요하게 생각했어요. 어떤 면에서는 그냥 단순하게 "나는 비건이 옳다고 생각합니다"라고만 말해도 공격적으로 받아들이는 사람들이 있기 마련이라, 비건이 아닌 사람에게 피드백을 받으면서 조심스럽게 작업을 했어요.

진영: 책에서 우울증으로 굉장히 힘든 기간을 보내다 비건을 실천하며 가치감, 세계에 기여하고 있다는 생각을 하게 되고, 그것이 나를 살게 했다는 말에 너무 공감했거든요. 책을 내고 많은 피드백을 받으셨을 것 같은데, 이전까지 혼자 비건을 실천하던 것과 대중에게 영향을 미치며 느끼는 가치감이 달랐을 것 같아요. 인상 깊은 피드백이 궁금해요.

보선 작가: 제 책을 너무 잘 봐주셔서, 감사해서 몸둘 바를 모르겠어요.(웃음)

책을 내기 전에 SNS에 먼저 제 만화를 올렸는데, 그때에도 저 때문에 채식을 지향하게 되었다는 개인 메시지를 종종 받았어요. 그게 너무 신기한 거예요. 한 사람의 영향력이 이렇게 커질 수 있구나, 이야기라는 전달 방식의 힘이 이렇게 크구나, 싶었던 것 같아요. 제 책을 읽고 비건을 지향하게 됐다거나, 비거니즘에 대한 편견이 없어졌다는 말, 이 정도면 나도 실천해볼 만하다는 생각을 갖게 되었다는 피드백을 받아요. 아직도 그게 신기하고 즐거워요. 잊지 않고 계속 상기해야지, 마음먹게 돼요.

《나의 비거니즘 만화》를 그리면서 저 스스로도 활력을 많이 찾았어요. 제 행동에 더 큰 가치감을 느끼면서 이야기 짓는 일에 좀 더 애정을 쏟게 됐어요. 그전에는 내가 하는 말에 대한 회의감이라거나, 내가 중요하다고 생각하는 이야기를 발화했을 때 무슨 소용이 있을까, 하는 생각을 했거든요. 하지만 지금은 어딘가에는 한 사람이라도 나의 이야기를 좋아해주는 사람이 있구나, 하는 생각을 해요. 세상에는 너무 다양한 사람이 있으니까. 누군가는 제가 하는 말을 싫어할 수 있겠지만 누군가는 분명 좋아하고 있겠단 생각이 들어요.

요즘은 하고 싶은 게 많아졌어요. 특히 이야기를 기획하는 일을요. 상반기에는 이야기 짓는 일들을 정말 많이 진행했는데, 이제 하반기잖아요. 벌여놓은 일을 수습하느라 아주 허우적대고 있는 상황이에요.(웃음)

교사: 벌여놓은 일은 무엇인가요?

보선 작가: 그림 에세이를, 환경 만화를 그려보고 싶고. 지금 두 개를 기획했고 하나를 더 기획하려 하고 있어요.(웃음) 일을 많이 하려고 하니까 재미있지만 어렵고, 어렵지만 재미있고. 약간 복잡한 감정이 드는 거죠. 그래도 힘들면서도 좋으니까 "나 이야기 짓는 사람이 되고 싶어"라고, 제가 어떤 일을 좋아하는지 이 만화를 그리면서 더 명확하게 된 것 같아요. 이야기를 짓고 내 생각이나 감정을 다른 사람과 공유하는 일이 이렇게 행복하다는 걸 깨닫게 됐어요.

우리가 만난 작가들은 환경을 주제로 한 책을 냈다는 것 외에는 공통분모가 없었는데, 놀랍게도 모든 분이 이 일을 하며 얻은 '가치감'이 자신을 더 단단한 사람으로 만들어주고, 앞으로 새롭게 도전할 분야를 만들어주었다는 말씀을 주셨다. 약속하지 않았는데도 옳은 일을 실천하고 있는 이들 모두가 "이 활동이 나를 더 나은 사람으로 만듭니다"라고 입을 모아 말하는 장면이 나에겐 아주 큰 인상으로 남았다.

'학력'이란 무엇일까

우리를 둘러싼 세계는 점진적으로 나빠질 가능성이 크다. 자원은 고갈됐고, 환경은 복구가 불가능할 정도로 훼손되었으며, 사회 양극화는 극심해지고 있다. 코로나19 같은 감염병이 지속적으로 창궐할 것이란 예상도 기정사실이 된 듯하다. 이런 세상 속에서 우리는 무엇을 쥐고 버틸 수 있을까? 더 이상의 양적 발전과 풍요로운 삶을 기대할 수 없다면, 우린 무엇을 좇으며 살아야 할까?

2학기는 책과 온라인 도구, 인간-인간의 만남을 바탕으로 아이들과 함께 이 질문에 대한 답을 찾아가는 시간이었다. '이러한 세상' 속에서 우리가 붙잡고 살 수 있는 것, 붙잡고 살아야 하는 것을 확인하고 싶었다. "원격 수업을 한 뒤 학력이 떨어졌다"라는 우려의 목소리를 자주 듣는다. 나는 그런 말을 들을 때마다 "아이고, 큰일이네요"라는 생각보다 "그 '학력'이 삶에 진짜 도움이 된다고 생각하세요?"라는 질문을 되돌려주고 싶다.

고등학교 2학년과 함께하는 수업이었던 만큼, 나는 이 아름다운 수행평가를 하면서도 지필평가 변별력을 높이기 위한 수능/모의고사 기출 문제 수업을 동시에 해야 했다. 교육 과정평가원이 대국민 사과를 할 정도로 지독히 어려웠던(국어를 가장한 물리) 문제를 억지로 말을 끼워 맞춰가며 설명하고, '틀리게 만들기'를 목표로 지필평가 문제를 만들고 있자면 이상과 현실의 괴리에서 자주 '현타'가 오는 것이다.

지금이야말로 교육에 대한 재정의를 해야 할 때가 아닌가. 코로나19로 인해 국민기본소득이 미약하게나마 시작된 것처럼, 교육계 또한 "애들이 학력이 떨어졌는데 이걸 어떻게 올리지?"가 아니라, 지금까지 우리가 학력이라고 생각해왔던 것이 실제로 학습자의 일상과 삶에 '힘'을 실어주는 것이었는지를 점검해볼 때가 됐다. 부족하다면 과감히, 시대에 걸맞은 학력을 다시 정의해야 한다. 지금 우리가 해야 할 일은 '달라진 상황'을 기존의 상식과 기준에 억지로 우겨 넣어 맞추는 것이 아니다.

윤식: 저는 작가님이 하신 말씀 중에 "매일 지는 싸움을 하고 있다"라는 문장이 인상적이었는데, '질 것이 분명하지만 그럼에도 계속할 거야'라는 마음을 갖는 일에 가장 필요한 게 효능감이잖아요. 작가님이 하신 일 중에 가장 큰 효능감을 느끼게 했던 일이 궁금해요.

고금숙 작가: 화장품에서 미세플라스틱을 사용하지 못하게 하

는 화장품법 개정, 그리고 생리대 전 성분 표시제 실시가 저에게 큰 영향을 미쳤어요. 아, 그리고! 일회용 컵 보증금제 도입이요. 종이컵 보증금 제도가 도입되면 우리나라도 독일처럼 페트병을 포함한 모든 음료 병에 보증금제가 도입될 수 있어요. 기반이 생기는 거죠.

이런 일들을 제 주변의 사람들과 같이했다는 것. 이 작은 승리들이 저에게 지속 가능성을 줍니다. 힘이 되는 거죠. 작은 승리들을 사람들과 함께 이뤄낼 때마다 '우리가 세상을 조금이라도 바꿀 수 있구나, 여기에서 주저앉을 일이 아니라 여기에서 조금씩 나아가자'라는 생각을 합니다.

내가 하고 있는 일이 가치 있는 것이라는 생각, 그리고 이것이 작지만 분명한 움직임으로 작용하고 있다는 확신은 인간을 살게 한다. 나를 둘러싼 상황과는 별개로 자신을 근거로 한 스스로의 존재 이유를 찾는 것이다. 그래야만 살 수 있는 세상이다. 세계는 더욱 엄혹해질 것이므로 타인의 판단 혹은 내가 세속적으로 성취하는 것을 기준으로 스스로가 이루고 있는 바를 평가하는 일은 위험하다.

환경 책을 읽고 사고가 실천으로 옮아가는 과정을 탐색한 일은 그 자체로도 의미가 있었지만, 프로그램 곳곳에 부려둔

'함께하는 경험' 덕분에 우리가 더 단단해질 수 있었다. 학생과 학생, 학생과 교사, 학생(그리고 교사)과 실천가 등의 다양한 만남은 지금 아름다운 가치를 논하는 일이 공허하지 않다는 것을, 분명 세상을 바꾸는 동력이 되고 있다는 실재감을 갖게 했다. 본인이 쓴 책에 관심을 갖고 두 차례의 세미나까지 하며 저자 인터뷰에 참여한 학생들을 보면서 작가들도 우리와 같은 감각을 느끼셨으리라 짐작한다. "내가 하는 일이 분명 변화를 일으키고 있구나. 천천고 애들이 이렇게 책을 읽고 인터뷰를 하겠다고 찾아왔네."

한 치 앞도 짐작할 수 없는 이 시대에 필요한 '학력'은 학습자들이 일상 속 본인의 행위 속에서 가치감을 찾는 경험을 하게 만드는 일이다. 스스로 본인 사고의 옳고 그름을 판별하는 법, 동료를 찾는 법, 도움을 구하는 법, 인간과 인간이 영향을 주고받는 법은 '학력'이라는 단어로 담아내기 아까울 정도로 중요한 '생존 능력'이 아닌가.

원격 수업이건 등교 수업이건, 그것이 이뤄지는 형태를 떠나 21세기를 살아가는 교사들이 수업에 담아내야 할 바가 바로 이 '가치감'이라는 확신을, 한 학기의 수업을 통해 강하게 갖게 됐다. 이 수업의 출발점은 '교사니까 교육적인 활동을 해야지'라는 당위가 아닌, 나 자신을 스스로 살게 하겠다는 자기

치유에 있었다. 그동안 오프라인 교실에서 쌓아온 경험치가 0이 되어버리는 원격 수업의 상황 속에서 내가 스스로에게 쥐여줄 수 있는 (직업적인 면에서의) 생의 가치는 이것뿐이었다.

나의 실천이 작용한다는 확인을 주는 수업은, 그리고 생각과 확신을 나누는 동료를 만드는 일은 학생에게도 교사에게도 중요하다. 원격 수업 원년 2020년 2학기, 나는 많지 않은 온라인 도구를 쥐고 기존의 교육과정을 바탕으로 이를 꽤 멋지게 해낸 것 같다. 그래서 이렇게 학기말의 바쁜 시간을 쪼개 써가며 수업 사례를 정리하고 있는 것이다. 이 사례를 꼭 알려드리고 싶었다! 왜냐하면 이런 노력만이 우리를 살게 할 테니까.

'책 대화' 사례
《우린 일회용이
아니니까》를
읽고 나눈 대화

참여자
김윤서
박서린
성진화
(고2)

1. 플라스틱이 환경에 악영향을 미치는 것을 알고 있음에도 사람들은 왜 플라스틱을 계속 사용할까?

서린: 사람들에게 "플라스틱이 환경에 나쁜 영향을 미친다는 걸 알고 계신가요?"라고 물으면 모른다고 답하는 사람이 거의 없을 거예요. 그럼에도 플라스틱 사용이 줄지 않는 이유는 그 '영향'이 현실의 나에게 당장 닥치지 않으니 줄여야겠다는 동기 부여가 부족하기 때문이라고 봐요.

교사: 사람들이 계속 플라스틱을 소비하는 일에는 다양한 이유가 있겠지만, 나는 플라스틱이 산업과 아주 밀접하게 연계되어 있다는 것도 큰 원인이라고 생각해. 대부분의 산업, 경제 활동이 플라스틱에 의존하고 있잖아.

이 책을 보니까 플라스틱이 정말 위해한데 나는 이 정도인 줄 몰랐거든. 본문에 나온 내용 중에 대한민국 사람들이 하루 동안 비닐봉투를 안 쓰면 아프리카의 아이들 45명이 죽지 않는다는 말이 충격적이었어. 막연히 '비닐봉투 안 써야지' 정도로 생각을 하지, 이런 차원의 정보를 우리가 알고 있지는 않잖아. 플라스틱의 해악에 대한 정확한 정보가 제공되지 않는 게 아주 큰 문제라고 생각했어. 이전 토의에서 서린이가 '언어 뒤에 숨는 경향'에 대해 말했잖아. 그럴 듯한 단어와 실제 현상의 어긋남에 대해서. '재활용'이라는 말도 대표적 사례가 된다고 생각했어. 그 말을 들으면 내가 분리수거 잘 해서 버리면 내가 버린 물건들이 전부 자원으로 다시 사용될 것 같잖아. 그래서 문제의식을 갖지 않고 계속 물건을 사게 되는 거고. 이 책 보면 활용을 아무리 철저히 해도 다시 쓸 수 있는 건 10퍼센트라며. 난 정말 몰랐어.

물론 이런 정보의 질과 양의 문제는 그걸 일일이 찾아보지 않는 개인에게도 일정 책임이 있지만, 언론 등을 통해 국민 전체에게 전달되는 정보의 내용과 질, 반복의 정도가 정말 큰 영향을 미친다고 생각해. 그래서 우리가 플라스틱 사용이 이 정도로 위해하다는 걸 모르고 지내는 것이, 산업과의 연관성 때문이 아닐까, 사람들이 물건을 사지 않으면 경제가 침체되니까, 하는 의문을 가져봤어.

진화: 플라스틱 사용이 줄지 않는 이유는, 그것이 주는 편리함이 가장 큰 원인일 거예요. 하지만 저는 기본적으로 소비자가 선택할 수 있는 폭이 너무 좁다고 생각해요. 플라스틱을 소비하지 않을 자유가 없는 거예요. 만약 마트에 갔을 때 같은 물건이 하나는 종이 포장재에 싸여 있고 다른 하나는 플라스틱 포장이 되어 있다면? 사람들이 굳이 플라스틱을 선택할까 하는 생각이 드는 거예요.

사회가 사람들의 생각을 못 따라간다는 생각을 했어요. 선생님 말대로 산업과 연관이 되어 있으니까요.

윤서: 저는 사람들이 플라스틱 사용이 환경에 악영향을 미친다는 걸 많이 인지하고 있다고 생각해요. 그런데 환경에 악영향을 미치는 것을 알고는 있는데 자신의 건강에도 그렇다는 건 모르는 것 같아요. 일회용 페트병에 든 물을 마셨을 때 사람의 몸속에 미세플라스틱이 쌓인다고 책에서 말해주잖아요. 전 정말 몰랐거든요. 그런 점들을 확실히 알려주면 사람들이 병에 든 물을 사 마시지 않고 텀블러를 사용할 것 같아요. 자신이 직접 입게 되는 피해를 명확히 알려준다면 사람들의 행동이 바뀔 것 같아요.

교사: 지난주에《쓰레기책》으로 이야기할 때 했던 말이기도 한데, 사람들이 어떤 문제가 생길 거라고 예상될 때 '기술이 발전하니까 해결될 거야'라는 마음으로 안일하게 대응하는 면이 있잖아. 그게 상황이 개선되지 않는 큰 이유라고 생각해.

이 문제에서는 상황이 나아질 수 있느냐 없느냐가 중요한 게 아니라, 문제의 원인이 되는 사고와 행동을 인간이 계속하느냐 아니냐가 초점이잖아. 과학기술이 발전해서 문제를 해결할 수도 있겠지만, 나는 사람들의 행동이 정말 바뀌는가, 의식 개선이 일어나는가가 중요하다고 생각하거든. 그래야 같은 성격의 일이 반복되지 않으니까. 그래서 난 기술에 대한 낙관주의가 상황을 나아지지 않게 만드는 요인이 된다고 생각해.

2. "빨리빨리 문화는 최대한 많은 쓰레기를 만들고 최대한 빠른 소비를 장려하고 최소한의 관계를 맺게 한다"라는 문장이 인상 깊었는데요. 한국 사회의 빨리빨리 문화가 쓰레기 발생의 원인이라면, 이런 문화를 개선할 수 있는 방법은 없을까요?

서린: 이 질문을 만들 때 제가 생각했던 건, 저는 '빨리빨리 문화'가 환경문제와 직결되어 있다는 걸 모르고 있었거든요. 빨리빨리 문화가 지금은 로켓배송 같은 시스템으로 우리 일상과 더 밀접하게 연관되어 있잖아요. 점점 더 그럴 것 같고.

이미 한국 사회에 뿌리 깊게 박힌 문화가 되어 있는데, 저는 이 문화 자체가 바뀔 수는 없다고 봐요. 하지만 그래도 줄일 수 있는 방안을 생각해보자면, 이 문화 안에 내포된 문제점을 사람들에게 알리는 것이 중요하다고 생각해요. 저도 그렇지만, 거의 모든 사람들이 우리가 편리하게 사용하고 있는 배달, 포장 시스템이 환경에 정말 큰 문제를 끼치고 있다는 걸 모르고 있을 테니까요. 이걸 인식시킨다면, 문화 자체를 바꾸진 못하더라도 상황을 조금이나마 낫게 만들지 않을까 기대해요.

윤서: 빨리빨리 문화가 쓰레기가 많이 만들어지는 상황의 원인이라는 걸 알고는 있었어요. 일단 택배도, 쓰레기가 굉장히 많이 배출되잖아요. 마트에 한 번 다녀와도 포장재가 많이 나오고요. 이런 문제를 해결할 방법은 법적 규제나 정부의 완강한 자세밖에 없다고 생각해요.

문제점을 인식한다고 해도 사람들은 '빨리빨리'를 포기할 수 없을 것 같거든요. 현대 사회는 이미 다들 바쁘게 살고 있고, 환경을 생각하기에는 사람들이 너무 자기 삶 자체만 두고도 생각할 게 많잖아요. 그래서 규제 없이는 바뀌지 않을 것 같아요. 국가에서 일회용품의 사용이나 포장재에 대한 규제를 한다거나, 플라스틱 대신 생분해되는 물품을 사용하게 하는 방식 같은 것을 취해야 멈출 수 있지 않을까. 택배 완충재가 최근에는 옥수수 콩 알갱이처럼 생긴 걸로 바뀌었잖아요. 비닐 '뽁뽁이'가 아니라. 그런 방법으로 하나하나 개선해 나가면 상황을 낫게 만들 수 있지 않을까 하는 생각을 했습니다.

진화: 저는 '빨리빨리 문화'라는 게 행동의 빨리빨리일 수도 있는데, 우리나라 사람들은 되게 유행에 민감하잖아요. 그래서 이걸 되레 역이용해서 친환경을 유행으로 만들면 엄청난 파급 효과를 노릴 수 있지 않을까 생각했어요. 최근에 투표율이 바닥을 쳤을 때 연예인들이 손등에 기표 도장을 찍어서 SNS에 인증했잖아요. 그게 유행해서 요즘 사람들은 투표를 당연히 해야 하는 일로 인식하고. 환경에 대해서도 이런 접근이 하나의 해결책이 되리라 생각해요. '빨리빨리'의 역이용인 거죠.

교사: 최근에 인터넷에서 "한국 사람의 빨리빨리 사랑은 엄청나서, 심지어 국제기호가 82번이다"라는 글을 봤어.(웃음) 사람들이 진짜 우리를 빨리빨리의 민족이라고, 이 정도면 정말 국제적으로 공인된 것 아니냐고 하는데, 넘 웃긴 거야.(웃음)
약간은 다른 사례인데, 내가 서점에서 한 번 읽고 말 책을 사. 그러면서 어떤 식으로 자기 합리화를 하냐면 '그래, 나는 문화

발전에 이바지하고 있어. 출판산업이 요즘 힘들다잖아'라고 생각하거든. 사실 그게 안 사도 되는 걸 사는 거란 말이야. 책을 쓰레기라고 칭하는 게 마음이 무겁긴 하지만, 한 번 읽고 안 보는 거라면 쓰레기인 건 맞잖아. 이렇게 쓰레기를 만들면서 스스로를 합리화하는 면이 있단 말이야. 아까 새벽배송, 총알택배 이야기를 했는데, 이때에도 어떤 식으로 합리화하는 면이 있냐면 내가 편하기 위해 이걸 이용하면서 '아, 내가 주문을 해야 택배 노동자의 일거리가 유지되는 거지'라고 생각하는 거야.

그런데 이런 합리화가 되게 무서운 것이란 생각이 드는 것이, '누군가는 이 일로 먹고 산다, 그러니까 새벽배송을 없애면 안 돼', '누군가는 이 일이 직업이니까 플라스틱 제조나 일회용품 포장재도 꾸준히 해야 하는 거야. 직업이 사라지면 안 되잖아'라는 논리가 분명히 있거든. 나는 이 합리화도 너무 무서운 일이라고 생각을 해. 왜냐하면 그 산업이 없어지면 다른 산업을 발전시켜서 해결하면 될 일이거든. 국가나 기업에서 다른 산업에 투자를 해서 일자리를 만들면 되는 거야.

'빨리빨리 문화' 자체는 바꿀 수 없는 것이, 우리는 국가 번호가 82번이니까 이건 정말이지 바꿀 수가 없는데,(웃음) 그러니까 이런 상황이라면 문화를 바꾸는 방식으로 접근하는 것보다는 좀 전에 윤서가 말한 것처럼 정책 차원으로 접근을 해야 하는 거지.

가령 나는 새벽배송은 규제해야 한다고 생각해. 나도 많이 이용하긴 하는데,(웃음) 예를 들면 내가 사용하는 업체는 두 개인데, M사는 종이 포장재를 사용해. 그런데 H사는 재사용 아이스박스에 담아줘.

그래서 후자가 확실히 쓰레기가 덜 생겨. 물론 두 쪽 모두 쓰레기가
생긴다는 점에서 좋지 않지. 국가의 정책으로 포장재 사용을 기업의
자율에 맡기는 게 아니라 "너희가 새벽배송을 하려면 이런 것만
써야 돼"라고 하는 제약이 필요하다고 봐. 사실 난 새벽배송 자체도
인권이나 여러 면에서 본격적으로 논의되어야 한다고 생각하거든.
애용자인데 이렇게 말하기가 너무 그렇긴 하지만.(웃음)
정리를 하자면, 문화 자체를 바꿀 수는 없으니까 규제 차원으로
가자는 거고. 그리고 문화는 바꿀 수 없지만 경제를 바라보는
인식을 바꿀 수는 있거든. '저것도 일자리의 하나이고, 저런 게
있으니까 경제가 발전하는 거지'라는 논리가 문제라고 생각해.
문화는 손댈 수 없어도 이 지점은 바꿀 수 있지 않을까, 기대를 하죠.

**3. 책에서는 바이오 플라스틱은 탄소가 덜 나올 뿐 플라스틱처럼
썩지 않는다는 점에서 환경에 미치는 해악은 동일하다고 해요.
그렇다면 우리는 생분해도 되지 않고, 유전자 조작 작물 재배를 확대할 수
있고, 유해한 첨가제가 들어간 바이오 플라스틱을 계속 사용해야 할까요?
바이오 플라스틱의 단점을 알고도 계속 개발하고 사용해야 할까요?**

윤서: 단점이 있더라도, 개발은 해봐야 한다는 생각을 해요. 꾸준히
연구하고 개발하다 보면 어느 순간에는 자연분해 되는 플라스틱을
만들 수 있지 않나 막연한 생각이 들거든요. 막연하다는 점이
치명적이긴 한데.(웃음)
사실 현대인이 플라스틱을 아예 안 쓰는 건 불가능한 일이라고

생각하거든요. 사람들이 어쩔 수 없이, 이미 편리함을 맛봤으니까 계속 편리함을 추구할 거란 말이에요. 책을 쓴 작가 분처럼 힘듦을 감수하고라도 환경을 생각하지는 않는 사람이 너무 많기 때문에 바이오 플라스틱을 개발해서 그나마 환경에 부담이 덜 되는 방안을 마련해야 할 것 같아서. 저는 개발해야 한다고 생각해요.

진화: '플라스틱을 사용하지 않아야 한다'는 주장의 이유가 환경에 위해를 주지 않기 위함인데, 그렇다면 바이오 플라스틱을 사용하는 게 의미가 있을까, 하는 생각이 들어요. 조금 전에 선생님이 말씀하신 것처럼 기술에 대한 낙관과 연관 지어 이해할 수 있는 내용이라고 보고요. 기술에 너무 많이 의존하지는 않았으면 좋겠어요.

서린: 플라스틱 사용을 줄이는 일에 대한 대안이 없다면 바이오 플라스틱을 써도 괜찮다고 생각해요. 물론 가장 좋은 것은 플라스틱의 소비 자체를 근절하는 것이 되어야 하겠지만, 그게 힘들 수도 있고 실제로 생각보다 오랜 시간이 걸릴 수도 있잖아요. 차선책으로 바이오 플라스틱을 사용하는 것도 의미가 있다고 봐요.

교사: 텔레비전 홈쇼핑에서 다이어트 음식을 팔잖아. 나는 페미니스트라 다이어트에 큰 관심이 없지만 직관적인 예니까 그걸로 말해볼게. 어떤 다이어트 음식이 효과 좋다고 하면 나는 혹하면서 사는 거야. 사실 살은 안 먹으면 빠지는 건데, 살 안 찌는 걸 먹으려고 하는 것 자체가 잘못된 접근이잖아.(웃음) 쓰레기 문제의 본질은 그런 차원의 문제라고 생각해. 새로운 상품을 만들지 않고 안 쓰면 되는 건데, 이게 상품을 만들고 연구를 한다는

점에서 이과생과 문과생이 접근하는 방식이 확실히 다르다는
생각도 들고.(웃음) 나는 쓰레기 문제의 본질이 어쨌든 새로운
물건을 사고 싶어 하는 욕망에 있다고 보거든. 그건 확실하잖아.
사실 나는 이 문제에 대해선 좀 강경한 입장이야. 나는 공학자가
아니기 때문에.(웃음) 사람들이 물건을 덜 사게 하는 방식으로
해결해야 할 일을 바이오 플라스틱 제품을 '사는' 것으로 유도해서
해결하려는 것, 이건 본질과 멀어져 있는 거라고 봐.
양쪽 의견 모두 옳은 지점이 있는 문제라, 완벽한 답 하나가 나올
수는 없겠지만, 일단 나는 본질적인 문제는 바이오 플라스틱이
해결해줄 수 없다고 봐. 오히려 "이걸 쓰면 해결된대"라고 새로운
소비를 부추길 수도 있어. 소비로 문제를 해결하면서 마음이
편해지는 경향이 있잖아, 사람들은. 실제로는 해결되고 있지
않은데, 마치 그런 것처럼 느끼면서.

**4. 책에서는 일회용품 사용을 줄이기 위해 룸메이트가 배달 음식을 먹지
못하게 하는 장면이 나오는데요. 가치를 추구할 때 타인에게
"너도 해"라고 말하는 일에 대해 어떻게 생각해요?**

서린: 저는 어떤 것이든 남한테 강요해선 안 된다고 생각하는데,
남에게 무언가를 강요하는 순간 상대가 그걸 좋게 받아들이고
수용하는 경우는 거의 없다고 생각하거든요. 어떤 가치관이든
"너 이거 해"라고 말하는 순간 역효과가 생길 수 있고 오히려 반감이
생겨서 거부할 수도 있는 거잖아요. 도덕적, 환경적 여러 면에서

봤을 때 완벽하게 옳은 일이더라도 타인에게 강요해서는 안 된다고 생각해요. 하지만 실천을 해야 하는 이유가 무엇인지, 이것을 함으로써 뒤따라올 혜택은 무엇인지 알려주는 식으로 권장하는 건 필요하다고 생각해요.

교사: 전략적 측면에서의 접근이구나?

서린: 네.

윤서: 환경을 지키겠다는 의도는 멋지지만 이걸 타인에게 강요해서는 안 된다고 생각해요. 제안을 하거나 "이거 어때?"라고 소개 정도는 할 수 있겠지만, "너 이거 하면 안 돼"라고 강제하면 서린이의 생각과 마찬가지로 반감이 들 것 같거든요. "왜 네 생각을 나에게 강요해?" 그러면서 오히려 막나가게 될 것 같기도 하고. 아무리 멋진 일도 타인에게 강요하는 순간 그건 멋지지 않은 게 되는 것 같아요.

진화: 일단은 "~해" 혹은 "~하지 마"라고 하는 말을 들으면 거부감이 생길 수 있고, 그래서 다른 사람에게 옳은 일에 대해 권하는 말을 할 때에는 이런 카테고리가 있다는 식으로 유하게 제시해주는 게 맞는 것 같은데, 하지만 저는 개인적으로 우리가 환경에 대한 실천을 너무 오래 유예해왔다고 생각하거든요. 환경문제가 너무 심각해서 이걸 바로잡을 시간이 얼마 남지 않았다고 봐요. 시간이 없다 보니 그만큼 분명한 태도와 입장을 가질 필요는 있다고 생각해요.

교사: 내가 궁금한 건 '어디에서부터 강제할 수 있을 것인가'라는 기준 설정의 문제였어. 예를 들어 사람을 죽이면 안 되잖아. 이건 강제해야 하잖아. 하지만 책에 나온 것처럼 우리가 비닐봉지를 막

써서 어딘가에선 어린이 45명이 죽는단 말이야. 내 눈에 안 보이는 거지 어딘가에선 분명히 영향을 미친 거고. 그런 지점들에 대해 기준 설정을 어떻게 해야 하는 것인지를 이야기해보고 싶었어. 내가 눈앞에서 사람을 죽였어. 그건 절대 안 되잖아. 설득의 문제가 아닌 거지. 그런데 눈에는 안 보이는데 내가 한 일에 영향을 받아서 누가 죽었어. 그렇다면 이 지점은 어떻게 해야 하는 거지? 생사여탈의 문제가 된다면 이건 취향의 문제가 아니잖아. 그럼 권유 차원으로 나이브하게 접근해도 되는 건가? 이런 의문이 든 거야. 그런 지점에 대해서 우리는 어디까지 이야기해야 하나, 할 수 있을까에 대해 같이 생각해보고 싶었어.

윤서: 저는 사실 이 책에서 어린이 45명이 죽는다는 게 잘 와 닿지 않았어요. (45명을 살리려면) 대한민국의 모든 사람이 비닐봉투를 단 하나도 사용하지 않았을 때 일어난 일이잖아요. 전제 자체가 너무 이상적이라는 생각이 들었어요. 내가 쓴 비닐봉투가 어떤 과정을 거쳐서 저 먼 나라의 사람들에게 영향을 미치게 된다는 것인지, 이걸 정확하게 설명하지 않으면 설득력이 떨어진다고 봐요. 전 사실 납득이 잘 되지 않았거든요.

교사: 너무 전제가 이상적이라는 거지?

윤서: 네. 제 자신이 1년 동안 플라스틱을 사용하지 않았을 때 사람을 한 명 살린다고 한다면 내가 사람을 살린다고 인식하겠지만, '대한민국 모두가 하루 동안 단 하나도 사용하지 않았을 때'라는 상황이 실제로 일어날 수 없는 일이니까 와 닿지 않았어요.

교사: 그럼 좀 더 구체적으로 '내가 10년 동안 비닐봉투를 안 쓰면

사람이 두 명 산다'라는 문장으로 바뀐다면?

윤서: 그러면 노력을 할 수 있을 것 같아요.

교사: 그렇다면 내가 혼자 안 썼을 때 사람이 두 명 살아, 내 친구도 안 쓰면 사람이 두 명 더 사는 거잖아. 그렇다면 "쓰지 마!" 할 수 있는 것 아닌가?

윤서: 완전히 강경하게 "쓰지 마"라고 할 수 있는 건 아니지만, "네가 안 쓰면 사람이 한 명 산대, 어떻게 할래?" 은근히 설득을 많이 할 것 같아요. 진짜 집요하게, 계속요.(웃음)

교사: 아, 내용의 문제가 아니라 전달법의 문제란 말이지?

윤서: 네, 그렇죠. 제가 하는 말은 완곡하겠지만, 귀찮을 정도로 계속해서 실천하게 만들기.

교사: 어, 아, 알겠다. 이해됐어.

교사: 분리될 수 없는 내용이긴 해. '당장 해야 하는 것'과 '타인에게 이야기했을 때 오히려 반감으로 다가오면 부작용이 생길 텐데 그렇다면 유하게 접근하자'라는 생각은. 정답은 없지만, 너희가 그 기준을 어떻게 설정할 것인지 되게 궁금했어.

서린: 너무 어려워진 것 같아 가지고, 생각이 많아져요.

교사: 누군가의 생사여탈과 관계없다면 깔끔한 문제인데. 안 보이고 있던 지점까지 생각해버리면 복잡한 문제가 돼.

윤서: 사실 사람들이 쓰레기 때문에 누군가 죽는다는 생각을 안 하잖아요. 동물이나 바다 오염 같은 건 확 와 닿는데, 쓰레기 때문에 사람이 죽어? 내가 쓰레기를 안 만든다고 사람이 산다고? 너무 거대한 말이라 잘 안 와 닿는 것 같아요. 인간의 목숨과의 연관성을

완전히 강력하게 제시를 하면, 납득할 수 있게 만든다면, 그러면
사람들 모두가 강제적으로 "일회용품 쓰지 마"라고 말할 수 있게 될
것 같아요.

교사: 지금은 납득이 돼? 쓰레기 때문에 사람이 죽는다는 게?

윤서: 사실 지금도 왜 죽는지를 설명해줘야 납득이 될 것 같아요.
막연히 일회용품 안 쓴다고 해서 사람이 산다고 하면 그 사이에 왜
그런지 모르잖아요.

교사: 아, 나 이 온도차가 무엇 때문인지 알겠어. S(진화), 너는 쓰레기
때문에 사람이 죽는 것의 가능성에 대해 어떻게 생각해?

진화: 있다고 생각해요. 정확하게 원인은 몰라도 납득이 가요.

교사: 이 온도차의 원인이 뭐냐면, S랑 나는 지난주에 《쓰레기책》을
같이 읽고 작가 인터뷰를 했어. 그 책에 쓰레기가 버려지면 해류
때문에 막 돌아서 필리핀의 어느 섬으로 간대. 거기는 아예 집 옆이
전체가 쓰레기더미고 바다도 다 쓰레기고, 실제로 생명의 위협을
받는다고 쓰여 있었거든. 사진으로도 실려 있고. 그런 모습을
우리는 이전 책에서 봤으니까 S와 나는 이 지점에 대해 '정말 생명에
영향을 미친다'라는 전제를 이미 갖고 있는 거야.

아, 결국 실천에 이르려면 지식이 필요하구나. 우리의 온도차는
그것 때문이었어. 나도 그 책을 안 봤다면 이 문장이 막연하다고
생각했을 것 같아.

윤서: 만약에 사람의 목숨을 앗을 수 있다는 지점에 대한 이해를
했다면 저는 이 문제에 대해 강압적으로 말해야 한다고 생각해요.

교사: 뭔가 실천하려면 공부가 필요하다는 생각을 다시 하게

되네요. 정보가 있는 것과 없는 것이 주는 차이가 정말 크다. 진화와 나는 《쓰레기책》으로 내용을 공부하니까, '그래, 당연히 영향이 있지'가 된 거거든. 정보가 없으면 되게 멋진 문장을 봐도 완전히 추상적으로 여겨질 수 있겠다. 이 대화의 결론은 공부가 중요하다는 것이군.(웃음)

진화: 결과는 알고 원인은 모르니까.

5. 환경문제에 대해 방송에서 나오는 캠페인 같은 자료를 보는 것과 단행본을 읽는 것이 인식에 미치는 영향이 다르다고 생각해?

서린: 보는 사람의 의지에 달린 것 같아요. 보고 싶어서 보는 사람들은 피부로 느낄 수 있겠지만, 부끄럽지만 텔레비전에서 캠페인 광고 나오면 무의식적으로 흘려보내거든요. 영향으로 남지 않고. 그런데 스스로 궁금하거나 의지를 갖고 찾아본다면 와 닿는 정도가 다르다고 봐요.

교사: 환경문제는 의지를 갖고 볼 만한 주제는 아니야? 우리는 수행평가 때문에 하는 거잖아.(웃음) 개인이 의지를 가질 수 있는 소재야?

윤서: 유튜브에 자그마한 다큐를 만드는 채널이 많잖아요. 닷페이스 같은 것. 그런 데서 찾아보거든요. 기사도 읽고. 어떤 친구는 정말 조금도 관심을 갖지 않아요. 이건 사람마다 관심사가 다르기 때문이라고 생각해요.

저는 캠페인이나 광고 같은 건 어느 정도는 연출된 장면이 있다고 생각을 해서 그런지 그렇게 강하게는 안 와 닿거든요. 그런데 이런 책은 한 사람이 이야기를 하기 위해서 엄청나게 공부를 하고 자신의 이야기를 풀어놓는다고 생각하고 읽으니까 좀 더 설득력이 강한 것 같아요.

교사: 너 완전 이과지?(웃음) 너무 신선해서 좋아. 문과는 되게 분위기에 휩쓸리거든. 어어- 이러면서.(웃음) 뼛속 깊이 문과인 S는 어떻게 생각하나요?

진화: 전 깊이의 차이라고 생각하는데, 캠페인이라고 하면 공익광고가 떠오르거든요. 길어봤자 30~40초잖아요. 책은 단행본 한 권이라고 할지라도 어쨌든 깊이 있게 들어가는 거니까, 책으로 읽었을 때 좀 더 오래갈 것 같단 생각이 들어요. 캠페인은 강조점이 다르다고 생각하거든요. 책이 본질적인 문제에 대해서 다룬다면 캠페인은 연민에 강조를 둔다고 생각했어요. 아무래도 길이가 짧으니까 감정을 건드려서 강렬하게 남는 전략인 거죠.

교사: 오오, 엄청 흥미로워!

6. 마지막 질문은 에코페미니즘에 대한 내용인데요. 요즘 나오는 환경 책에는 페미니즘을 언급하는 내용이 꽤 많이 나와요. 여러분도 느꼈나요?

윤서: 이 책에서 말하는 것처럼, 과거에는 여성이 하는 일, 자연이 하는 일을 딱 정해놨잖아요. 그래서 남녀 격차가 일어나고 환경 착취가 벌어졌죠. 그런 점에서 자연을 무분별하게 착취하지

않아야 한다는 생각이 페미니즘과 연결된다고 봤어요. 고착화된 성역할에서 벗어나는 것을 목표로 하잖아요.

지난주에 읽은《나의 비거니즘 만화》에서도 작가님이 동물과 환경이 갖고 있는 권리가 여성의 권리와 맞닿아 있다고 말하잖아요. 환경 책에서 확실히 여성 문제와 연결 지어 내용을 전개하는 부분이 많은 것 같아요.

서린: 페미니즘 자체가 여성이 수동적이고 열등하다는 개념을 극복하려는 거잖아요. 자연도 마찬가지로 인간과 자연을 두고 봤을 때 자연이 착취당하는 위치에 있다는 점에서, 과거의 남성-여성의 관계와 밀접하다고 생각해요. 생태계를 봤을 때 인간이든 자연이든 공존해야 하는 거잖아요. 그런데 어느 순간 인간은 자연을 착취하고 있고 마음대로 쓰고 있고. 그런 걸 봤을 때 확실히 인간은 그동안 자연이 우리보다 열등한 입장에 있다고 생각해온 것 같아요. 페미니즘이라는 게 수면 위로 뜨면서 생각이 바뀌고 고정관념이 바뀌면서 많은 여성이 목소리를 내기 시작했잖아요. 잘못된 점을 교정하고. 페미니즘은 '여성의 입장'으로 세상을 바라봐야 행할 수 있잖아요. 환경문제도 '자연의 입장'에서 문제를 바라봐야 해결할 수 있다는 점이 같다고 봐요. 우리는 자연이 될 수 없어서 자연을 완전히 착취하지 않는 방향으로 나아가기는 힘들겠지만, 그래도 노력해야죠.

진화: 환경문제는 약자에 대한 문제와 연결되어 있잖아요. 필리핀의 쓰레기섬도 그렇고. 페미니즘도 결국에는 여성이란 약자의 문제니까. 궁극적인 목적이 인식의 변화라는 점, 그게 닮았다고

봤어요.

교사: 나도 하고 싶은 이야기를 써두었는데, 너희가 다 해서 할 수가 없게 되어버렸어.(웃음) 고무적인 건 확실히 무언가 문제를 해결해야 하는 상황에서는 그 상황을 섬세히 바라봐야 하는데, 손해 보는 입장에서 살아왔던 사람에게는 예민한 인식의 힘이 있다는 거야. 일단 알아채야 실천을 할 수 있으니까. 이게 되게 속상하면서도 의미 있는 일이란 생각을 했어.

인간이 더 나아지려면 자아의 확장이 일어나야 하잖아. 자기 말고 다른 대상에 감정이입을 할 수 있는 게 인간답게 살기 위한 첫걸음이라고 보거든. 약자의 입장에 있다는 건 정말 슬프고 속상하지만, 그게 동시에 문제 상황을 예민하게 인식할 수 있는 능력의 기반이 될 수 있구나, 손해 받는 존재에게 감정이입을 하게 만들겠구나, 하는 생각을 했어.

아, 더 멋지게 말하고 싶었는데 생각이 정리되지 않는다. 소감을 말하면서 정리를 할까요? 나는 뭘 까먹었는지 생각을 해볼게.(웃음)

7. 소감 나누기

윤서: 이 책을 읽고 환경문제에 대해 제가 모르고 있었던 내용을 많이 알게 됐어요. 특히 미세플라스틱이 정말 충격적이었는데, 페트병에 담긴 물을 마시는 게 텀블러에 담긴 것을 마시는 것보다 미세플라스틱이 더 흡수된다는 사실, 생활하는 것만으로도 미세플라스틱이 몸속에 들어온다는 게 너무 놀라웠어요. 처음

알았거든요. 그리고 아직 미세플라스틱이 얼마나 위해한지에 대해서 정확히 밝혀진 정보가 없다는 것도요.

앞으로 행동할 때마다 계속 생각날 것 같아요. 앞으로 플라스틱을 전혀 사용하지 않는 건 어렵겠지만 최대한 노력하고, 비닐봉지 정도는 사용하지 않으면서 살아가야겠단 생각을 했어요.

서린: 스타벅스에 가면 종이빨대 주잖아요. 환경을 위해서 그렇게 하는 건 아는데, 음료를 마시고 있다 보면 쪼글쪼글해지고 종이 맛도 나고 너무 별로인 거예요. 그래서 "아니, 쓰던 거 쓰지 왜 이렇게 불편하게 바꿨냐" 하고 툴툴댔거든요. 머리로는 알지만 마음으로는 와 닿지 않았던 거예요. 그런 상황이 많았어요. 그런데 이 책을 읽고 여기에 나온 다른 실험 방안들이 일상적으로 권장되었으면 좋겠다는 생각을 했어요.

이 책은 '플라스틱을 사용하지 말자'는 주제를 담았잖아요. 그런데 그 소재를 통해서 정말 다양하고 많은 이야기가 나올 수 있다는 게 신기하기도 했어요. 오늘은 유독 한 방향의 답이 아니라 상반된 의견이 나올 수 있는 것이 많았잖아요. 그래서 뭔가 평소보다 좀 더 얻어가는 게 많았고, 깊이 생각을 해볼 수 있는 기회가 됐어요.

진화: 너무너무 좋았고요! 책 토론할 때마다 분위기가 좋은데, 오늘은 얻어가는 게 유독 많은 것 같아요.

교사: 나도 오늘 진지하고 되게 좋았어. 나도 되게 엄청 뼛속까지 문과여서 '아, 옳은 일을 하려고 할 때에 사람들에게 설명을 해서 납득시키는 게 되게 중요하구나'라는 생각을 오늘 처음 했어. 옳다고 생각하는 것을 이야기할 때 어떻게 전달할 것인가를,

내 취향에 꽂히지 않고 정말 다양한 면으로 전달 방식을 고민해야겠구나. 사람들의 입장이 다양한 거지, 틀린 것이 아니니까. 더 정성스럽게 설득해야겠다. 내 생각이랑 다르다고 화내고 끝내지 않아야지.(웃음)

우리가 12월 26일에 만나서 읽을 책이 되게 얇거든. 그런데 가격이 1만 5000원인가 그래. 한 학생이 수행평가 할 때 가격을 보고 꽤 두꺼울 줄 알았는데 받아보니 아니라고, 나한테 "선생님, 책이 너무 비싸요"라고 했거든. 그런데 환경 이야기를 하는 책 중에 친환경 종이에 친환경 잉크로 인쇄한 것들이 있어. 그래서 비용이 더 높게 책정된 경우가 많고, 사는 사람이 적으니까 조금 찍어서 한 권당 비용이 높은 경우도 있는데, 그래서 일단은 그 친구에게 "소중한 걸 지키려면 어느 정도 비용 지출을 해야 해"라고 말했거든.(웃음) 난 이 책 읽고 샴푸를 샴푸바로 바꿔야 하나라는 생각을 하고 있는데, 샴푸바가 좀 비싸.(웃음)

윤서: 저도 그래요. 맞아요, 비싸요! 러쉬 샴푸바 했는데, 한 번 써봤는데 관리를 잘 못해서 어느 순간 사라져버리더라고요. 언니가 샴푸바 쓰고 우리도 세제도 시트로 바꾸자고 했는데 찾아보니까 너무 비싸고 관리하기도 힘든 거예요. 그래서 "언니, 안 되지 않을까? 우리 용돈에 너무 비싸"라고 했거든요.

교사: 역시 이과생, 이과생!(웃음) 한국에 동구밭이라는 기업이 있는데 여기 비누가 조금 더 딱딱한 느낌이고, 보관하는 망이 있더라고. 욕실 벽에 걸어놓더라. 그러니까 안 녹더라고. 막상 친환경 상품을 사려고 보면 '이거면 플라스틱 통에 든 샴푸 몇

개를 사는데' 싶은 마음이 자꾸 드는데, 옳은 걸 하려면 희생을 어느 정도 해야 한단 다짐을 새기고 살아야겠어. '대신에 쓰레기가 될 물건들을 덜 사자'라는 생각을 가졌어.

아까 내가 에코페미니즘 이야기를 하다가 끊겼는데,(웃음) 누군가는 "자기만족이야, 정신 승리야"라고 할 수도 있겠지만, 어떻게 보면 우리가 다 여성이고 페미니즘에 관심이 있잖아. 열악한 입장에 서 있다는 게 반대로 생각하면, 우리가 세상의 불편이 보이니까 세상을 더 낫게 만들 수 있는 존재라는 자부심을 가질 수 있다는 점에서 고무적이라고 생각했어! 그리고 그런 말을 당당히 하려면 샴푸바를 사야겠구나, 생각을 했습니다.(웃음)

이민수
삼정중학교

6

컴맹 교사,

원격 수업에서
살아남기

오로지 동료 교사들의
도움으로 건너왔다,
우정과 연대에 감사를!

퇴출 교사 1순위

사상초유의 온라인 개학으로 시작한 2020년의 끝자락, 글을 쓰면서 몇 번을 망설였는지 모른다. 어디에 가서 교사라는 말을 하기 창피할 정도로 컴맹인 내가 원격 수업에 대해 말한다고? 날마다 온갖 실수를 반복하며 '대체 나란 인간의 무능함과 허술함의 끝은 어디인가?' 한숨과 자책으로 보낸 내가 무슨 말을 할 수 있을까?

성공적인 수업 사례는커녕 하루하루가 버거웠다. 처절한 학습부진아 체험, 코로나발 원격 수업은 교사로서 자존감을 뿌리째 흔들었다. 몇 년째 우리 학교에서 독서 수업만 전담해온 나는 지금이야말로 내 인생의 화양연화라며 자랑하고 다녔다. 학기가 시작할 때 책 목록만 잘 준비해놓으면 아이들은 책을 쑥쑥 잘 읽었다. 내 시간은 아이들에게 책 읽을 시간을 넉넉히 주기 때문에 아이들도 좋아했다. 아이들이 책이 재미없다 하면 도서실 서가로 데려가 다른 걸로 바꿔주면 되었다. 난 아이들 책을 좋아하는 편이라 책 추천은 어느 정도 자신 있었다. 책만 잘 고르면 반 이상 해결, '읽어라, 써라, 토론해라, 발표해라' 하면 아이들은 알아서 잘했다. 독서 수업은 책의 힘, 아이들 힘 반반으로 잘 돌아갔다.

하지만 2020년 학교는 비상사태, 원점에서 시작이다. 아이들에게 말 한마디 전달하기 위해서도 도구가 필요했다. 평소 수업 시간에 거의 안 쓰던 컴퓨터는 보기만 해도 부담 백배, 등교가 미뤄질수록 아이들도 수업도 모래알처럼 손가락 사이를 빠져나가는 느낌이다. 뿔뿔이 흩어져 보이지 않는 아이들에게 어떻게 책을 읽힌담? 듣도 보도 못한 원격 수업은 막막하기만 했다. 처음엔 아이들에게 과제를 주고 열심히 검사를 했다. 하지만 손끝이 얼얼하게 댓글 피드백을 달아도 아이들은 수업이 끝나면 돌아보지 않았다. 난감한 상황에서 얻은 결론은 하나, 내가 해서 안 될 때는 아이들이 하게 해야 한다. 어떻게? 함께! 바로 아이들 간의 '연결 짓기'가 답이다. 10년째 혁신학교에 근무하면서 아이들에게 소통과 협력을 강조했지만, 2020년이야말로 '함께하기'가 절실한 때였다.

말로는 늘 아이들에게 나눔과 협력을 강조했지만 정작 내 삶은 그렇지 못했다. 학교만 가면 내 코가 석자인데 누굴 도우랴, 혹은 주변에 민폐는 끼치지 말자는 신조로 살아왔다(물론 전자는 지켰어도, 후자는 지키지 못했다). 교직 경력 20년이 넘도록 부장 추천 한 번 받아본 적 없는 진정한 능력자(?)인 나는 수시로 업무 도움을 받는다. 하지만 수업은 혼자 해도 큰 어려움이 없었던 것이, 국어과는 교사 한 명이 한 학년씩 맡았기 때문이다. 더구나 국어과 내에서도 나는 '독서'만 떼어서 전담을 했으니, 혼자 알아서 하면 됐다. 이런 내가 아이들에게는 친구들과의 소통과 협력을 강조하다니, 나는 '어' 하면서 아이들에겐 '아' 하라고 다그친 꼴이다. 어쩌면 한글 자판 빨리 치는 것 외에는 컴퓨터로 할 줄 아는 게 없는 나야말로 코로나 시대 퇴출 교사 1순위인지도 모른다. 하지만 지금까지 용케 살아남은 것은 오로지 동료 선생님들 덕분이다. 인간은 기대어 살 수밖에 없음을, 위기일수록 함께 가야 길이 보임을 확실히 깨달은 한 해였다.

어느 때보다도
'함께하기'가 절실했던 한 해

온라인 개학이 발표되자 내가 속한 교사들 모임(밴드, 카톡방, 블로그)은 온통 온라인 수업 이야기로 도배가 되었다. 플랫폼 비교, 수업 자료 만들기, 영상 편집 기술 등 다양한 정보를 공유하고, 자체 제작한 수업 영상을 올리면서 묻고 배우기를 멈추지 않았다. 동영상은커녕 PPT도 세대로 만들어본 적 없는 내겐 도통 알 수 없는 외계어 잔치. 이분들 나 모르게 IT 업계에서 '투잡'을 뛰었나? 대한민국 교사들의 신속한 적응력과 불타는 탐구열에 위화감이 느껴졌다. 남들은 자유영, 접영, 배영, 다이빙까지 하는데 나 혼자 수영장 가장자리만 맴도는 겁쟁이 꼬마가 된 기분이다. 여기저기 기웃거려봤자 알아듣지를 못하니 재미도 없고 의욕도 없고, '아! 나랑 놀아줄 사람은 어디 있지? 에라 모르겠다, 닥치면 어찌 되겠지.' 책 속으로 도피했다. 아이들에게 읽힐 책 목록은 다다익선이니, 책이나 실컷 읽어야지. 그러다 며칠 후 밴드나 톡방을 들어가 보면 대화는 더욱 멀어져 있다. 질문도 알아야 한다. 내가 뭘 모르는지를 모르는데 누구한테 어디서부터 물어보나? 이래서 아이들도 공부를 포기하는구나.

실은 우리 학교는 2019년 말에도 구글 클래스룸 교내 연수를 한 적이 있다. 강사는 평소 수업 혁신의 선두 주자인 수학 선생님. 구글 클래스룸을 수업에 사용해보니 꽤 유용하다며 희망자를 모아 가르쳐주었다. 나는 아이들과 글쓰기를 할때 도움이 되려나 싶어 한 번 참석했으나, 끝나고 나오면서 정중히 인사를 했다. "선생님, 수고하셨어요. 이 은혜 갚을 일은 없을 듯합니다." 수학 선생님의 친절한 설명에도 나로선 이해도 안 되고, 필요도 못 느꼈다. 당장 필요한 한글 문서 편집도 잘 못하는데 굳이 이런 것까지? 소 닭 보듯 쳐다보며 건성으로 듣다 왔는데, 불과 넉 달 후 내가 종일 구글 클래스룸만 보고 있을 줄이야. 그 수학 선생님은 코로나 팬데믹이 올것을 알고 있었던 걸까(올해 상황을 예견했다면 업무 분장을 할 때교무부장을 맡진 않았겠지)?

온라인 개학이 발표되자마자 우리 학교는 구글 클래스룸으로 플랫폼을 정하고, 온라인 학습 지원단을 꾸리고, 전체 교직원 회의와 연수를 하며 빠르게 대처했다. 클래스룸에 수업(과제) 올리는 방법, 학생과 피드백 주고받는 방법, 3학년 개학을 앞두고는 실전 대비, 수업 상황별 대처법까지. 들으면 들을수록 클래스룸은 용하기만 했다. 그런데 어쩜 난 이렇게 뼛속 깊이 문과인지, 연수를 받을 때는 앞자리에 앉아 고개를 끄덕이지만 내 자리로 돌아오면 깔끔하게 리셋, 내신 석차 99.99 퍼센트를 찍은 느낌이다.

나는 전교생 15개 학급의 주 1회, 1차시 독서 수업을 맡고 있다. 1학기에는 청소년 소설 6종 중 한 권을 골라 읽고, 같은 책을 읽은 친구들(모둠원)과 '책 소개하기' 발표를 한 뒤, 전교생의 투표로 다득표 3종을 뽑아 그중 2권 이상을 읽고(그러면 학생 한 명당 총 3~4권을 읽게 된다), 최종 투표로 한 작품을 뽑아 작가를 초대하는 프로젝트를 한다. 그리고 2학기에는 비문학을 읽고 서평을 쓴다. 올해도 '삼정이 뽑는 청소년문학상 프로젝트'를 위해 후보 도서 청소년 소설 6종(박현숙의《구미호 식당》, 김하은의《얼음 붕대 스타킹》, 박하령의《발버둥치다》, 박경희의《난민 소녀 리도희》, 박윤우의《편순이 알바 보고서》, 황영미의《체리새우: 비밀글입니다》)을 골랐는데, 아이들이 학교를 못 온다네. 책은 각자 어떻게 구해서 읽게 할지, 기록장은 어디에 쓰게 할지, 책을 다 읽으면 토론을 하고 투표로 작가를 뽑아야 하는데, 토론은? 투표는? 작가 초대 행사는? 생각할수록 첩첩산중이다.

학교 도서관 이용이 금지되고, 지역 도서관도 문을 닫고, 전자 도서관도 복본을 구하기는 어려운 상황이니 책 준비부터 쉽지 않았다. 2학기 진로 독서를 할 때는 개별적으로 책을 구입하도록 했는데 1학기부터 책을 사라고 해야 하나? 아이들에게 책 값 부담을 주고 싶지 않아서 고민하던 중 뜻밖의 횡재가 생겼다. 우연히 급식실에서 만난 국어과 선생님에게, 책을 구할 방법이 없어서 청소년문학상 프로젝트를 못 하겠다고 했더니, 이분이 부장 회의에서 말해 전교생 책값 500만 원을 단번에 마련해준 것이다. 혁신학교 예산을 몇 개 부서에서 십시일반 보내줬다. 독서를 향한 부장 선생님들의 이해와 협조에 감동, 몇 주간 나의 근심이 이렇게 쉽게 해결될 줄이야.

아이들은 후보 도서 6종 중 읽고 싶은 책을 고르고, 나는 동네 서점에 주문을 하고, 배송은 워킹스루! 아이들이 학교에 와서 가져가기로 했다. 담임선생님들이 학년별로 정한 장소에서 책을 나눠주는 동안, 비담임선생님들은 교문 앞에서 환영 피켓을 들었다. 꽃샘추위가 몰고 온 매서운 바람 속에서도 아이들을 맞이하는 마음은 한결같다. 보고 싶었다고, 등교하는 그날까지 건강 단단히 챙기자고. 학교 정문과 후문, 담장 옆 근린공원까지, 아이들이 한바탕 다녀가니 훈기가 돈다. 올해 나의 독서 수업은 이렇게 모든 선생님들의 응원을 받으며 떠들썩하게 시작됐다.

닫힌 교문 앞에서 워킹스루로 책을 나눠주며 환영 피켓을 들었다.
아이들이 한바탕 다녀가니 훈기가 돈다.

뜻밖의 책 선물,
구글 클래스룸부터 PPT까지

책 배부가 끝난 후, 본격적인 수업 준비에는 관악중학교 구본희 선생님의 도움이 컸다. 관악중도 1학기에 전교생이 뽑는 청소년문학상 프로젝트를 한다. 실은 우리 학교에서 하는 것을 보고 관악중도 시작했는데, 올해 같은 상황이 닥치니 구본희 선생님이 나를 위해 이 수업을 시작했구나 싶었다. 성경에 '먼저 된 자가 나중 되고, 나중 된 자가 먼저 된다'고 했던가? 부지런한 토토로님(구본희 선생님 블로그 아이디)은 거의 매 차시 수업 후기를 블로그에 꼼꼼히 올렸고, 덕분에 나는 감나무 밑에서 입만 벌리면 되는 행운을 얻었다. 물론 토토로님 블로그를 본다고 그 철두철미함을 따라갈 수는 없다. 대충 흐름만 보면서, 내가 할 수 있는 것만 흉내를 낸다. 내 독서 수업의 최대 목표는 아이들이 책 읽기에 재미를 붙이게 하는 것이다. 독후 활동의 최소화, 읽는 시간의 최대화. 온라인 수업도 헐렁하게 가고 싶었다.

　지난해까지는 8종의 청소년 소설을 모둠별로 선택해서 읽었다. 3주간 읽고 학급 친구들 앞에서 모둠별 책 홍보 발표를 한 후 1차 투표로 세 권을 뽑았다. 이렇게 뽑힌 세 권을 전교생이 8차시 동안 읽은 후 토론과 투표를 거쳐 최종 한 권을 뽑는 것이다. 하지만 올해는 방역 문제로 공동 물품 사용이 금지된 상황이라, 선물로 받은 책 한 권만 읽기로 했다. 3~4차시 동안 매 시간 기록장을 쓰면서 한 권을 읽고, 다 읽은 후에는 모둠별로 책의 주제와 평점(장단점)을 이야기 나누게 했다. 이를 바탕으로 책을 소개하는 PPT를 만들고, 아이들은 반 친구들이 만든 PPT를 보고 가장 마음에 드는 한 작품을 뽑는 것으로 했다. 책 준비가 되었으니 삼정청소년문학상 프로젝트는 준비 완료다. 문제는 온라인으로 이 과정을 진행하기 위해 내가 먼저 구글 클래스룸과 친해져야 했다.

학교 밖에 구본희 선생님 블로그가 있었다면, 학교 안에는 나의 고충 처리 민원 해결반 선생님들이 있었다. 삼정문학상 프로젝트 안내 동영상은 어떻게 만들지, 책 소감을 쓰는 기록장은 설문 형식으로 줄지 문서에 쓰게 할지, 아이들이 낸 과제는 비공개 댓글로 피드백을 주는데, 칭찬과 격려의 코멘트만 달게 할지, 아쉬운 결과물은 반환해서 다시 제출하게 할지, 과제 반환을 할 때도 점수를 부여할지 그냥 반환할지 등등. 정말 인생은 선택의 연속이라지만, 과제 하나 내고 받는 데도 이렇게 많은 선택지 앞에서 고민하게 될 줄은 몰랐다.

급하니 체면이고 뭐고 다 버리고, 우리 학교에 새로 오신

3년차 두 선생님과 국어과 막내 선생님에게 묻고 또 물었다. 이렇게 묻고 물어서 PPT에 목소리를 녹음하는 기능을 배워 영상을 만들었을 때는 처음으로 받아쓰기 100점을 받은 아이처럼 기뻤다. 처음엔 지리적으로 가까운 한 선생님에게만 물었는데, 세 사람은 있어야 돌아가며 물어볼 수 있다는 부진아 처세술도 익혔다. 나의 울상과 한숨 섞인 SOS 요청에 늘 웃는 얼굴로 찬찬히 설명해주는 세 분 젊은 여선생님은 왕진 가방을 든 나의 주치의였다. 지금 생각하면 그분들도 다 바쁘고 정신없는 때였는데, 휴대전화라면 진즉에 수신 차단될 뻔했다. 교내 인터폰과 쿨메신저에 차단 기능이 없어서 다행이다.

여러 선생님의 도움 덕에 근근이 수업을 올리고 과제를 받게 되자 피드백이 걱정되었다. 주로 책 내용 정리와 감상, 현실과 관련된 사건 찾기 등 간단한 과제였지만, 내용의 충실도에서 편차가 컸다. 처음엔 과제를 열심히 한 아이들에게 고마운 마음을 전하려 개별(비공개) 댓글을 달기 시작했는데, 하다 보니 댓글을 주지 못한 아이들이 걸려 슬금슬금 몇 명에게 더 댓글을 단다. 그러다 전체에게 댓글을 쓰게 되자 일이 커진다. 안 그래도 과제 하나 올릴 때마다 몇 번을 보고 또 보고, 그렇게 봐도 수업이 시작되면 예상치 못한 실수를 수습하느라 진땀을 빼고, 수업이 끝나면 마감 시간까지 과제 제출을 하지 않는 아이들에게 문자나 전화를 하느라 바쁜데, 일일이 피드백을 하려니 퇴근 후 늦은 밤에도 구글 클래스룸에 들어가게 된다. 저녁을 먹고 치우고 피곤한 몸을 달래며 침침한 눈에 힘을 주고, 손끝이 아프게 댓글을 쓴다.

하지만 문제는 아이들이 교사의 댓글 피드백을 보지 않는다는 것. 기껏 차려놓았지만 먹지 않고 버리는 음식처럼, 아이들이 읽지 않는 댓글은 쓸쓸히 식어간다. 1학년은 신입생이라 절반 이상은 보는데, 2~3학년은 피드백을 보는 아이가 한 반에 다섯 명도 안 된다. 아이들이 구글 클래스룸의 댓글 알림 기능을 따로 설정하지 않으면, 댓글이 왔는지 안 왔는지 알 수도 없다. 내가 아이들에게서 비공개 댓글이 올까 싶어 구글 클래스룸에 수시로 들어가지 않듯이, 아이들도 구글 클래스룸을 수업 이후 들어가지 않는다. 방과 후 텅 빈 교실에서 아이들 한명 한명 이름을 부르며 연애편지를 쓰는 것도 아니고, 청승맞고 덧없다. 아이들에게 온라인 수업 과제는 출결처리를 위해서 해치우는 것, 제출하고 나가면 다시 돌아보고 싶지 않은 '과거'일 뿐이다.

깜빡이는 '커서'의 감동,
실시간 모둠 수업이 가능해졌다!

개별 피드백에 너무 힘 빼지 말자 하고 마음을 다독일 무렵, 구글 클래스룸에서 모둠 활동을 할 수 있다는 걸 알게 됐다. 학생 개인별/모둠별 과제 부여가 가능하고, 문서 수정 기능을 활용해 아이들 간에 실시간 소통이 가능함을 알려준 사람은 국어과 막내 J샘. 구글 클래스룸에서 과제 파일을 첨부할 때 학생에게 '파일 수정 권한'을 주면, 교실에서 큰 전지를 펼쳐 놓고 여럿이 쓰는 것처럼 할 수 있다. 하나의 문서에 여러 명이 동시에 들어가 마치 투명인간이 써 내려가듯 글씨가 쓱싹쓱싹, '커서' 옆에는 쓰는 이의 이름도 깜빡인다. 구글 문서 안에서 글로 소통이 가능하다니, 이런 기쁜 소식이!

당장 실행에 옮겼다. 모둠별로 함께 책을 읽었으니 모둠별로 지정된 문서에 감상을 쓰고, 아이들끼리 질문과 답을 주고받게 하자 수업에 활기가 돌았다(참고자료). '동시 접속 같이 쓰기', 흰 여백을 채우는 부지런한 글씨만 봐도 교실의 훈기가 느껴졌다. 실시간으로 문서를 열고 함께 쓰는 과제는 아이들에겐 수업 시간 내에 과제를 끝낼 수 있어서 좋고, 나도 문서 안에서 아이들 생각에 바로 바로 피드백을 줄 수 있어 좋았다. 수업은 역시 실시간, 수업 시간 내에 끝내고 깔끔히 잊는 것이 순리다. 할 땐 하고 놀 땐 놀아야지. 늦은 밤 아이들에게 문자나 톡을 보내는 일은 더 이상 하지 말자.

1학년 수업연구회(교원학습공동체 모임)에서 들어보니 1학년은 1학기 초반부터 모둠 활동을 했다. 도덕 시간에 구글 문서에서 모둠을 나누어 육식이나 공장식 축산에 대한 찬반 토론을 했던 터라 문서에서 자기 의견 쓰기가 익숙했다. 도덕 시간 외에도 모둠 활동을 하는 과목이 늘어나자 아이들은 모둠원 구성에도 크게 개의치 않았다. 등교 수업을 할 때는 교실 좌석 배치가 한두 달 고정이다 보니 모둠원과 마음이 맞지 않으면 피로도가 높아진다. 하지만 온라인 수업에서는 과목마다 모둠이 다르니 아이들은 다양한 친구들과 만나게 된다. 자리 이동의 불편이 없으니(구글 문서에서 모둠별 과제 부여는 학생 이름 클릭만 하면 되니) 얼마든지 헤쳐 모여가 가능하다.

요즘 1학년 아이들은 수업에 빠질 일이 생길 때도, 어느 시간이 모둠 활동인지를 살핀다고 한다. 모둠 과제에서는 한 명이 늦거나 빠지면 활동에 지장이 생기기에, 친구들과 함께하는 것은 즐거움인 동시에 부담. 적절한 긴장이 수업의 참여와 집중도를 높인다. 1학년뿐 아니라 2학년, 3학년 수업연구회, 전체 교직원 회의에서도 원격 수업의 어려움과 개선점을 말할 때면 가장 먼저 아이들 간의 관계, 소통의 중요성을 꼽았다. 혁신학교 10년 동안 가장 중점을 둔 것이 수업 혁신, 배움의 공동체를 만들기 위한 노력이었다. 모둠 안에서 아이들끼리 자연스러운 배움이 일어나게 하는 것, 막막할 때는 따라서 하기도 하고, 궁금한 마음이 들어 묻기도 하고, 가르쳐주다 보면 더욱 확실히 알게 되는 것이 모둠 수업의 장점이다. 공부를 못하는 아이든 잘하는 아이든, 곁에 친구가 있었기 때문에 가능했던 일이다. 원격 수업에서 모둠 활동은 비록 얼굴 대신 커서로만 깜빡이는 이름이지만, 친구와 함께한다는 것만으로도 힘이 된다.

청소년 소설 6종 중 한 권을 읽고 문서에서 시작한 모둠 활동은 오픈채팅 토론, 책 홍보 PPT 만들기로 이어졌다. 오픈채팅으로 책에 대한 평가를 이야기한 후에 PPT를 만들었는데, PPT 공동 작업은 새로 오신 미술 선생님이 가르쳐주었다. 퇴근 시간이 다 되어 인터폰을 한 바람에 내 자리로 직접 와서 찬찬히 알려준 1년차 미술 선생님. 교무실 위치가 멀어 자주 말을 하는 사이도 아닌데 퇴근 시간이 넘어가자 미안한 마음이 커졌다. 나이 든 선배 교사가 불러서 물어보니 모른 척하지도 못하고 왔을 텐데, 이런 게 직장 내 '갑질'은 아니겠지? 미안한 마음이 클수록 선생님의 설명을 초집중해서 들으니 크게 어려운 일은 아니었다. 구글 클래스룸 과제 만들기에서 문서 대신 프레젠테이션만 첨부하면, 프레젠테이션 화면 개수는 원하는 만큼 만들 수 있었다. PPT 화면을 반 아이들 수만큼 만들고, 네 장씩 모둠별로 같은 배경색을 입혀주었다. 네 번째까지는 1모둠, 다섯 번째부터는 2모둠인데 모둠이 넘어갈 때는 헷갈리지 말고, 한 장의 화면을 담장처럼 세워주니 깔끔하게 준비가 되었다.

PPT 모둠 작업 역시 구글의 문서 공유, 수정 기능 덕분에 가능하다. 원격 수업으로 PPT를 반 전체가 만드는 모습을 보고 있노라면 '우공이산'의 감동을 느낀다. 수업이 시작되면 아이들은 구글 클래스룸 과제에 들어와 PPT 화면을 열어 공유한 상태에서 만들기 시작한다. 작업을 하는 PPT 화면에는 버블 모양으로 학생 이름이 보이니, 교사는 한눈에 반 전체 아이들 출석 점검을 하고 모둠별로 다니면서 피드백을 할 수 있다. PPT 화면 아래 '발표노트' 칸에 줄거리를 조금 더 간추리라든지, 소제목을 붙이라든지, 화면이 어두워서 글씨가 안 보이니 배경색을 바꿔보라든지 등 조언을 써놓으면, 아이들은 바로바로 수정을 한다.

확실히 PPT는 학년이 올라갈수록 완성도가 높았다. 1, 2학년에 비해 3학년은 디자인뿐 아니라 줄거리를 재구성하는 능력도 뛰어났다.《구미호 식당》의 중심 사건을 등장인물 간의 계약서로 만들거나,《난민 소녀 리도희》의 줄거리를 주인공 도희의 이동 경로로 정리한 모둠은 독창성과 세련됨이 눈에 띄었다. 퍼즐이 맞춰지듯 한명 한명의 수고가 모여 반 친구들에게 삼정청소년문학상 후보작(여섯 개 작품)을 알리는 PPT가 만들어졌다. 평소에 책은 꼼꼼히 읽지 못했지만 그림 그리기 좋아하는 남학생은 표지 그림을 맡아 자기가 그린 그림을 PPT에 넣었다. 평소엔 수업에 빠질 때도 있던 아이가 이런 정성을 보이다니. 역시 아이들의 재능은 다양한 판에서 발휘된다.

사실 PPT는 만들기 전부터 걱정이 컸다. 나도 자신이 없는데 아이들이 과연 40분 안에 완성할 수 있을까? 디자인이나 꾸미는 방법을 나에게 물어보면 어떻게 하지? 그런데 막상 해보니 기우일 뿐, 아이들은 각자 자신이 할 수 있는 수준에서 최선을 다했다. PPT 화면에 들어갈 내용을 정해주고 모둠 안에서 역할 분담을 했기에, 자기가 맡은 화면을 완성하는 데 30분이면 충분했다. 등교 수업 기간 동안 학교에 나와서 PPT를 만들었던 1학년 한 반은 컴퓨터실에서 작업을 했는데, 내가 디자인 면에선 제대로 알려주지 못하자 아이들은 서로 묻고 도왔다. 교사가 모르는 건 모른다고 인정하면, 순식간에 교사보다 잘 아는 아이들이 나온다. 깜짝 교사의 출현은 나쁘지

구미호 식당

죽음을 계기로 돌아보는 49일.

시간은 한번 지나면 되돌릴 수 없다.

하루하루를 마지막날처럼 마음을 열고 산다면
후회하지 않는 삶을 살 수 있어.

당신에게 99일이라고
시간밖에 남지 않았다면
무엇을 하실건가요?

구미호 식당의 주제 및 장점!

이 책의 주제는 '언제든 죽을 수
있다는 것을 인지하고 사람들과
사랑을 주고 받으며 후회없이
살아가라.'이다.

이 책의 장점은 마지막에 저승사자
남자가 이 책에 대한 정리를
멋지게 해준 것, 죽는다는 것에
대해 자신이 죽기 전에 무엇을
해보고 싶은지 생각해 볼 수 있게
해준다는 것과 비밀을 통해
이야기를 궁금하게 만드는 장치를
이용했다는 것이 있다. 또, 표현이
디테일하고 시놉시스가
흥미로웠다.

책을 읽은 소감

죽고 다시 살아나 49일동안 살아가는
이야기가 색다르게 다가왔고 나한테도
그런 일이 일어난다면 어떨 것 같은지
생각해볼 수 있는 기회였다.

- 나겸빈

이 책이 주는 교훈은 생명을
가진 그 누구도 부정할 수
없을 것이다.

- 김은구

살아있는 이상 모두가
생각해야 하는 '죽음'에 대한
작가의 생각을 잘 담은 책이다.

- 윤정

죽었다가 다시 살아난다는
것이 흥미로웠고 책이 주는
교훈이 인상깊었다.

- 천예준

PPT 학생 작품 《구미호 식당》 모둠

않다. 이런 돌발 상황이야말로 아이들이 서로에게 배우는 좋은 기회다.

구글 문서나 PPT 공유 작업은 모든 원격 수업이 그러하듯 준비 시간 절약과 친환경적이라는 장점이 있다. 종이와 매직을 산다고 물품 구매 기안을 하고, 주문하고, 나눠주고, 그러고 나면 결국 아이들이 만든 발표 자료는 언젠가는 버리게 되는데, 온라인 수업에서는 쓰레기를 남기지 않는다. 또 정리를 못하고 기억력도 안 좋은 나로서는 지난 시간에 그 반 수업을 어디까지 했는지, 누가 과제를 못 했는지 일일이 물어보지 않아도 된다. 매 차시 수업 결과물이 구글 클래스룸 학급별 과제 방에 차곡차곡 쌓인다. 한 것 없이 올해도 다 갔다는 생각이 들 때 구글 클래스룸 독서 메뉴를 열어본다. 이 정도면 한 게 많다. 물론 내가 아니라 아이들이 한 것이지만.

모둠 토론의 꽃, 오픈채팅

"또 실시간 수업하세요? 쌤, 완전 프로게이머 같아요!"

옆 자리 선생님 말에 대답할 겨를도 없다. 실시간 온라인 수업, 오픈채팅방이 하나둘 노트북 화면 위로 올라온다. 아이들이 들어오고 여섯 개 방에서 아이들의 대화가 시작되면 손과 눈이 바빠진다. 모둠마다 토론을 제대로 하는지, 내가 도와줄 부분은 없는지, 필요할 때 적절한 개입을 하려면 엄청난 집중력과 순발력이 필요하다.

구글 문서 안에서 모둠 활동을 하다가 조금 더 욕심을 내서 도전한 오픈채팅은 아이들의 반응이 뜨거웠다. 평소 카카오톡 채팅은 많이 해도 오픈채팅방은 어떻게 만드는지 몰라서 시도를 못 했는데, 역시 물꼬방 선생님들의 블로그를 곁눈질하다 용기 내어 시작했다. 2~3학년은 다섯 개 반이 2주간에 걸쳐서 토론을 했으니, 나는 총 열 번의 토론방을 들어간 셈이다. 라이브(생방송)의 긴장감이 쫄깃한 오픈채팅은 아이들의 솔직함, 발랄함, 의젓한 모습을 만나는 동시에 교육적으로도 의미 있는 지점을 발견한 특별한 장이었다.

책을 다 읽은 후 총평, 주제, 토의 주제(질문)를 각자 미리 쓰게 한 후 두 번의 채팅 토론을 했는데, 두 번의 대화 주제는 다음과 같다.

1주차 – 책의 인상 깊은 장면, 책에서 친구들과 토론하고 싶은 질문 1
     인당 한 개씩 나누기
2주차 – 책의 주제, 책의 장점(삼성청소년문학상을 받을 만한 이유) 혹은 책

첫 주 토론을 마치고 났을 때는 책에 대한 총평이나 주제를 먼저 하는 게 나을 뻔했나 싶었는데, 결과적으로는 위의 순서가 좋았다. 첫 주에는 책을 다 읽지 못한 아이들이 한 반에 네다섯 명은 있었고, 아이들도 채팅 토론이 처음이었기 때문에 워밍업으로 서로의 이야기를 자유롭게 할 수 있어서 좋았다. 그리고 두 번째 토론에서는 아이들이 다 책을 읽었기에 주제를 이야기하기에 적절했다. 모둠원이 하나의 주제문을 만들어보는 활동은 한 명씩 돌아가면서 주제를 말한 후 투표를 해서 하나를 정하는 모둠과, 내가 원하는 방식대로 서로가 의견을 다 말한 후 공통 요소를 뽑아서 의견을 조율해가는 모둠으로 나뉘었다. 주로 3학년이 토론 경험이 많아서 그런지 주제를 만들어가는 과정도 훌륭했다.

하지만 3학년 아이들 중에도 주제를 정확히 알지 못하는 아이들이 있었다. 주제를 중심 사건의 요약으로 말하거나 관련 검색어(키워드) 한 단어로만 말하는 아이들이 꽤 있었다. 나는 평소 독서 시간에도 책을 읽고 나면 '작가가 (이 작품을 통해) 우리에게 하고 싶은 말이 무엇이었을까?' 하고 찾는 것을 많이 했다고 여겼는데, 이번 채팅 토론을 보니 아이들에게 '주제를 찾는 방법'이나 '주제문'의 조건에 대해서 제대로 알려준 적이 없었음을 알았다. 주제문은 비유적인 표현보다는 구체적이고 분명하게, 의문문보다는 평서형으로 쓰자는 말을 한 적이 없으면서, 아이들은 당연히 알 것이라 여겼던 것이다. 아이들의 채팅 토론은 주제를 찾는 과정을 생생하게 볼 수 있어서 의미 있는 시간이었다.

채팅 토론에서 가장 기억에 남는 모둠은 3학년 1반의 《발버둥치다》 모둠이다. 이 모둠은 남학생 세 명, 여학생 한 명으로 이루어졌는데, 여학생 J가 (평소 친하지 않은) 세 명의 남학생과 얼마나 의견을 잘 주고받는지 놀라웠다. J는 평소 말이 없는 편인데, 이번 토론에서 자신의 생각을 정확하게 말하고 다른 친구들도 설득력 있게 이끌어가는 모습이 돋보였다. 나머지 세 남학생도 학교에서 얼굴을 보고 말할 때보다 훨씬 더 진지하고 의젓하게 대화를 나눴다. 《발버둥치다》는 코다(CODA, Children of Deaf Adult, 청각 장애인 부모를 둔 비장애인 자녀)인 주인공이 나오는데, K는 2주 전 등교 수업에서 이 책의 감상을 물었을 때는 '장애를 다뤄서 자신에겐 별로 공감이 가지 않고 결말도 뻔하다'고 했다. 그런데 토론 후기를 보니 K의 생각이 달라졌다. J가 이 책의 주제를 장애 극복보다는 '부모와 자식 간의 갈등'에 초점을 맞추어준 덕분이다. 채팅을 하면서 아이들은 10대 청소년도 한 인격체로 존중받길 원했다. 가정에서 불편했던 경험을 나누며 부모의 기대와 간섭에서 벗어나고픈 마음을 토로했다. 채팅 토론 이후 책에 대한 평가가 달라진 K를 보면서 토론, 즉 책 대화의 중요성을 실감했다.

준비 과정에는 분명 번거로움이 따른다. 토론 전날에는 책을 다 못 읽은 아이들에게 채팅방에 들어올지, 책을 더 읽고 기록장 쓰는 과제를 할지 일일이 문자나 톡으로 물어보고, 아이들 상황에 맞게 과제를 부여하고, 모둠장 방을 만들어서 채팅 토론 진행 안내를 한다. 채팅이 시작되면 채팅방에 안 들어오는 아이들에게 전화를 하고, 전화를 안 받는 아이들에겐 담임선생님에게 전화를 부탁한다. 매번 이렇게 '호떡집에 불난 듯' 요란스럽게 채팅 토론이 시작되지만(내겐 프로게이머를 방불케 하는 긴장과 집중력이 요구되지만), 채팅 토론이야말로 온라인 수업의 꽃이다. 그전까지는 아이들이 내가 권한 책을 읽고 재밌다는 말을 들을 때 뿌듯했는데, 처음으로 시도한 채팅 토론을 통해 아이들에게 "토론이 재밌다"라는 말을 들으니 더욱 행복하다. 아이들끼리 스스로 알아서 잘하는 모둠은 잘하는 걸 보는 대로, 잘 안 되는 모둠은 교사의 개입으로 실마리가 풀리는 대로, 아이들의 채팅 토론을 보는 재미는 쏠쏠하다.

아이들의 후기도 다들 긍정적이다. "채팅 토론이라고 해서 걱정했는데 해보니까 별거 아니다", "내가 생각하지 못한 것을 친구 말을 듣고 알게 되어서 좋았다", "오늘 수업 신박했다", "다음에도 또 했으면 좋겠다"에 이어 "다른 과목도 이렇게 수업했으면 좋겠다"라는 말까지.

채팅 토론이 끝난 주말엔 하루 종일 아이들 토론 후기에 감사의 댓글을 달고, 다시 채팅방에 들어가 당시에 꼼꼼히 읽지 못했던 대화를 다시 살펴본다. 아이들이 평소 자기 말만 한다고 생각했는데, 친구들의 말에 답장 기능을 쓰며 호응하는 모습을 보니 왜 이렇게 흐뭇한지. 소심하고 조심스러운 성격의 아이들이 당당하고 똑 부러지게 할 말 하는 걸 보면 왜 이렇게 대견한지. 오픈채팅이 성황리에 끝난 덕분에 나 또한 온라인 수업 자신감이 한 단계 상승했다. 교사는 판을 깔아 줄 뿐, 노는 건 아이들이다. 공부 욕심이 많은 3학년뿐 아니라 놀기 좋아하는 2학년도 이번 기회에 채팅 토론의 재미를 맛본 것이 무엇보다도 값진 성과다. 특히 평소에는 조용해서 눈에 띄지 않던 학생들도 자기들끼리 얼마나 열심히 토론을 잘했는지(정확히 말하면 토론이라기보다는 책 대화 나누기였지만). 끝날 시간이 되었는데도 시간 가는 줄 모르고 이야기를 주고받는 아이들의 모습을 보면, 지금도 그때의 오픈채팅방에 들어가 보면 엄마 미소를 사르르 짓게 된다. 아이들의 대화 기록은 2020년 수업의 추억 앨범으로 오래오래 간직하고 싶다.

또 하나의 기적,
온라인 독서동아리

삼정중학교 최고의 자랑은 학생 자율 독서동아리다. 2016년 네 팀으로 시작한 독서동아리가 매년 쑥쑥 성장해 2019년에는 무려 39개 팀이 활동을 했다. 누가 요즘 아이들이 책을 읽지 않는다고 했을까? 우리 학교 독서동아리 아이들을 보면 책을 참 좋아한다. 아니, 책은 물론이고 책을 읽고 이야기 나누는 시간을 더 좋아하는 것 같다.

지금까지 독서동아리는 점심시간과 방과 후 도서실에서 모임을 가졌지만 올해는 방역 문제로 대면 모임을 할 수 없게 되었다. 온라인 개학으로 수업도 불가능한 상황에서 방과 후 동아리 모임을 할 수는 없는 일. 2020년 독서동아리는 온라인 모임으로 활동을 시작했다. 2019년보다는 규모를 줄여서 학년별로 다섯 개 팀, 총 15팀이 모였고, 60명에 가까운 인원이 온라인 카페에서 모임을 했다. 온라인 모임은 사서 선생님이 플랫폼을 정해서 아이들을 모이게 했다. 독서동아리 운영의 모든 것은 사서 선생님이 했다. 나는 아이들이 동아리 모임을 할 때 카페에 들어가 비대면으로 대화를 나누는 활동을 도왔다.

온라인 모임은 아이들이나 나에게나 낯선 도전이었으나, 막상 모임을 시작해보니 걱정이 사라졌다. 활동 초기엔 모임 일정을 주말에 잡다 보니 토요일·일요일 대여섯 팀, 거의 열두 시간 가까이 컴퓨터 앞에 앉아 있어야 했다. 하지만 PC방에 오래 있어도 아이들이 엉덩이를 떼지 못하는 이유를 알겠다. 눈도 침침하고 어깨와 허리와 손목도 아팠지만, 아이들과의 모임은 시간 가는 줄 모르게 즐거웠다. 나의 수다 본능이 자판으로도 이렇게 폭발할 줄이야. 워드를 빨리 칠 수 있는 손가락이 이렇게 자랑스럽고 대견하긴 처음이었다. 아이들 역시 등교를 못 하니 친구들이 그리운 시기, 온라인 공간에서 실시간으로 모여 책 대화 나누는 것을 신나했다. 간혹 준비가 부족해 모임 시간을 미루는 팀도 있었지만, 대부분은 모임 전에 책을 읽고 이야기 나눌 주제도 잘 생각해왔다. 토론은 카페 게시판 아래 '댓글 달기' 형식으로 이어졌는데, 처음엔 누구의 말에 댓글을 달지 고민하는 '눈치 게임' 같다가, 대화에 불이 붙으면 여기저기 뛰어다니면서 새로운 댓글에 대댓글을 다느라 '두더지 게임'을 하는 느낌이었다. 온라인 모임이 익숙해질수록 점점 눈치를 살피는 시간은 줄어들고, 댓글을 다는 속도는 빨라졌다.

온라인 카페에서 댓글 대화 나누기는 할수록 매력적이었다. 일반적인 채팅은 일상 대화랑 비슷한 면이 있다. 온라인상에서 하는 비대면 대화의 장에서도 말을 많이 하는 아이가 있는가 하면, 상대적으로 말을 적게 하는 아이가 있다. 채팅창에서 순서를 정해 돌아가면서 말을 한다고 해도 말하기를 좋아하는 아이들이 대화의 주도권을 갖기가 쉽다. 채팅 토론을 할 때 모두에게 돌아가면서 발언권을 줘도 순발력이 부족하거나 말하기 전 생각할 시간이 필요한 아이들에게는 부담으로 작용할 수도 있다. 그런데 댓글로 하는 대화는 말하기 순서가 정해져 있지 않다. 자유롭게 자신이 호응하고 싶은 의견에 댓글로 말을 이어가면 된다. 자신과 다른 생각을 쓴 의견에 반론을 제기하든, 동의하고 싶은 말에 맞장구를 치든, 더 궁금하면 질문을 하든, 원하는 곳에 자유롭게 댓글을 남길 수 있다.

온라인 모임은 모임 전에 책을 읽어오는 것이 필수다. 책을 다 읽고 책 내용과 관련하여 이야기 나누고 싶은 주제를 준비해오면, 아이들은 친구가 만든 질문을 보고 댓글로 자기 의견을 쓰면서 이야기를 나눈다. 그런데 정말 딱 자기 의견만 댓글로 쓰는 경우도 있었다. 이렇게 되면 모임은 대화나 토론이 아니라 주관식 문제 답안 쓰기처럼 되어버릴 수 있다. 친구가 쓴 의견에 공감도 하고, 궁금한 것은 질문도 하고, 속상한 일을 말했을 때는 위로도 하면서 댓글 대화가 이어져야 모임이 풍성해진다. 독서동아리에서 나누는 책 대화는 책과 아이들의 삶을 연결하는 과정이다. 동아리 운영은 전적으로 사서 선생님이 맡았지만, 울타리 교사로서 내가 할 일은 아이들의 대화가 활발해지고 주제에 좀 더 집중할 수 있게 하는 일이다. 이를 위해 아이들의 댓글에 공감해주고, 더 생각해봤으면 하는 주제에는 아이들 의견에 추가 질문을 달았다.

자율 독서동아리가 좋은 점은, 아이들이 원하는 친구들과 팀을 짜서 모인 것이기 때문에 라포가 잘 형성되어 있다는 점이다. 특히 2~3학년은 작년에 학교에서 독서동아리 활동을 했던 아이들이 많아서, 온라인 모임에서 이야기를 나누는 방식도 빠르게 적응했다. 나는 올해 동아리 모임을 처음 시작하는 1학년에게 관심을 더 많이 가졌다. 내가 재미가 없는 팀은 아이들도 재미가 없고 의무적으로 하는 경우다. 그럴 때는 무엇이 문제인지 생각해본다. 결국 책을 꼼꼼히 읽지 않는 것, 또 하나는 친구에 대한 관심과 궁금한 마음을 갖지 않는 것이 원인이다. 아이들을 불러서 이런 이야기를 해주면, 아이들은 본인들의 활동에서 문제점을 금방 찾아낸다. 모임 시간만큼은 온전히 모임 속 대화, 그리고 함께하는 친구들에게 집중하는 것이 정말 중요하다.

　코로나 시기에도 독서동아리를 하겠다고 모인 아이들이니 대부분 성실하고 열정적이었다. 모임이 거듭될수록 아이들은 댓글로 대화를 나누는 것에 적응을 하고 재미를 붙여갔다. 아이들이 만든 질문은 그날 모임의 수준을 결정할 정도로 매우 중요한데, 1학년도 질문을 다양하게 잘 준비해오는 팀은 시간이 쌓일수록 쑥쑥 성장하는 모습이 보였다. 대화를 하다 보면 관심 있는 주제에 자연스럽게 긴 댓글이 이어지면서 대화가 깊어지는데, 이렇게 댓글이 많은 날은 모임 평가를 쓸 때 아이들 스스로도 뿌듯하고 자랑스러워했다. 무엇보다 SNS 문화에 익숙한 아이들에겐 자기 글에 댓글이 달리고, 자기가 쓴 댓글에 또 누군가의 대댓글이 달릴 때 반가움과 희열을 느낀다. 누군가에게 질문을 했는데 답이 없으면 서운하듯이, 친구에게 한 질문은 답변 댓글을 기다리게 된다. 나와 사서 선생님도 아이들에게 질문을 하고 답을 듣는 과정에서, 책에 대한 생각뿐 아니라 아이들의 고민이나 친구 관계, 가족 이야기 등을 솔직하고 생생하게 들을 수 있었다. 정규 독서 수업에서는 책 읽는 시간을 주느라 책 이야기를 충분히 나누지 못하는 아쉬움이 있었는데, 독서동아리 모임은 책 대화의 갈증을 해소해준다.

누가 시키는 것도 아니고 성적에 들어가는 것도 아닌데, 아이들은 어떻게 이렇게 모임을 성실히 준비하고 열심히 할 수 있을까? 지난 5년을 지켜본 결과, 더욱이 올해처럼 어려운 상황에서도 끝까지 참여하는 아이들을 보면서, 독서동아리야말로 재미가 있어야 꾸준히 할 수 있다는 결론을 얻는다. 책은 재미가 없어도, 모임은 재미날 수 있다. 책에서 이해가 안 되거나 마음에 안 드는 점을 말해도 친구들끼리 공감대가 형성되면 모임 진행엔 어려움이 없다. 오히려 한 권의 책을 읽고 다양한 의견이 나올수록 모임은 본래의 취지를 살리는 것이다.

모임에 재미를 붙인 팀은 학년 말로 가면서 개인의 사고력과 구성원의 결속력이 동반 성장을 보이지만, 그렇지 못한 팀은 결국 구성원이 바뀌거나 모임이 해체되는 일이 생긴다. 올해도 중간에 구성원이 바뀐 팀, 구성원들의 사정으로 2학기에는 활동을 못 한 팀이 있었다. 하지만 4~5월부터 11월 말까지 50명이 넘는 아이들이, 매주 한 권의 책을 읽고 모임을 한 시간 이상 했다는 것은 기적이다. 나도 처음엔 열심히 하다가 중간 이후에는 수업이나 수행평가로 바빠지면서 모임에 참여 못 할 때가 많았는데, 사서 선생님의 체계적인 운영과 꼼꼼한 관리는 아이들이 스스로 해냈다는 기분 좋은 착각(?)을 하면서 온라인 모임 1년을 완주하게 했다.

솔직히 나 혼자 독서동아리를 맡았다면 시도하지 못했을 것이다. 빛이 없는 어둠 속에서 누군가가 켠 성냥불 하나가 땅에 떨어진 열쇠를 찾게 하듯이, 사서 선생님의 온라인 모임 아이디어가 아니었다면, 안정적인 플랫폼을 구축하고 아이들이 모임을 할 수 있는 판을 깔아주지 않았다면 이런 기적을 이룰 수 있었을까? 동아리 아이들의 대화가 고스란히 남은 온라인 공간은 아이들에게도, 교사에게도 보물창고 같은 존재다. 그 카페를 볼 때면 내년에 또 온라인으로 동아리 모임을 하게 된다고 해도, 비바람에 폭풍우가 몰아친다 해도 이제는 지붕이 훌러덩 날아가지 않는 튼튼한 집을 가진 느낌이다.

위기 상황에서는 누군가의 실험과 도전이 주변 사람에게도 큰 힘이 된다. 온라인 수업을 하면서 전국국어교사모임의 물꼬방 선생님들, 학교 안 여러 선생님의 도움을 받아 한 걸음 한 걸음 어려움을 이겨내며 여기까지 왔다. 그 과정에서 아이들의 갑갑한 일상에 책이 친구가 되고, 친구들과의 대화가 힐링이 되는 것을 목격했다. 아이들의 대화를 보는 것, 또 같이 참여하는 것은 내게도 큰 위로와 배움이 되는 시간이었다. 독서동아리를 통해 성장과 변화를 확인할 수 있었던 몇 몇 아이들 얼굴이 떠오른다. 3학년 중엔 독서동아리 모임을 대면 활동으로 못 한 것을 아쉬워하는 아이들이 있었지만, 난 오히려 반대다. 1~2학년 때 했던 대면 활동보다 오히려 비대면으로 했던 2020년도 모임이, 말이 아닌 글로 한명 한명을 더 깊이 들여다볼 수 있어서 좋았다고, 이제야 진짜 친구가 된 것 같다고 말해주고 싶다.

학교 밖 연대,
마을 결합형 독서동아리

지난 한 해 코로나로 많은 어려움이 있었지만, 내가 한 일 중에 그나마 잘한 일이라면 바로 마을 결합형 독서동아리를 만든 것이다. 만들었다기보다는 연결한 것. 우리 학교 3학년 열세 명을 인근 공공도서관의 온라인 모임으로 활동할 수 있게 다리를 놓은 것은 생각할수록 뿌듯하다.

　강서구립 길꽃어린이도서관 사서 팀장님과의 인연은 3년 전, 낯선 전화로 시작된다. 본인을 길꽃어린이도서관 사서 팀장이라 소개하면서, 도서관에서 청소년 대상 독서동아리를 개설하려고 하는데, 우리 학교 독서동아리가 활발하다고 들었다면서 혹시 아이들에게 홍보 및 권유를 해줄 수 있는지 부탁하셨다.

그때는 이미 많은 아이들이 학교 안에서 독서동아리를 하고 있었기에(또 독서동아리를 하는 아이들 대부분이 밴드, 오케스트라, 농구, 학생회 등 다양한 교내 활동을 이중삼중으로 하고 있기에) 외부 도서관 활동까지 권하기는 어려운 상황이었다. 아쉽지만 다음에 기회가 되면 도움을 드리겠다는 말만 하고 상황 종료. 그 후엔 간간이 우리 학교 도서실 자료선정위원회 회의를 할 때 사서 팀장님을 뵐 수 있었다. 계절마다 한 번씩, 잊을 만하면 교무실 중앙 탁자에 모여서 짧은 회의 중 눈인사를 하는 정도.

그런데 올해는 내가 사서 팀장님께 손을 내밀게 되었다. 코로나로 등교가 미뤄지면서 독서동아리를 온라인 모임으로 하기로 확정하고 가정통신문을 발송하니 무려 25개 팀이 신청을 했다. 아쉽지만 학교에선 15개 팀밖에는 받아줄 수가 없었다. 자율 독서동아리라고는 하지만, 사서 선생님이 책 대출·반납 일은 물론이고 모임 일정을 꼼꼼히 관리해야 하고, 모임 시간에도 함께 토론에 참여하고 댓글도 달아야 하기에 한 사람의 인력으로는 60명도 넘치는 인원이다. 내가 옆에서 돕는다고 해도 온라인 모임은 우리도 처음이니까 시작부터

무리를 할 수는 없었다. 하지만 학교가 아이들을 다 받아주지 못했다는 게 내내 마음에 걸렸다. 선착순 신청에서 탈락한 팀을 도울 방법은 없을까? 문득 3년 전 전화가 생각났고, 사서 팀장님께 연락을 드리게 된 것이다.

팀장님은 흔쾌히 아이들을 받아주신다 했고, 내 제안에 아이들도 지역 도서관의 온라인 모임을 해보겠다고 했다. 이렇게 모인 아이들이 열세 명. 학교 동아리에서는 매주 한 권을 읽고 모임을 했지만, 도서관 온라인 모임은 슬로 리딩, 한 달에 한 권 같이 읽기. 두 팀으로 나눠서 매일 카톡방에 그날 읽은 부분의 단상을 올리고, 책을 다 읽으면 톡방에서 강사 선생님과 함께 토론을 했다. 매일이 버거워서 나중엔 주 1~2회로 바꾸었지만 아이들은 성실히 참여했고, 기말고사 이후 다소 힘이 빠지는 굴곡도 있었지만 결국 끝까지 했다.

팀별로 각각 여섯 권의 책을 읽었는데, 1학기에 카톡방에서 한 토론은 강사 선생님들이 제시한 토론 논제에 따라 대화를 이어가다 보니 아이들이 조금 답답했던 것 같다. 작년까지는 학교에서 얼굴 보면서 실컷 웃고 떠들며 책 수다를 떨었던 아이들이니 그럴 만하다. 여름방학을 앞두고 초반의 열의가 다소 식어갈 무렵, 나는 중간평가 모임을 소집해서 아이들의 어려움을 듣고 강사 선생님들께 전달했다. 아이들은 책을 읽은 단상을 올리는 횟수를 줄이고, 다 읽은 후에 토론은 말로, 줌으로 하면 좋겠다고 했다. 토론 진행도 아이들이 스스로 해보겠다는 의견에 나도 반대할 이유는 없었다.

아이들의 당찬 제안이 도서관 강사 선생님들께 서운하게 들리면 어쩌나 걱정했는데, 두 분 모두 흔쾌히 수락하셨다. 이후 아이들의 줌 토론을 지켜본 선생님들과 사서 팀장님은 아이들이 정말 대단하다고, 아이들이 토론을 많이 해봐서 그런지 독서 토론을 잘한다고 칭찬을 하셨고 내 어깨도 으쓱했다. 그럼요, 저희 아이들은 1학년 때부터 모둠 토의 수업을 하고, 특히 이 아이들은 작년에 독서동아리도 했던 아이들인걸요. 마치 내 자식이 남의 집에 가서 그 집 부모님 말씀에 똑 부러지게 대답을 잘해 잘 키웠다는 말을 듣는 느낌이랄까? 아니, 단순히 대답을 잘한 게 아니라 아이들 스스로 토론하는 장면을 보고 칭찬을 하신 것이라 더욱 뿌듯했다.

이렇게 비대면으로 모임을 한 지 벌써 7개월, 마무리를 할 때가 되었다. 1년간 수고한 아이들과 강사 선생님 두 분, 사서 팀장님 다 함께 모여서 오프라인으로 마지막 책 모임과 평가회를 하려고 날짜를 잡았는데 계속 미뤄졌다. 코로나로 사회적 거리 두기가 강화된 상황, 아이들과 선생님들이 다 모이면 17명인데 방역 지침을 어기면서 강행할 수는 없는 일이었다.

결국 방과 후 학원 시간에 쫓기는 아이들과 어렵사리 줌으로 마지막 모임을 가졌다. 줌에 아이들 이름이 하나둘 보이는데, 아이들이 카메라는 켜지 않는다. 그동안 수고해주신 선생님들께 얼굴 좀 보여드리자고 말해도 준비가 안 돼서, 용기가 없어서 화면을 못 켜는 아이들. 그래도 몇 명은 마스크를 하고, 선글라스까지 쓴 얼굴을 보여줬다. 길을 걸어가면서 휴대전화로 얼굴을 보여주는 아이도 있었고, 각자가 있는 공간은 달랐지만 소감을 말할 때는 모두가 한마음임이었다.

"코로나19 시기에 그래도 이렇게 친구들과 책 모임을 할 수 있어서 너무 좋았어요."

그래, 이거면 됐다. 두 분 강사 선생님도 요즘 중학생들 책 안 읽는다고 걱정했는데 훌륭하다고, 끝까지 참여하려는 의지를 보여줘서 좋았다고 칭찬과 격려를 아끼지 않으셨다. 모임 때마다 부족한 책을 다른 도서관에서 개인 회원 자격으로 대출하느라 장기 연체자가 된 사서 팀장님도 아이들을 대견해하셨다. 아이들이 책을 빌리러 올 때마다 밝은 얼굴로 모임이 좋다는 말을 해줘서 참 좋았다고. 나는 간간이 아이들 활동을 묻거나 중간평가를 통해 아이들의 어려움을 전달만 하고, 중요한 공지 사항이 있을 때 한 번씩 거드는 정도였지만, 마지막 평가회를 하다 보니 괜히 뭉클했다. 내가 키우지 못하는 자식을 입양이라도 보낸 듯 미안한 마음이 있었는데, 이렇게 지역 도서관의 도움으로, 외부 강사 선생님들의 격려로 아이들이 좋은 시간을 가졌구나. 그래, 학교에서 할 수 없는 것은 마을의 도움을 받으면 되는 거지. 아이들이 졸업을 해도 사서 팀장님은 앞으로도 계속 이 도서관에 계실 테니 잘된 일이다. 아이들은 고등학생이 된 후에도 도서관에 책을 빌리러 갈 테고, 성인이 되어서는 마을 주민으로서 온라인 독서 모임을 할 수도 있으니까.

도서관에서는 아이들의 활동을 격려하는 의미로 책 선물도 준비해주셨다. 사서 팀장님이 마지막 순서로 책 반납과 선물을 꼭 가져가라는 공지를 한 후 40분간의 평가회가 끝났다. 아이들이 줌 회의장을 나간 후 우리는 아이들 이야기, 이번 활동의 어려움과 개선점 등을 이야기했다. 모임 책을 아이들이 준비하는 부담을 덜어주려다 보니, 내가 가지고 있는 책(학교에서 복본으로 남는 책) 위주로 선정한 것이 마음에 가장 걸렸다. 그렇게 해도 아이들 수만큼 안 돼서 팀장님이 다른 도서관에서 책두레로 책을 빌려 권수를 채워주느라 고생하셨다. 하지만 우리가 들인 품에 비해서 아이들의 책에 대한 만족도는 떨어질 수밖에 없는 일. 앞으로도 이 모임을 계속한다면, 혹은 다른 도서관에서도 청소년 독서동아리를 모집한다면 도서 준비 문제가 해결되어야 할 것 같다. 우리 학교 독서 동아리가 안정적인 이유도 도서관에 200종 가까운 복본(4권씩)의 동아리 전용 서가가 있고, 그중에서 아이들이 원하는 책을 고를 수 있기 때문이다. 더구나 그 목록은 매년 업그레이드된다. 좋은 책, 재밌는 책으로 목록이 준비되지 않는 한, 아이들의 선택권이 보장되지 않는 한, 책 모임의 성공을 기대하긴 어렵다.

그동안 완벽주의까지는 아니지만 혼자서 해내려고 아등바등 살아왔다. 내가 다 해야 한다고, 그래서 내가 못하는 일이 생길 때마다 무능한 자신을 자책했던 시간. 이제 내가 못하는 일은 도움을 받으면 된다. 나보다 더 잘할 수 있는 사람들이 주변에 많이 있고, 아이들도 교사만이 아니라 다양한 어른을 만나는 게 좋다. 학교라는 경계가 희미해질수록 아이들이 배울 것은 많아진다는 것을 확실히 알았다. 3월에 팀장님께 전화 걸기를 잘했다. 아니, 실은 3년 전에 팀장님이 내게 먼저 전화를 주셨기에 가능했던 일이다. 교사는 연결 짓는 존재, 교직 20년이 지나서야 알게 된 소중한 배움이다. 이 역시 믿지만 코로나 덕분이다.

20년 만에 알게 된 소중한 배움, '교사는 연결 짓는 존재다'

올해 코로나 상황에도 다른 학교 국어 선생님들 앞에서 우리 학교의 독서 교육 상황을 이야기한 적이 있다. 노트북을 켜서 화면을 보여주며 이야기를 시작하면, 듣는 분들의 눈이 커진다. 내가 선생님들께 자랑하는 것은 아이들과의 소통이다. 아이들에게 어떤 책을 권했고, 어떻게 읽게 했고, 책을 읽으면서 아이들끼리 어떤 대화를 나눴는지, 나는 옆에서 무어라 훈수를 두었는지, 훈수를 잘 둘 때도 있고 못 둘 때도 있었지만, 그것이 이렇게 기록으로 남으니 참 좋다. 다시 들여다볼 수 있어서, 함께 나눌 수 있어서.

결론만 말하면 구글 클래스룸의 문서 수정, 카카오톡의 오픈채팅, 내가 원격 수업에서 사용해본 것은 이 두 가지뿐이다. 너무나 단출한 밥상이라 손님은커녕 내 식구에게 내밀기도 민망할 정도다. 그럼에도 아이들이 열심히 참여해주었으니 혼자 보기 아까워 자랑을 하고 다닌다. 하지만 내 말이 끝나고 "책은 어떻게 구했어요?", "구글 클래스룸 가입은 어떻게 시켰어요?", "독서동아리 온라인 모임 공간은 어떻게 만들었어요?" 등 온라인 수업 기반, 운영이나 관리에 대한 질문이 나오면 할 말이 없다. "우리 학교는 1학기엔 학교 예산으로 아이들에게 책을 다 사줘서요. 전교생 구글 클래스룸 가입은 온라인 수업 지원단 선생님이 다 해주셔서요. 독서동아리도 사서 선생님이 만든 카페에 아이들을 오게 한 거라서요. 저는 그냥 애들이 다 모인 상태에서 시켜본 거라⋯." 궁색한 변명이지만 사실이다. 결국 내 수업과 독서동아리에서 아이들의 적극적인 참여는 다른 선생님들의 협조와 수고가 없었다면 불가능했다.

혁신학교라 전 교사 수업 공개를 원칙으로 하면서 10년째 이어오는 수업연구회 선생님들, 온라인 수업 최전선에서 아이들의 출결을 챙기고 수업 참여를 독려하는 담임선생님들, 특별한 도움과 돌봄이 필요한 아이들을 챙기는 진로 선생님, 상담 선생님, 보건 선생님, 그리고 수업에서 못다 한 이야기를 책과 함께 마음껏 나눌 수 있도록 독서동아리를 펼쳐주신 사서 선생님, 이분들이 있기에 오늘도 나는 무사히 수업을 한다. 하다가 모르면, 또 나의 주치의 선생님들께 물어보고 왕진을 청한다.

초반엔 나도 힘들었지만, 실은 다른 선생님들도 다들 새로운 도전 앞에서 고군분투했다. 그럴 때마다 교사들은 모였고, 수시로 수업 사례 나눔, 학년별 온라인 수업 상황의 어려움과 문제점을 공유했다. 1학기 마지막 수업 평가회에서는 다음

학기 온라인 수업은 어떻게 할지, 시간표대로 실시간 수업을 하느냐, 아침에 한꺼번에 과제를 올리느냐를 놓고 팽팽한 논쟁을 벌였다. 학사 일정의 일관성이나 교사의 편의가 아니라, 아이들에게 무엇이 더 필요하고 교육적인지, 어떻게 해야 아이들의 흐트러진 몸과 마음을 다잡을 수 있을지를 교사로서, 학부모로서 함께 고민하는 시간이었다.

수업에 대해 전체 교직원 회의를 거듭할수록 혁신학교의 본래 취지를 살려야 한다는 목소리가 높았다. 코로나 이전의 등교 수업처럼 실시간 시간표에 맞추고 모둠 활동을 활성화하자는 방향으로 뜻이 모였다. 나뿐만 아니라 대부분의 선생님이 모둠 활동을 기반으로 수업을 진행했다. 행아웃이나 줌을 이용하는 실시간 수업이 많아지고 모둠 활동이 자리를 잡으면서, 학생들의 수업 참여도와 학부모들의 반응도 좋았다. 아이들은 혼자 하는 과제가 더 빨리 끝난다는 것을, 같이 협력해서 무언가를 해내는 것은 시간도 더 걸리고 쉽지 않다는 것을 안다. 그래도 우리 학교 아이들에게 고마운 것은, 귀찮고 번거롭고 늦어질 수 있지만 '같이 가는 것이 가치 있는 일'임을 믿고 있다는 것이다. '혼자 가면 빨리 가지만, 함께 가면 멀리 갈 수 있다'는 말을 아이들은 1학년 때부터 여러 선생님에게 듣는다. 한 명이 아니라 전 과목 교사가 같은 마음으로 아이들에게 말하니 아이들도 그렇게 믿는다. 함께 가야 한다고, 이 길이 옳다고.

앞으로 학교 교육의 희망은, 그리고 혁신학교의 존폐는, 이 말을 믿어주는 사람이 얼마나 많은가에 달렸다고 본다. 경쟁 교육이 아닌 상생 교육, 이것을 믿고 지지하는 학생과 학부모가 있는 한, 학교는 방향을 잃지 않는다. 내가 부모로서 생각해봐도 아이들이 학교에서 시험 점수 잘 받는 법을 배우는 게 아니라, 살아가면서 누군가에게 도움을 청하기도 하고 또 도움을 주기도 하는 법을 배웠으면 좋겠다.

그렇게 하기 위해서는 교사가 먼저 나누고 협력해야 한다. 교사가 먼저 자기 안의 틀을 깨고 주변 선생님들을 살펴야 한다. 수직적인 관계가 아닌 수평적인 관계로 서로 믿고 도와주면서 동료성을 회복해야 한다. 이미 올해를 기점으로 나뿐만 아니라 많은 선생님들이, 우리 학교만이 아니라 대부분 학교들이, 함께 위기를 극복하는 법을 배웠으리라. 혼자서는 절대 헤쳐 나갈 수 없었던 2020년. 코로나발 원격 수업에서 나는 확실한 학습 부진아 체험을 하면서 많은 분의 도움을 받았다. 학교 안팎의 동료 교사만이 아니라, 지역 도서관과 외부 강사분들까지도 나를 도와주었다. 살다 보니 머리로 알고 믿는 것이 아니라 몸으로 경험하고 좋았던 것은 자신 있게 말할 수 있다.

2020년 여러 선생님 덕분에 이룬 작은 성취를, 기대어 살았기에 깨달은 감사를 아이들도 느끼게 하고 싶다. 혼자서는 하지 않던 아이가 친구랑 같이 하면 마음을 내고 몸도 움직이는 걸 봤으니 첫걸음은 뗀 셈이다. 코로나 이전에도 수업에서 교사는 아이들의 참여를 이끌어내려고 애썼지만, 지금이야말로 절실하다. 아이들 간의 연결 짓기를 통해 그들 사이에 소통과 협력이 활발히 일어나는 수업을 만들어가고 싶다. 함께할 때 배움과 성장도 일어난다. 교사의 개입이 빛나는 틈도 이때 생긴다. 학생들이 '함께하도록' 돕는 것, 이를 위해 교사들도 서로서로 배우는 것, 이것이 학교가 할 수 있는 최선이다. 코로나 이전에는 물론, 지금도 역시.

〈체리새우: 비밀글입니다〉 모둠 보세요~!

(아래 표는 지난 시간에 쓴 내용입니다. 오늘은 1~5번까지, 시작해주세요~!)

이름	별점	별점 이유 (이 책을 삼정청소년문학상으로 추천하는 이유, 혹은 추천하기 어려운 이유를 반드시 책 내용을 언급하면서 써주세요!)	이 책의 주제 (의문문 안 됨. 반드시 평서문으로 써주세요. 작가가 이 책을 통해 무슨 말을 하고 싶은지.)
함○빈	4.5	추천한다. 학교에서 왕따를 당하고 어제까지 같이 놀던 아이가 갑자기 등을 돌리는 등 스토리가 아주 흥미진진하며 재미있고, 슬슬 사춘기인 우리 나이 대에 읽으면 딱 좋을 책이다.	어린 아이들 사이에서도 작지 않은 '사회관계'가 형성된다. 어른들에게만 '사회'가 있는 것이 아니고, 이것이 현실이다. 이런 것들을 전하고 싶으셨던 것 같다.

홍○빈	4.5	이 책은 학교에서 일어나는 학생들 사이를 담은 책이어서 공감이 더욱 잘되었다. 또 요즘에 따돌림은 심각한 문제니까 현실에서도 충분히 일어날 수 있다는 점에서도 공감이 잘되어 삼정청소년문학상으로 추천한다.	다현이가 모둠 친구들과 지내는 것으로 마무리된 것으로 보아, 친구는 많다고 좋은 게 아니라 진정한 친구들이 있으면 된다는 말씀을 하고 싶으셨던 것 같다.
이○민	4	추천한다. 일단 배경부터가 학교이고 주로 친구관계에 관한 내용을 다루고 있기에, 친구관계가 고민일 청소년에게 적합한 책일 것 같다.	은따, 진짜 친구 등 주인공과 주변을 통해 여러 관계를 보여주는데, 작가는 이런 여러 관계를 보여주면서 진짜 좋은 친구를 보여주려 했던 것 같다.
윤○현	4.5	추천한다. 친구들 사이에서 자주 일어날 수 있는 일을 잘 나타내주어서 좋은 책인 것 같다.	여러 친구를 사귀는 것보다 한 명의 좋은 친구를 사귀는 게 좋다는 걸 보여준다.

1. 묻고 답하기 – 친구가 쓴 <별점 이유>를 보고, 궁금한 것을 물어봐 주세요.
자기 이름 아래 칸에 있는 친구에게 묻고, 맨 아래 친구는 맨 위의 친구에게, 이해
되죠? (위 표에 있는 순서대로 자기 이름을 쓰고 시작하세요)

내 이름	묻고 싶은 친구	질문	답변(질문 받은 친구가 쓰기)
홍○빈	이○민	친구관계가 고민일 청소년들은 왜 이 책이 적합하다고 생각했어?	아직 좋은 친구관계를 맺기 어려울 청소년들에게 이 책은 어떤 게 좋은 친구이고 나쁜 친구인지 잘 알려주기 때문이다.
윤○현	함○빈	어린 아이들에게도 작은 사회관계가 형성된다고 했는데, 어떤 내용의 사회관계가 형성되는지 궁금해!	어떤 곳에서는 아이들 사이에서 성격이나 외모 등으로 따돌림을 당하는 아이와 그걸 주도시키는 인기 많은 아이 등이 있잖아. 어른들이 집안이나 출신을 보는 것과 비슷하다고 생각해!
이○빈	윤○현	왜 여러 명의 친구보다 한 명의 친구를 사귀는 게 더 좋다고 생각하는가?	여러 친구를 많이 사귀는 것도 중요하지만, 단 한 명의 고민을 들을 수 있는 진정한 친구가 없다면 곁에 반 애들만 있는 거지 친구는 없는 게 된다고 생각해.
함○빈	홍○빈	넌 학교생활을 할 때 깊지 않은 친구들을 두루두루 사귀는 게 좋다고 생각해? 아니면 진정한 친구 몇 명만 사귀는 게 좋다고 생각해?	나는 진정한 친구 몇 명만 사귀는 게 더 중요하다고 생각해! 두루두루 사귄 애들이 많아봤자 친구라 부를 수 없으면 그건 친구가 아니니까, 나는 진정한 친구 몇 명만 있는 게 중요하다고 생각해!

2. 모둠 활동 – 우리 모둠의 추천 의견을 정리해봅시다.

종합 의견은 평점(평균)을 쓰고, <강력추천, 추천, 추천하지 않는다> 중에 고르고, 이 의견을 모아서 우리 책의 장점 2개, 단점 1개를 써주세요. (단점은 없으면 안 써도 됩니다.)

종합 의견	평점 4.5점 / 추천
장점1	주인공들은 학생이고 배경은 학교이며 실제로 일어날 수 있는 일들이기 때문에 공감대를 잘 형성한다.
장점2	친구를 사귀는 데에 어려움이 있거나 친구가 없어서 고민인 청소년들에게 친구는 무작정 많다고 좋은 게 아니라는 것을 잘 보여주고, 책 속에 주인공인 다현이의 심리가 잘 드러나 있다.
단점	마지막에 주인공이 아람이를 챙겨주는 장면이 나오는데, 그 다섯손가락 무리들이 주인공을 따 시켜서 연을 그냥 끊으려는 줄 알았는데 마지막에 챙겨주는 걸 보면, 이게 관계를 확실히 끊으려 한 건지 아닌지 좀 애매하게 끝맺은 것이 단점이라고 생각한다.

3. 모둠 활동 – 우리 모둠 책의 주제를 한 문장으로 정리해봅시다.

> 친구는 많을수록 좋은 게 아니라 진정한 친구가 있으면 충분하니
> 진정한 친구를 사귀자.

4. 질문 토의 – 친구들과 토의해보고 싶은 질문을 만들어주세요.

친구가 쓴 질문 중 답하고 싶은 것을 골라 <친구 생각> 칸에 자기 생각을 써주세요. 자기가 답변하고 싶은 질문 1인당 1개 이상 쓰기 (한 사람이, 같은 친구 질문 2개를 다 답하지는 말기)

이름	친구들과 토론하고 싶은 질문 (1인당 2개 쓰기)	질문에 대한 내 생각	**<친구 생각>** 자기 이름을 쓰고, 왼쪽 친구 질문에 답변을 써주세요.
함○빈	내가 다섯손가락 친구들이었다면 요즘 맘에 안 드는 다현이를 버리고 욕하던 효정이를 택했을까?	나는 그래도 원래 같이 놀던 다현이를 택했을 것 같다. 만나기만 하면 욕하던 효정이를 데려오고 싶지는 않을 것 같다.	윤○현-나도 그렇게 생각한다. 만나서 다른 사람을 욕하는 것보단 원래 잘 놀던 친구와 놀 것 같다.
	내가 효정이였다면 다현이 대신 다섯손가락에 들어갔을까?	그랬을 것 같다. 당장 내가 친구가 없는데 남을 배려해줄 정신은 없을 것 같다. 일단 나부터 살고 보자! 하는 마인드로(?)	이○민-안 들어갈 거 같다. 이미 그 애들이 어떤 애들인지 알고 있는 상태이고, 굳이 껴서 뒷담화하면서 불편하게 지내고 싶진 않기에 들어가진 않았을 거 같다.
홍○빈	어쩌다 효정이가 들어오게 되었을까?	아이들이 다현이를 싫어하기 시작할 때부터 새로운 아이를 찾았고, 마침 효정이가 미소의 학원으로 오면서 미소와 친해졌던 것 같다.	이○민-애들이 다현이가 노은유랑 가깝게 지내서, 똑같이 싫어하는 애 데리고 와서 따 시키려고 효정이를 끼게 만든 거 같다.
	만약 병희가 다현이의 입장이었다면 아람이는 병희를 싫어했을까?	원래부터 다현이를 싫어한 게 아니고 상황을 그렇게 만드는 다현이가 싫었던 거니까, 똑같은 상황에 처해진 병희도 싫어했을 것 같다.	함○빈-그랬을 것 같다. 다현이라는 사람이 아닌, 행동과 말 등이 싫었던 것이니까 말이다. 하지만 친한 친구였으니 다현이만큼 싫어하진 않을 것 같다.

이○민	주인공이 아람이 주변 친구들에게 선물을 줬을 때 친구들 반응이 시큰둥했던 이유는 무엇이었을까?	주인공이 지금까지 따당한 경험이 있으니 이젠 안 당하려고 지금 친구들에게 선물을 자주 해줬던 거였는데, 이젠 친구들이 그걸 너무 당연하게 생각해서인 거 같다.	홍○빈-호의가 계속되면 권리인 줄 안다는 말처럼, 계속해서 선물을 주니까 이제는 당연하게 받아들이는 것 같다.
	다섯손가락 애들은 왜 싫어하는 애 순위를 매기는 걸까?	서로 공통점을 만들려 하거나 아님 그냥 뒷담화하려고 순위를 매기는 거 같다.	윤○현-여러 친구들이 싫어하는 친구이기에 뒷담화를 하려고 순위를 매기는 것 같다.
윤○현	아이들은 왜 반 배정할 때 개꿀꿀 같은 주문을 외우는 걸까?	반 배정이 더욱 잘되고 싶어서 그러는 것 같다.	홍○빈-소용이 없다는 것을 알지만 이렇게 해서라도 반 배정이 잘되기를 바라서 그러는 것 같다.
	왜 싫어하는 애들을 순위로 매기는 걸까?	뒤에서 얘기할 때 말하기 쉽게 하려고 그러는 것 같다.	함○빈-험담할 거리가 필요하고 자기들끼리 공감하며 얘기할 수 있으니까 그런 것 같다.

5. 여기까지, 수고 많았어요. 오늘 수업의 소감 한마디 써주세요.

이름	오늘 수업의 좋은 점이나 아쉬운 점
윤○현	친구들과 함께해서 즐거운 시간이었던 것 같다.
홍○빈	친구들의 생각과 내 생각을 같이 공유하면서 할 수 있어서 좋았고, 모르는 문제를 같이 풀어 나갔다는 점이 가장 좋았다.
이○민	내 부족한 생각을 채울 수 있어서 좋았다.
함○빈	서로의 의견을 자세히 들을 수 있는 시간이어서 좋았다. 이런 활동은 우리에게 많은 도움이 되는 것 같다.

너무나 수고 많았어요. 샘이 별로 수정할 게 없는,

체리새우팀 정말 훌륭합니다~~!

1   레베카 솔닛 지음, 정해영 옮김, 《이 폐허를 응시하라》, 펜타그램, 2012.

2   루스 베이더 긴즈버그 대법관이 2015년에 동성혼 합헌 판결을 내린 뒤의 강연에서 언급한 말이다. 강남규, 《지금은 없는 시민》, 한겨레출판, 2021 에서 재인용.

3   미류·서보경 외, 《마스크가 답하지 못한 질문들》, 창비, 2021.

4   김세희, 〈가만한 나날〉, 《가만한 나날》, 민음사, 2019.

5   정혜윤, 《아무튼, 메모》, 위고, 2020, 52쪽.

6   손문경, 〈시, 나의 작은 방〉, 《릿터 19》, 민음사, 2020, 18쪽.

7   정혜윤, 《아무튼, 메모》, 위고, 2020, 67쪽.

8   같은 학년을 담당한 강한별, 류형주 선생님과 함께 기획한 수업이다.

9   이하 오픈채팅과 관련한 설명은 김영희 선생님이 블로그에 쓴 글을 바탕 으로 했다. https://blog.naver.com/hehe26/221920299985

10 한창호 선생님이 '시 경험 쓰기' 수업에서 제시했던 안내문을 가져왔다. 〈치유와 성찰에 이르는 시집 들고 수업하기〉, 《2016년 물꼬방 여름 연수 자료집》, 43쪽.

11 배창환, 《내가 아직 어려서 미안해》 머리말, 작은숲출판사, 2018.

12 《청소년 마음 시툰: 안녕 해태(1~3)》(창비교육, 2019), 《땀 흘리는 시》(창비

교육, 2020)에서 몇 편을 고르고 최지혜 선생님이 추천해준 시를 더했다. 소개한 시 목록은 다음과 같다. 정유경 〈지는 해〉, 이혜미 〈옆 모습〉, 김애란 〈컵라면과 삼각김밥 그리고 초콜릿〉, 박성우 〈발표, 나만 그런가?〉, 이문재 〈봄날〉, 박찬세 〈준비물〉, 유병록 〈식구〉, 박준 〈슬픔은 자랑이 될 수 있다〉, 김소연 〈그래서〉, 하재연 〈밀크 캬라멜〉, 배수연 〈연재에게〉.

13 정유경, 〈지는 해〉, 정유경 글, 정호선 그림,《까만 밤》, 창비, 2013.

14 유병록, 〈식구〉, 함민복·김태은·육기엽 엮음,《너를 만나는 시 1》, 창비교육, 2019.

15 배창환,《이 좋은 시 공부》, 나라말, 2002.

16 최지혜,《좋아하는 것은 나누고 싶은 법》, 롤러코스터, 2021. 이 책은 시를 쓸 때 고려할 점으로 다섯 가지를 들었다. '평상시 사용하는 입말을 활용해 쓴다. 생활의 한 장면이 생생하게 그려지도록 쓴다. 추상적이고 관념적인 정서를 구체적 감각으로 표현한다. 흔하지도 멋 부리지도 않은 새로운 표현을 한다. 제목을 참신하고 개성 있게 붙인다.'

17 고쳐 쓰기의 방법은 앞의 배창환 선생님의 책에서 인용해서 안내했다. '자신이 쓴 시에서 쓸데없는 조사는 모두 버릴 것. 조사 없이도 말이 통하면 조사를 빼는데, 그러면 시의 리듬이 살고 부드러워지면서 간결해진다. 그

리고 운율과 반복적인 리듬을 살핀다. 같은 말이나 구절을 반복하면 리듬이 살고 시적인 맛이 느껴진다. 연과 행의 구분을 한다. 호흡을 고려해 적절히 나눈다. 끊어 읽을 때와 끊어서는 안 될 때를 구별해야 이미지와 운율이 끊이지 않고 잘 이어진다.'

18 박준,〈슬픔은 자랑이 될 수 있다〉,《당신의 이름을 지어다가 며칠은 먹었다》, 문학동네, 2012.

19 와카마쓰 에이스케 지음, 나지윤 옮김,《너의 슬픔이 아름다워 나는 편지를 썼다》, 예문아카이브, 2018.

20 김이경,《시의 문장들》, 유유, 2016, 10쪽. 원문은 다음과 같다. "그 문장이 있어 삶은 잠시 빛난다. 반딧불 같은 그 빛이, 스포트라이트 한 번 받은 적 없는 어둑한 인생을 살 만하게 만든다. 그 빛을 잊었을 때조차 잔영은 남아 길 잃은 걸음을 비춘다."

21 수업의 제재와 아이디어는 진은영·김경희,《문학, 내 마음의 무늬 읽기》, xbooks, 2019를 참고했다.

22 심보선,〈인중을 긁적이며〉,《눈앞에 없는 사람》, 문학과지성사, 2011.

23 심보선,〈형〉,《오늘은 잘 모르겠어》, 문학과지성사, 2017.

24 '가려진 모습을 보여주는 시' 목록은 다음과 같다. 강지혜〈의자 들고 전철 타기〉, 김상미〈어느 아이의 일기〉, 김윤이〈꿈꾸는 식물〉, 김은지〈내가 아는 시 가장 잘 쓰는 사람〉, 김현〈기쁨의 두부 로케〉, 문보영〈얼굴 큰 사람〉, 박소란〈모르는 사이〉, 박시하〈서울의 밤〉, 서효인〈기계〉〈고기를 찾아서〉, 성동혁〈나 너희 옆집 살아〉, 신철규〈슬픔의 자전〉, 오은〈면접〉〈다움〉, 장이지〈중2의 세계에서는 지금〉, 최지인〈비정규〉.

25 심보선,〈갈색 가방이 있던 역〉,《오늘은 잘 모르겠어》, 문학과지성사, 2017.

26 '모둠 토의-책 대화-구술 평가'를 통해 어떤 능력을 발전시키고 싶으냐는 물음에 학생들이 답한 내용 중 일부를 옮긴다. 이 내용은 1차시 '책 고르

기' 활동을 할 때 패들렛에 쓴 글이다.

- 항상 남들 앞에서 말을 하면 너무 떨린다. 내 심장을 누가 북 치듯이 두드리는 것 같은 느낌을 받는다. 친구들과 토의를 하면서 최대한 안 떨고 최대한 내가 전하고 싶은 생각을 말로 표현해내는 능력을 기르고 싶다. 그래서 구술 평가를 할 때에도 마치 상대와 대화를 하듯이 나의 생각을 전달하고 싶다.

- 글을 쓸 때 감정적인 문장을 길게 써서 내가 말하고자 하는 것이 명확하지 않을 때가 있는데, 이 활동을 하면서 책의 핵심을 제대로 파악하고 나의 주장을 확실하게 세워서, 글을 쓸 때 감정적이고 부정적이지 않은 결과물을 만들고 싶다.

- 토의와 구술 평가를 통해 내가 생각하고 있는 것과 의견을 상대방에게 잘 설명하여 설득하는 면에서 더 발전하길 기대한다.